普通高等职业教育计算机系列教材

U0961298

信息检索教程

杨兆辉　明丽宏　主　编

姜　宇　副主编

李　林　主　审

電子工業出版社

Publishing House of Electronics Industry

北京 · BEIJING

内 容 简 介

本书系统地介绍了计算机信息检索的理论和方法，全面讲述了常用的中文信息检索系统和网络信息资源。第1章绪论概述了信息检索的现状、发展趋势及意义和作用，第2章至第7章详细阐述了文献信息检索、计算机信息检索、特种文献检索、中文电子图书数据库、网络信息资源检索和多媒体信息检索。本书以计算机信息检索为主，具有内容新颖、实用性强等特点。

本书可作为高等职业院校学生的文献检索课程教材，也可作为科技工作者、教师、图书情报人员的参考用书。

图书在版编目（CIP）数据

信息检索教程/杨兆辉，明丽宏主编. —北京，电子工业出版社，2018.8
普通高等职业教育计算机系列规划教材
ISBN 978-7-121-34454-1

Ⅰ. ①信…　Ⅱ. ①杨…　②明…　Ⅲ. ①信息检索－高等职业教育－教材　Ⅳ. ①G254.9

中国版本图书馆 CIP 数据核字（2018）第 121747 号

策划编辑：徐建军（xujj@phei.com.cn）
责任编辑：徐建军　　特约编辑：姜淑欣　俞凌娣
印　　刷：北京捷迅佳彩印刷有限公司
装　　订：北京捷迅佳彩印刷有限公司
出版发行：电子工业出版社
　　　　　北京市海淀区万寿路 173 信箱　邮编 100036
开　　本：787×1 092　1/16　印张：14.75　字数：377.6 千字
版　　次：2018 年 8 月第 1 版
印　　次：2021 年 8 月第 2 次印刷
定　　价：45.00 元

凡所购买电子工业出版社图书有缺损问题，请向购买书店调换。若书店售缺，请与本社发行部联系，联系及邮购电话：（010）88254888，88258888。

质量投诉请发邮件至 zlts@phei.com.cn，盗版侵权举报请发邮件至 dbqq@phei.com.cn。

本书咨询联系方式：（010）88254570。

前言

Preface

21 世纪是知识经济的时代，知识成为社会经济发展的主要动力，信息成为社会发展的重要战略资源。信息检索作为专门研究信息存储与信息获取的学科，对于提高大学生的信息素养和信息获取能力具有重要意义。

教育部决定在高等学校开设“信息检索与利用”课程，受到了学生的欢迎。通过本课程的教学和实习，在提高学生信息驾驭能力方面取得了良好的效果。而目前信息检索的最常用的载体是计算机和互联网，因为网络信息具有多样性、离散性的特点，大学生需要掌握基于现代计算机技术的信息检索方法，并具有组织信息的技能，这是知识更新、终身学习和知识再创造的需要。

随着全球化时代的到来，信息的传播已经与日新月异的互联网技术紧密结合，信息资源的检索理念和方法也在不断更新，学习信息检索技术有助于系统地培养学生通过计算机技术和互联网来获取信息的能力、信息组织能力、信息评价能力和信息综合利用能力，提高学生的信息素养和计算机信息检索技能，满足学生快速、准确、全面、有效地获取与利用网络信息资源的需求。本书正是针对这一要求而编写的。作者基于多年信息资源检索及计算机应用课程教学的积累，编写了这本具有创新性、时代特色和实用价值的《信息检索教程》，出发点是结合教学改革，通过本书的学习，让教师和学生在共同完成计算机信息检索任务的过程中理解专业知识，学会各种检索方式在各类检索工具中的运用，把握、运用计算机及互联网技术进行信息检索，从而获取信息查询、分析与利用的能力，为学生在学习期间和未来的职业生涯中独立地获取和运用计算机信息资源、解决实际问题奠定良好的基础。

本书由哈尔滨职业技术学院的教师组织编写，由杨兆辉、明丽宏担任主编，由姜宇担任副主编。全书共 7 章，第 1 章、第 2 章由姜宇编写，第 3 章、第 6 章、第 7 章由杨兆辉编写，第 4 章、第 5 章由明丽宏编写。全书由杨兆辉、明丽宏负责统稿，李林负责主审。

为了方便教师教学，本书配有电子教学课件，请有此需要的教师登录华信教育资源网（www.hxedu.com.cn）注册后免费进行下载，如有问题可在网站留言板留言或与电子工业出版社联系（E-mail：hxedu@phei.com.cn）。

需要说明的是，信息检索是一个不断变化、发展迅速的领域。尽管我们努力全面、系统地介绍最新的成果，但由于编者水平有限及时间仓促，内容难免有疏漏、不足之处，恳请使用本书的教师和读者予以批评指正。

编　者

目录
Contents

第1章 绪论

随着信息技术的发展，互联网的应用得到广泛普及，信息环境发生了相当大的变化，信息社会给人们带来了海量的信息，供人们参考、借鉴和学习。如何快速地从海量的信息中获取最有价值的东西，成了人们最棘手的问题。因此，只有掌握好信息检索的理论知识和技能，提高信息检索能力，才能快速、合理地利用信息资源。

信息化社会的发展对高等教育提出了更高的要求。为了全面提高大学生的素质，以适应信息时代的要求，许多国家将信息素养教育作为培养新世纪人才的重要内容，而文献信息检索已成为实施信息素养教育的核心要素，其目的是培养学生的信息意识、信息检索能力、信息吸收能力和信息整合能力，最终提高学生的信息利用能力和知识创新能力。

1.1 信息检索的现状

1.1.1 信息与信息载体

信息这一概念最初是由 C.E.Shannon 和 W.Wiener 提出来的，他们试图给信息一个正式的、定量的定义，从通信工程、计算机和电信的角度来看，一个消息中携带信息量的大小用比特来衡量。信息是信息论中的一个术语，我们常常把消息中有意义的内容称为信息。

不同研究领域的学者对信息的理解各有不同。

哲学家认为：信息是事物存在的方式和运动状态的表现形式；

数学家认为：信息是一种概率；

物理学家认为：信息是“熵”；

通信学家认为：信息是“不定度”的描述；

图书信息领域的专家认为：信息是通过各种形式进行传播、记录、出版及发行的概念、事实及论著。

可见，信息的概念十分复杂，从不同领域、不同角度理解会产生不同的结果。

我们可以这样认识信息：自然界与人类活动的事实及人类对它们的认识和创造是信息的组成内容，而载体记录和媒体传播则是信息存在的物理形式。在人类进入信息社会的时代，信息已成为发展科技、经济、文化、教育的重要支柱之一。

信息载体是在信息传播中携带信息的媒介，是信息赖以附载的物质基础，即用于记录、传输、积累和保存信息的实体，信息载体的物质形式是多种多样的。如果是被人感知了，信息就会通过传导神经网络导入人的大脑。如果信息只是停留在人的大脑中，就像一个既不会说话又不能写字、没有任何表达能力的人一样，毫无价值。所以，反映到大脑中的信息只有表达出来才能发挥它的价值。如果说出来，信息就依附于声音中；写出来，信息就依附于文字中；画出来，信息将会依附于图像中。这样，文字、图片、图形、广播、电视、电话、语音、音乐、影视、数据库等就承载了信息，成为信息的载体。信息的载体分为两种：一种是以能源和介质为特征，运用声波、光波、电波传递信息的无形载体；一种是以实物形态记录为特征，运用纸张、胶卷、胶片、磁带、磁盘传递和储存信息的有形载体。正是由于主体需要表达从事物中感知的信息，才要借助一定的载体。同一个信息可以依附于不同的载体表达出来。

1.1.2 信息的特征

所谓信息的特征，就是指信息区别于其他事物的本质属性。通过对信息概念的分析，可以总结出信息具有如下特征。

1. 信息的客观性

信息是事物运动变化和状态的客观反映，其实质内容具有客观性，信息客观性的特征是由信息源的客观性决定的。由于运动是普遍存在的，也就决定了信息的普遍性。信息普遍存在于自然界和人类社会，同时，信息本身也具有客观实用性。

2. 信息的依附性

信息必须依附于一定的载体而存在，必须以符号、文字、图形、音频、视频等形式依附于书籍、磁带、磁盘、光盘等载体上。信息与载体不可分割。

3. 信息的扩散性

信息的传递性决定了信息的可扩散性，也就是说，信息通过各种渠道进行传播，信息网络的发展更促进了信息的扩散。

4. 信息的扩充性

人们对信息的感知和获取是不断增长的，因此信息资源的扩充与积累也是无限的。人们对信息处理能力越强，信息扩充得就越快。

5. 信息的替代性

信息的物质形态是可以互相转移和变换的。

6. 信息的共享性

信息可共享，在信息扩散和用户分享信息的过程中，信息载体本身的信息量并不会因此而减少，各用户分享的信息份额不因分享人的多少而受影响。

社会的进步赋予了信息更丰厚的内涵，信息的膨胀与人们对其需求的激增，使信息成为当今社会生活的一大支柱，成为一种与能源、材料并存的重要战略资源。

1.1.3　信息的功能

信息作为维系社会发展的三大要素之一，无论是在自然界，还是在人类认识世界和改造世界的活动中都具有多方面的功能，发挥着重要作用。

1. 资源功能

信息已经成为21世纪人类社会的重要资源，科技的进步、社会的发展都与信息密切相关，人类通过对客观世界各种信息的认识、处理、吸收、利用和物化，促进社会的持续发展。

2. 组织管理功能

从管理的角度来讲，管理系统是一个信息输入、处理、输出与反馈的系统。在这一系统的运作过程中，每个环节都必须以信息为依据，也必须以信息作为相互联系的条件。

3. 中介功能

信息的中介功能表现在人与客观事物之间和人与人之间。人与客观事物的认识和联系是以信息的存在为条件的，无论是物质系统还是精神系统，系统内部和外部的联系都必须通过相应信息的联系过程来实现。因此，信息是沟通的桥梁和纽带。

4. 消除不确定性（解惑）功能

这一功能是相对于信息接收者的状态改变而言的。在接收者收到关于某一事件的信息之前，可能对事件存在着多种估计，当接收到关于这一事件的信息之后，接收者会改变原有的估计状态，甚至会使原有的多种估计中的某一种唯一地确定下来，从而消除不确定性。

5. 传播功能

信息的组织管理功能、中介功能和消除不确定性（解惑）功能都是通过其传播活动来实现的。信息的传播功能是以信息内容的可传输性为基础的。

1.1.4　知识、文献的概念及二者与信息的关系

信息前文已述及，现主要介绍知识和文献的概念，以及信息、知识、文献的相互关系。

1. 知识

国外对知识的理解有以下几种。

《韦伯斯特词典》对知识的解释是："知识是通过实践、研究调查获得的关于事物的事实和状态的认识，是人们获得的关于真理和原理的认识的总和。"

1973年，美国学者贝尔在其著作中指出："知识是对事实或思想的一套有系统地阐述，提出合理的判断或经验性的结果。它通过某种交流手段，以某种系统的方式传播给其他人。"

在以上观点中，"知识"不再是一个简单的、多元素的无序集合，而是被纳入一个动态的、与人或组织交互的系统中。更确切地说，只有在"使用"过程中，知识才体现出其价值，才成为有实践意义的、真正的知识。

国内对知识的理解有以下几种。

"知识"一词在《辞源》中有两种解释：一是"相识相知的人"，二是"指人对事物的认识"，这与现代汉语中的含义相近。后一种含义最早出现在清朝洪亮吉的《洪北江集》中："孩提之时，知饮食而不知礼让，然不可谓非孩提时之真性也。至有知识，而后知家人有严君之义焉。"

1980年出版的《辞海》中将"知识"定义为"人们在社会实践中积累起来的经验"，并指出"从本质上说，知识属于认识的范畴"，国外有些学者认为知识是一种能够改变某些人或某

些事物的信息，既包括使信息成为行动的基础的方式，也包括通过对信息的运用使某个个体（或机构）有能力进行改变或进行更为有效的行为的方式。

《现代汉语词典》对“知识”的定义是“人们在改造世界的实践中获得的认识和经验的总和”。有的学者综合以上说法，认为“知识是人们通过学习、发现及感悟所得到的对世界认识的总和，是人类经验的结晶”。

总结起来，我们给知识的定义为：知识是指人类对信息和客观事物规律的认识，它是人们在社会实践中积累起来的经验。人们对事物由表及里、由现象到本质、由感性到理性的认识深化，便形成了知识。知识是信息内容的组成部分。

2. 文献

1999 年版《辞海》中把文献定义为“记录有知识的一切载体的统称”。1983 年公布的《中华人民共和国国家标准·文献著录总则》（GB 3792.1—1983）把文献定义为“记录有知识的一切载体”。2012 年的第 6 版《现代汉语词典》把文献定义为“有历史价值或参考价值的图书资料”。可见，凡是记录有知识的一切载体都可以称为“文献”。

文献由以下 4 个基本要素组成。

（1）所记录的知识和信息，即文献的内容。

（2）记录知识和信息的符号，文献中的知识和信息是借助于声音、文字、图表、图像等形式记录下来并为人们所感知的。

（3）用于记录知识和信息的物质载体，如竹简、纸张、胶卷、胶片等，它们是文献的外在形式。

（4）记录的方式或手段，如铸刻、书写、印刷、复制、录音、录像等，它们是知识、信息与载体的联系方式（摘自《中国大百科全书·图书馆学情报学档案学》）。文献具有认识、存储和交流知识的作用。

3. 信息、知识、文献的关系

信息包含了知识，知识是信息被认识的部分。知识可以分为主观知识和客观知识。信息经过人脑接收、选择、处理而形成并存在于人脑中的知识称为主观知识。主观知识借助语言符号，通过各种物质载体记录下来，就会变成可以传递的客观知识，即文献。

信息、知识之间的逻辑关系是包含与被包含的关系。知识是信息的一部分，文献是信息、知识的具体体现，它不仅是信息、知识的主要物质形式，也是读者吸收利用信息、知识的主要途径。

进入 21 世纪以来，科学技术发展迅速，人类社会的信息化、网络化进程也大大加快，各类信息数量剧增，随之而来的是新学科的不断出现和学科之间相互交叉与渗透的加快，使各专业信息发布分散而无规律。主要有以下几个方面的发展遇到了瓶颈。

（1）非文本信息发展滞后。非文本信息（图像、音频、视频等多媒体信息）的检索技术、数字化技术、高密度存储技术为非文本信息提供了广阔的发展空间，多媒体信息已逐渐成为网络的主流。信息检索技术正在从传统的纯文本检索向超文本支持的非线性多媒体检索技术发展，然而图像、音频、视频的检索技术却处于萌芽阶段，需要高新技术支持并不断创新。

（2）搜索引擎缺陷。分类目录搜索引擎采用人工干预技术，信息分类不规范，没有一个统一的控制词表和参照标准，分类目录差别较大；搜索范围较小，数据库更新慢，查询交叉类目时容易遗漏；如果用户检索请求没有对应的分类目录，则无法进行查找；信息遗漏不可避免，查全率低。

（3）检索知识和技能匮乏。知识检索是一种全新的信息检索方式，是把用户请求与索引库匹配，寻找与请求关联的网页并返回排序的命中信息的过程。运用截词、词位限定、布尔逻辑运算等技术可以控制用户请求与数据库匹配的精度，但是信息检索难以避免丢失相关信息或产生大量冗余信息，即出现信息漏检与误检。信息检索效率是衡量信息检索效果的重要指标，是检验信息检索技术成熟与否的标准。知识是信息加工与序化的产物，是高浓度的有序化的信息；知识检索必然是高层次的信息检索。

1.2 信息检索的发展趋势

近年来信息检索的面貌大大得到改观，具体表现在：检索行为大众化，检索行为日常化，检索趋于经济化（时间和费用）。总的来说，信息检索工具已开始发展检索以外的多样化的信息服务，以便能为用户提供快捷、准确、全面的服务。下面对其未来可能的发展方向稍做介绍。

1.2.1 信息检索专业化

面对网上五花八门、包罗万象的信息，很难有一个完备的检索或分类体系将其高度序化，所以为了能为用户提供针对性更强、专指度更高、更经济、更快速地基于专业内容的信息服务，专业性的信息检索实属人心所向。由于每学科专业都有自己独特的词汇和用语，特定的信息检索工具应该使用与之相应的标引和检索语言，而这一点正是包罗万象的综合性信息检索工具难以做到的。因此，信息检索工具不能真正地追求大收录及大标引量，应更加注重突出专业特色，提供对一些专业性、学术性成果较深入的核心数据库的访问。如面向某个学科领域的专业性搜索引擎或称垂直性门户网站的网络信息检索工具正在研制。另外，检索网站通过提供更多经加工、编辑、评价、筛选的深层次信息内容来吸引用户。

1.2.2 受控语言的引入与使用

一般地说，自然语言检索由于其灵活性，有助于检全率的提高。与之相应，受控语言检索由于其规范性和准确性，有利于检准率的提高。目前，除少数情形（如，Online Computer Library Center 的 NetFirst）之外，其他主要的网络信息检索工具都采用自然语言标引和检索，其结果必然是同义词和近义词得不到控制，词之间关系得不到揭示，最终导致检索结果过多过杂的现象。在利用因特网检索软件搜索信息时，用户往往以一个或几个检索词作为检索入口获得一定量的主页地址，再以这些主页作为入口开始在网上漫游。至于自己所用的检索词是否贴切用户却毫无把握。具体做法为建立同义词典。用户在提出一个检索词后可获得一批候选词，然后判断，用户可以选择其中一部分或全部作为检索用词，大大提高信息检索的检全率。

当然，绝大多数网络信息检索工具不采用受控语言有其原因，这主要包括网络信息数量大、变化快和涉及面广，现有的受控语言难以适应网络信息标引和检索的需要。另外，面对如此庞大的网络信息，检索工具有无必要投入大量的人力使用受控语言标引它们呢？尽管人们没有对网络环境下检索语言类型问题展开全面系统的讨论，可是，网络上已经出现了使用受控语言检索的工具。例如，隶属于 OCLC 的 NetFirst 采用了《美国国会图书馆主题词表》

和《杜威十进分类法》类分网络信息。由此可见，受控语言已开始涉足网络信息检索以提高网络信息的检索效果。

1.2.3 信息检索的智能化

以往，人们总是把改善检索效果的希望寄托于提高信息标引质量和改进检索机制，而收效并不显著。为此，一些研究者已陆续提出了改善网络信息检索效果的其他方法，其中包括智能检索软件（Intelligent Agent）和自动化数字“图书馆员”（Automatic Digital Librarians）。这些途径的共同点是把改善检索效果的着重点从网络信息检索工具转向某种“中间件”或“智能代理”。虽然这种“智能代理”带有理想色彩，但也并非空中楼阁，事实上，构成这种“智能代理”的部分要素已在一些现有的网络信息检索工具中实施。如 Ask Jeeves 和 Inquizit 都能把用户的自然语言提问自动转换为检索提问，用户可用“Why is the sky blue? ”作为检索提问，而不必再考虑检索词的选择问题。同时，智能化的自动索引软件可以对搜集网页的内容相关性及质量加以判断。智能化的检索软件可以自动分析用户提问并形成恰当的检索策略等。总之，随着网络用户对检索的精度、效率要求的不断提高，网络信息检索必须重视提高其在检索功能和服务上的智能化程度。

1.2.4 记录检索路径和内容提示信息

当检索者以一个节点作为入口检索信息时，应采用特殊符号标记记录，保存用户浏览路径及其邻近节点，并根据用户要求保存节点信息概要和片段，帮助用户及时调整检索方向，避免偏离目标时重新游历一遍。具体做法，设置一个动态存储器，在检索过程中，其存储内容是动态变化的。开始检索时，动态存储器是空的，随着检索的进行，系统不断把检索问题的出世状态及新的知识，推理路径及相关描述存入动态存储器。查询检索路径时可根据用户需要限制其存储器的各项指标，例如，节点上下各几步，或以何种方式（检索地图、文本等）输出。目前，Notecards 系统提供了一个记录表来显示用户浏览路径及相关节点。

1.2.5 使用语义-文献双层数据结构

目前有一些基于超文本环境的联机检索系统，既实现了信息检索的灵活性和方便性，又保证了较高的检索质量。因特网检索工具可以借鉴这类机检系统的成功经验，模仿其数据结构，建立一种类似的符合自身特点的语义-文献双层数据结构。

语义信息和语义链集合构成了双层模型的第一层（语义描述网络）；文献信息和结构链构成了另外一层（实体网络）；连接链则贯穿于两层之间，在双层结构的层面切换时发挥作用。语义层由描述语义概念的词汇构成。当在语义层中加入新的描述词汇时，检索软件会自动建立新词汇和文献层中各单元的对应关系。同样，当文献层中加入新文献时，系统也会建立起信息单元和语义结构的联系。语义层的词汇集合由抽出词（以自动抽词算法从主页文本中抽出），索引词（检索系统采用的系列索引词汇）和用户词（检索过程中所用的检索词）组成。

检索时，用户通过输入的检索词利用语义链方便地看到相关用词并沿着连接链进入文献层查找目标文献。当检索词不在索引词集合中时，可以先进入符合要求的文献层，然后顺着连接链到达索引词集合，继而利用语义链找到相关用词后再通过连接链进入文献层查找目标文献。

总之，能很好地实现语义描述网络与实体网络之间的互动。

1.2.6 面向用户的人性化服务

新世纪科技创新强调“以人为本”，网络信息检索也不例外，先进的、人性化的可视化检索界面无疑会给用户带来检索的效率和心理的愉悦。例如，有的检索系统以三维图来显示检索结果。友好先进的结果提供方式直接影响用户对信息的吸收和利用，NorthernLight 和 Excite 可以将检索结果分组汇集，并在网页右上边显示不同组名。同时，网络检索工具对检索结果的筛选（过滤，屏蔽等）也是搜索引擎技术发展的重要方面。

1.3 信息检索的意义和作用

1.3.1 信息检索的意义

1. 有利于减少课题的重复研究，提高科研成功率

任何科学研究都是在继承前人知识的基础上有所发明、有所创新的。也就是说，每个人都把前人认识事物的终点作为继承探索的起点。任何人从事某一特定领域的学术活动，或开始做一项新的科研工作，都要花费大量的时间，对有关文献进行全面的调查研究，摸清国内外是否有人做过或者正在做同样的工作，取得了一些什么成果，尚存在什么问题，以便借鉴、改进和部署自己的工作。只有这样方能做到胸中有数，才能有所发现、有所创新、有所前进，否则容易造成重复劳动，导致人力、物力、财力的浪费。

我们知道，科学技术的发展具有连续性和继承性，闭门造车只会重复别人的劳动或走弯路。在研究工作中，任何一个课题从选题、试验直到出成果，每一个环节都离不开信息。研究人员在选题开始就必须进行信息检索，了解别人在该项目上已经做了哪些工作，哪些工作目前正在做，谁在做，进展情况如何等。这样，用户就可以在他人研究的基础上进行再创造，从而避免重复研究，少走或不走弯路。

2. 有助于节约时间，提高科研效率

随着科学技术的发展，文献数量在剧增并且学科间相互渗透。科研人员在进行一项科研活动中，查找资料占了大量时间。据美国和日本 20 世纪 80 年代的一项统计。科学工作者在从事科研活动中所花的时间为，试验研究占 32.1%，计划、思考占 7.7%，数据处理占 93%，查找情报资料占 50.9%，如果熟悉文献检索方法，就能大大节省查找资料的时间，从而加快科研速度，早出科研成果。

在当今世界，提高科研效率，加快科研速度的意义还在于使相同科研课题在国内外竞争中处于有利位置。专利法规定，对相同的发明成果，按先申请原则授予专利权。即只授予第一个申请人专利权，其后申请的发明作为已知技术处理。显然，如果忽视科研速度，即使科研获得了成功，但由于发明失去了时间的新颖性，也会变成无效劳动，给国家带来损失。

3. 有助于协助管理者正确决策

准确、可靠和及时的信息，是正确决策的基础。在竞争激烈的今天，如果不能通过在阅文献，获得国内外有关本行业的发展动态，做到知己知彼，那么无论经营何种产业都如同“盲人骑瞎马，夜半临深池”一样危险，很难有成功的希望。改革开放之初，我国由于与国外经济交往少，信息不灵，盲目重复引进，一些引进技术和设备不适用，造成惊人的损失和浪费，这方面的教训是很惨痛的。

4. 有助于增强知识积累，改善知识结构，提高自身素质

英国情报学家布鲁克斯曾提出关于情报与知识的基本方程：K(S)+aI－K(S+AS)。公式中，K(S) 为原有的知识结构，aI 为信息增量，K(S+AS) 为新的知识结构。该公式表明，新的知识结构是随着吸收信息量而增加的，而吸收信息量又取决于原有的知识结构。据美国工程教育协会统计，美国大学毕业的科技人员所具有的知识，只有 12.5%是在大学阶段获取的，而 87.5%则来自工作实践。大学毕业后，5 年内不补充新知识，原有 50%的知识会失效；10 年不补充，原有 100%的知识会失效。

掌握了信息检索的方法和技能，就会找到一条吸收和利用大量新知识的捷径，以最少的时间和精力，继承前人的知识，最大限度地增加知识积累，改善知识结构，不断提高自身素质，在激烈的竞争环境中立于不败之地。

5. 有助培养信息意识，提高信息素质

信息素质（Infomation Quality）或信息素养（Information Literacy）实质上是一个人对信息搜集、整理、筛选、判断、评价和利用方面的能力，是个人综合素质的一个方面，信息检索课是对大学生进行信息素质教育的主要形式之一。信息素质教育内容主要由信息意识教育、信息道德与信息法规教育、信息能力教育等组成。其中，信息意识教育主要培养大学生对信息的敏感度，或检索、分析、判断和吸收信息的自觉程度，信息道德和信息法规教育。防止信息垃圾和信息污染，不制作、不传播、不使用不良信息，不借助网络进行人身攻击，不侵犯他人的知识产权、隐私权，不利用信息技术进行违法犯罪活动等内容。

1.3.2 信息检索的作用

1. 信息检索有助于知识更新

随着科学技术的飞速发展，知识老化现象也不断加重。据我国有关部门的典型调查，20 世纪 70 年代的大学毕业生，5 年后有 45% 的知识老化，10 年后有 75%的知识老化。由于科技发展越来越快，所以当今毕业生的知识老化速度也在加快。只有不断自学、进修，才能适应迅速发展变化的信息时代的要求。

知识更新，重要的是拓宽知识面。近几年美国学术界认为，有必要建立一种通才学，就是要求学生有较宽的知识面，不仅要掌握理工科渗透的知识，还要了解文科渗透的知识。这是因为，科技发展使得人类社会生产的产业结构正处在急剧变化之中，大批知识密集型工业相继涌现，交叉科学大量出现，现在的高校毕业生知识面过于狭窄，已不适应飞速发展的新形势。

尽早掌握信息检索的本领，就会在未来的竞争中取得更大的主动权。

2. 信息检索有助于发展教育

1）教育的重要性越来越突出。在过去的农业社会和工业社会中，教育的作用虽然显著，但没有文化或文化不高也能够从事劳动生产。

随着信息社会的到来，教育的重要性也越来越突出。信息社会是知识密集的社会，各种现代化技术将会渗透到所有行业和部门，不经过系统教育就不能胜任现代化设备仪器的操作。从这个意义上说，新技术革命也可称作“知识革命”，由此带来的信息时代也应称为“知识时代”，这就对当代教育提出了更高的要求。

2）必须把教育放在优先位置。国家要强大，必须科技领先，而要重视科技事业，必须优先发展教育。当今世界，谁要充当“领头羊”，就必须把加强教育放在最优先的位置。

美国前总统克林顿多次强调，每个美国人必须终身学习。在美国政府 1996 年提出的“教育技术规划”（Educational Technology Initiative）纲领中指出：在 2000 年，全美国的所有教室和图书馆都将联上信息高速公路，让每个孩子都能在 21 世纪的技术文化中受到最好的教育。

3）信息检索有助于终身教育。我国教育部提出，面临 21 世纪知识经济的挑战，必须加快我国教育信息化的步伐，根据各地区经济发展不平衡的现实，分 3 个层次推进信息化教育。

（1）以计算机多媒体为核心的教育技术在学校的普及与运用；

（2）组织学校上网，利用网上资源；

（3）开办远程教育，提供广泛的学习资源，不断满足社会终身教育的需求。

目前，我国正投入巨资建设远程教育网络和拓宽教育主干网。如果掌握了从网上获取信息的本领，就会受益无穷。

3. 信息检索有助于科学研究

科技文献中记载着前人的劳动成果，可以向后人提供借鉴；此外，科技文献中又记载着同代人的生产和科研的成果，可以提供参考。通过利用文献，可以避免别人的重复劳动，提高科研的速度和效益。古今中外一切有成就的科学家，都是在广泛吸收前人和同代人知识的基础上，受到启发而取得成功的。正如牛顿所说：“如果我比笛卡尔看得远些，那是因为我站在巨人的肩上的缘故。”

4. 信息检索有助于跟踪学术最新动态

有一位大学本科生在自己的毕业论文及答辩中提出了很多新的观点、新的设想，令答辩组的专家、教授不知所措，因为这些新观点是他们从未听说过的。原来，这位大学本科生在校的几年中，一直利用图书馆和互联网关注着这项研究。追踪着这项研究的世界最新动向，这位大学本科生的知识更新已远超周围的老师和同学。

5. 信息检索有助于节省科研时间，提高工作效率

据统计，科研人员查找信息资料的时间，一般要占全部科研活动时间的 35%～40%。掌握科学的信息检索方法可以节省科研人员查阅信息的时间，为科研工作节省大量的宝贵时间。科学研究是一种创造性劳动，兼有连续性和继承性特点。对于任何一个科技工作者来说，系统地掌握国内外科技信息，了解科技发展水平与动向，利用已有的研究成果，避免重复他人的劳动，少走弯路，具有重要的现实意义。

6. 信息检索有助于提高信息素质

1974 年，美国信息工程协会主席 Paul Zurkowski 首次定义信息素质，即它是利用大量的信息工具及主要信息源使问题得到解答的技术和技能，具备信息素质的人，能够识别何时需要信息，知道如何查找、评估和有效利用需要的信息来解决实际问题或者做出决策，无论其选择的信息是来自于计算机、图书馆、政府机构、电影，还是其他任何可能的来源。通过信息检索技术的学习，应用科学的方法，培养科学品德和精神，都能够解决信息检索过程中遇到的问题。

7. 信息检索有助于高校图书馆信息化建设

1）高校图书馆功能简介。高校图书馆是高等院校的文献信息中心，是为教学、科研服务的学术性机构，是高校的三大“支柱”之一。其主要职能是文献收集、资料加工、借阅服务、读者教育、环境熏陶。图书馆在为广大师生提供各项服务的同时，也为广大师生提供了安静、幽雅的学习环境。因此，高校图书馆的设置对大学生的功课学习、课外自学、陶冶情操和健康

成长都具有至关重要的作用。

2）如何打开“知识宝库”。图书馆历来被称为人类的“知识宝库”和“科学殿堂”，高校图书馆的藏书往往数以万计、十万计，甚至百万计，各种报刊资料更是品种繁多。近年来，电子出版物也纷纷登场，特别是“盘”家族（硬盘、软盘、光盘），已经显示出强大的生命力，正在迅速占领传统出版物市场，在图书馆馆藏中所占比例也在迅速提高。

为了使各种文献整齐、有序，便于读者借阅、查找，图书馆人员把它们进行了科学的加工、分类和编排，并编制了多种目录、索引和文摘等检索工具供师生使用。广大师生把这些检索工具形象地称为打开“知识宝库”的“钥匙”。可以查找图书、期刊；查找论文、报告；查找字词、数据等。

3）促进高校图书馆的数字化建设。1993 年以来，发达国家投入了大量资金，开发、研制数字图书馆。近几年，国内开始关注、跟踪国际数字图书馆的发展。

数字化图书馆就是图书馆藏信息实现数字化管理，并且上网服务，供读者随时随地查阅。与传统图书馆藏书不同的是，数字图书馆中的众多图书，不再是孤立地散布于世界各地的图书馆中，而是永久性地存储在硬盘、软盘、光盘之中，或流动在全球信息网络上，成为人类共享的知识财富。

我国有着悠久的历史，图书馆文献资源十分丰富，要实现数字化，工作量巨大，超出一般人们的想象，这是最大的困难。为了加快图书馆的数字化进程，1997 年 9 月，由 IBM 倡议，北京大学、清华大学、北京大学图书馆、香港、台湾，以及韩国、日本的 17 所高校图书馆为发起成员，在北京成立了“亚太数字图书馆论坛”。其宗旨是推进数字图书馆技术和标准在各大学、博物馆和文化收藏机构的应用。数字图书馆建设是将包括多媒体在内的各种信息的数字化、存储、管理、查询和发布集成在一起，使这些信息在网络上传播，以得到最大限度的应用。其中，北京大学投资 100 万美元，用于数字图书馆建设；上海交通大学等院校的图书馆数字化工作也在紧锣密鼓地进行。

目前，国内生产文献信息数据库的最大部门是中国科技信息所，中国科技信息所的“万方”数据库系列光盘在国内首屈一指。

4）高校图书馆的新职能。由于图书馆是重要的文献信息源，所以各国都把图书馆的数字化、网络化作为建设重点。近几年，国内高校图书馆加快了现代化建设的步伐，计算机、复印机、语音设备、网络器件等不断增加，受到了许多部门的关注。因此，充分利用高校图书馆的现代化设备和电子文献，对大学生进行能力培养和全面教育是时代对高校图书馆提出的新要求。

目前，北京大学图书馆的网页上设有“网上教室”，清华大学图书馆设有“Internet 教室”等网站，以充分发挥高校图书馆的教育职能，开展网上教育。

5）高校图书馆的网络化。信息网络是由各种专业应用领域的信息系统和公用高速通信网络平台组成的。美国的公用高速通信网是一个以超大容量的光纤传输网络为骨干，以高性能计算机为枢纽，能交互传输和交换语言、图像和数据，拥有多媒体终端，其信道速率可达 Gb/s 级的宽带、高速和综合智能通信网络。公用高速通信网在信息网中承担信息传输和交换的任务，是信息网的中枢神经系统。

计算机网络实际上是以共享硬件、软件、数据等资源为目的而连接起来的各自具有独立功能的计算机系统的集合。它是在网络协议控制下，利用各种通信手段，把地理上分散的计算机有机地连接在一起，达到相互通信而且共享软件、硬件、数据等资源的计算机复合系统。

计算机联网的主要目的在于共享资源。计算机联网后发展了分布式数据处理和分布式数据库。在获得数据和需要进行数据处理的地点设置计算机，把数据处理的功能分散到各台计算机上，可利用计算机网络实现分布处理和建立性能优良、可靠性高的分布式数据库系统。

我国目前建有四大网络：中国科学院系统的中国科技网（CSTNET）、中国教育系统的中国教育研究网（CERNET）、1995 年由邮电部门主建及经营管理的中国公众计算机网（ChinaNET）和中国金桥网（ChinaGBN，也称为中国国家公用经济信息通信网）。此外，还有中国联合网络通信有限公司的骨干网，和中国移动互联网络的骨干网。

对于高校图书馆的上网统计，目前 CERNET 已有 300 余所高校图书馆的信息。CERNET 上的中国博士论文全文数据库、最新工程类期刊、会议录文献报道服务数据库等。CERNET 的最大特点是比较重视网络信息的组织和利用，文献信息服务是 CERNET 的重要服务项目。

我国的高校有 1900 多所，高校图书馆的科技教育类信息源与其他类型图书馆相比占有优势。例如，江苏省高校文献信息网络建设工作的研究报告表明，高校馆藏的科技文献数量占全省的 50.4%。显然，就 CERNET 的信息资源来看，高校图书馆网络无疑是校园网和地区教育科研网上最大、最重要的资源子网。近几年，高校图书馆的现代化速度明显加快。

思考题

1．什么是信息、知识和文献？
2．按文献载体和记录形式划分，信息资源分为哪几类，并简述它们之间的差异。
3．简述信息检索的意义和作用。

第2章 文献信息检索

随着信息技术的发展，互联网的应用得到广泛普及，信息环境发生了相当大的变化，应用现代化技术手段获取各种信息知识，成为高等院校师生与广大科技工作者的一种必备知识和技能。为此，必须了解文献信息检索的基本知识。

2.1 信息检索的概念和基本原理

2.1.1 信息检索的概念

信息检索是指将大量无序的信息按照一定的规则方法有序地组织起来，信息服务人员或信息用户根据需要从有序化的信息集合（检索工具）中找出有关信息的过程，其全称为信息存储与检索。因此，信息检索包括文献信息的存储和检索两个方面，即一个完整的信息检索系统由信息存储子系统和信息检索子系统两部分组成。

信息存储子系统：就是将搜集到的原始信息经过加工处理，著录其内、外部特征（内部特征有主题词、分类号、内容摘要等，外部特征有题名、责任者、出版者、开本、页数等）而形成信息记录（款目），并将这些信息记录有序组织起来的过程。

信息检索子系统：在有序化的信息集合中找出有关信息的过程，是信息存储的逆过程。

然而，由于文化水平、思想方法、表达方式等方面的差异，信息标引者（存储人员）与信息用户对同一信息的分析、理解也必然存在差异。例如“青少年犯罪问题”依《中国图书馆分类法》分类，标引者可能将其归入“C 社会科学总论——青少年问题”类，而检索者则可能在“D 政治、法律”类进行查找，从而影响检索效果。因此，必须使信息存储与检索依据一致的规则。这样，无论什么样的标引者，对同文献的标引结果都一致，无论是谁来检索，都能找到该文献。

信息存储与检索共同遵循的规则称为信息检索语言。只要标引者和检索者用同一种信息检索语言来标引要存入的信息特征和要查找的检索提问，使它们变成一致的标识形式，信息的存储过程与检索过程就具备了相符性。相应地，存入的信息也就可以通过检索工具（系统）检索出来。如果检索失败了，那么就要分析检索主题词是否确切地描述了待查课题的主题概念：在利用检索语言标引时是否出了差错，从而导致检索提问标识错误。只有检索提问标识和信息特征标识一致时，相关的文献才能被检索出来。

2.1.2 信息检索的基本原理

信息存储与信息检索是意义不同却又相互联系、相互依存、不可分割的两个过程。信息存储是为了检索，信息检索又必须先以信息存储为基础。如果没有存储，检索就无法实现；没有检索，信息存储也就变得没有意义。所以说存储是检索的前提和基础，检索是存储的目的。信息检索系统的工作原理如图 2-1 所示。

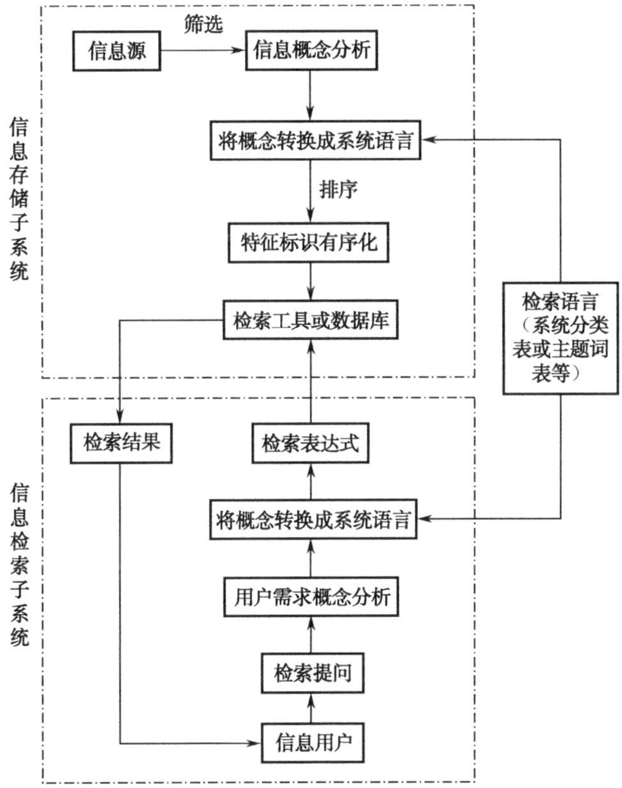

图 2-1 信息检索系统工作原理

2.2 信息检索的类型

信息资源的种类繁多，形式多样，信息检索可以按不同的划分标准分为不同的类型，为了便于更有效地检索和利用它们，人们从载体、出版形式等不同角度对它们进行了适当的划分、归类。

2.2.1 按文献载体和记录形式划分

按文献载体和记录形式的不同，信息可以划分为手写型、印刷型、缩微型、声像型、机读型和电子型六种。

1. 手写型

手写型信息资源是指古代各种非印刷型信息，如甲骨、简策、帛书等，以及还没有正式付印的手稿。

2. 印刷型

印刷型信息资源是一种传统的信息形式，是在印刷术发明后以纸张为载体，通过印刷手段（油印、铅印、胶印、石印、影印等）把负载知识的文字固化在纸张上形成的文献。其优点是便于直接阅读，使用方便；其缺点是笨重、存储密度低、收藏占用空间大、加工保存消耗大量人力、物力、财力，识别和提取难以实现自动化。

3. 缩微型

缩微型信息资源是以感光材料为载体，以光学摄影技术为记录手段的一种信息形式，如缩微胶片、缩微平片和缩微卡片等。其优点是存储密度较大、体积小、便于收藏保存、便于远距离传递；其缺点是不能直接阅读，需借助相应型号的缩微阅读机。

4. 声像型

声像型信息资源又称视听资料，是以磁性、感光材料为载体，直接记录声音、图像的一种信息，如电影、幻灯片、唱片、录像带等。其优点是直观、真切、逼真，给人以鲜明生动的直观感觉；其缺点是制作成本偏高，使用时需要借助一定的阅读设备。

5. 机读型

机读型信息资源是利用计算机进行存储和阅读的一种信息形式，如磁盘、光盘等。其优点是存储密度高、存取速度快、识别和提取易于实现自动化；其缺点是必须借助计算机等技术设备才能阅读。

6. 电子型

电子型信息资源是指采用电子数据的方式将文字、图像、声音等信息存储在磁光介质上，通过计算机或具有类似功能的设备阅读使用，用以表达思想、普及知识和积累文化，并可复制发行的大众传播媒体。它包括电子图书、电子期刊、电子报纸、电子地图、数据库及 Internet 信息资源。其优点是存储空间大，出版周期短，容易复制，交互性强，实现资源共享；其缺点是阅读需要相应软件、版权问题等有待解决。

2.2.2 按检索对象划分

按检索对象的不同，信息可以划分为书目检索、全文检索、事实检索和数据检索四种。

1. 书目检索

书目检索是指利用题名、责任者、出版者、分类号、主题词、载体类型、版本类型、出版年代、摘要等信息进行检索。

例如：在“题名”中输入“文学研究”四个字，检索时如果正题名、并列题名、从属题名、其他题名、丛书名等各项中只要其中一项前端部分是“文学研究”字样，即为符合条件的检索结果。

2. 全文检索

全文检索是指将存储于数据库中的整本书、整篇文章，将任意检索项内容信息与文件中所有文本匹配的检索方法，以查找到信息全文为目的，检索全文的一部分、全文或关于全文的书目信息，也可以进行各种统计和分析。

例如：可以快速地回答《西游记》中“孙悟空”一共出现多少次。

3. 事实信息检索

是以某一客观事实为检索对象，查找某一事实现状，以及发生的时间、地点和过程的信息检索。例如查找词语的解释、机构信息、人物的生平介绍、历史事实等信息，它能得到某一问题的具体解答。

4. 数据检索

是以某一具体数据为查找目的，从存储有大量数据、图表的检索工具或数据库当中获取数值型信息的一种检索类型。例如查找统计数据、市场行情、科学技术参数等相关数据，检索的结果是某一特定的数据。

文献信息检索一般是以提供线索的指示型检索工具为对象，比如利用相关目录、索引、文摘检索，是一种相关性检索，系统一般不直接解答信息用户提出的问题本身，只提供一些与它相关的文献。检索结果是不确定性的。事实信息检索和数据信息检索是以提供具体信息的参考型检索工具为检索对象，比如利用相关年鉴、百科全书、手册、字辞典、机构名录等工具，直接提供信息用户所需要的确切的事实或数据，它是一种确定性检索。

2.2.3　按信息出版形式和内容划分

按信息出版形式和内容的不同，信息可以划分为图书、期刊、特种信息。特种信息又称灰色信息，包括学位论文、专利信息、标准信息、会议信息、科技信息、科技报告、政府出版物、产品样本资料和档案等。

以下是主要信息类型的内容。

（1）图书。图书内容全面系统，基础理论性强，论点成熟可靠，但传递信息速度慢，内容相对陈旧。如果要对大范围问题、陌生问题进行了解，对熟悉的问题进行历史性的、全面系统地回顾，查阅图书一般来说是行之有效的办法。

（2）期刊。期刊内容新颖，能及时反映最新研究成果和动态，信息量大，发行与流通面广，便于获取。按期连续出版，便于研究者长期跟踪研究。

（3）学位论文。学位论文是高等学校和学术研究机构的学生为了获得学位而撰写的学术论文，包括学士论文、硕士论文和博士论文。学位论文是经过审查的原始研究成果，具有内容专一、阐述详细、有一定的独创性、参考文献比较系统等特点。学位论文一般不正式出版，而是以打印本的形式保存在规定的收藏地点。在我国，只有中国国家图书馆、中国科技信息研究所和中国社会科学文献情报中心3家单位有权利和责任收录高校与研究机构的学位论文，并根据使用规定向社会公众开放。另外，高校也是学位论文的重要保存地点，但高校一般只收录本校学位论文。

（4）会议文献信息。会议文献是学术会议的产物。学术会议是科研人员进行学术交流、相互学习、彼此沟通学术思想、提高学术水平的重要场所。学术会议按照举办的规模，分为国际性会议、全国性会议和地区性会议等。

会议文献是在学术会议上发表的论文、报告、讲演等的统称。会议文献的主要特点是时效性强，反映新成果比较快，质量较高，专业性较突出，往往代表着某一学科领域的最新学术研究成果。因此，会议文献是重要的科研信息来源，其利用率仅次于期刊。

会议文献按照发表时间可以分为 3 种类型：会前文献、会间文献和会后文献。

- 会前文献：是在召开会议之前印发给与会代表的会议资料，包括会议通知、会议议程、会议论文印本、会议论文摘要等。会议论文预印本通常是指即将宣读的论文的全文。
- 会间文献：又称会中资料，包括开幕词、闭幕词，以及其他讲话、会议记录、会议决议等。
- 会后文献：是会议结束后正式出版的会议论文集，是会议文献的重要组成部分。会后文献的名称形形色色，常见的有会议录、会议论文集、会议论文汇编、会议记录、会议报告、会议文集和会议出版物。

（5）专利文献信息。专利文献是对专利申请和授权各阶段产生的文献的总称。专利文献具有新颖性、创造性、可靠性、适用性等特点，编写格式统一，并具有法律效力。它是一种重要的科技文献，包含着丰富的技术信息和经济情报。

专利文献主要包括以下几种类型：专利说明书、专利公报、专利分类表等。

- 专利说明书是专利文献的主体，通常我们所说的检索专利文献，主要是指专利说明书。专利说明书是发明人向专利局递交的说明自己创造发明的书面文件。经过审查获得批准的专利说明书具有相应的法律效力。
- 专利公报是专利局的常规出版物，通常用于报道专利管理、审批等专利事务信息。
- 专利分类表是从分类角度管理和检索专利文献的工具。目前国际上通用的专利文摘索引是以文摘或题录形式报道专利信息的一种文献形式，它可以为专利检索提供广泛和快捷的服务。

（6）标准。标准是在生产科研活动中，产品、工程、环境和其他技术项目的质量、规格、参数及其检验方法等方面所做的技术规定，是从事生产建设共同遵守的一种技术规范。标准是标准化活动的产物。标准化是一项重要的技术经济政策。标准化程度的高低代表着一个国家技术和经济发展水平的高低。人们常说的“一流企业做标准，二流企业做品牌，三流企业做产品”，就包含了这层意思。

标准文献是由各级标准化组织制定和颁布，记录各类标准及相关标准信息的文献。标准文献是一个广义的概念，它通常包括技术标准、管理标准、政府文件、标准化专著、标准化会议文献等内容。其中，技术标准是标准文献的主体，通常我们所要检索的标准是指技术标准。

一般来说，技术标准文献具有以下特点：有独立的文献体制和固定的标准代号；具有法律性质及一定的约束力，有生效、未生效、试行和失效之分；动态性强，标准随国民经济和技术发展不断补充、修改和更新；一项标准只能解决一个问题；不同级别的标准有不同的实施范围；标准文献交叉补充，相互引用。

2.2.4 按信息资源的加工程度划分

按信息资源的加工程度划分，信息可以划分为零次文献、一次文献、二次文献、三次文献。

（1）零次文献。零次文献又称准文献或灰色文献，是指未经正式发表、未形成正式载体或正式出版的一种文献形式。零次文献一般是通过口头交谈、参观展览、参加报告会等途径获取，不仅在内容上有一定的价值，而且能弥补一般公开文献从信息的客观形成到公开传播之间费时甚多的缺陷。零次文献包括书信、手稿、会议记录、笔记，以及一些内部使用但通过公开正式的订购途径获取，不能获得的书刊资料。零次文献具有客观性、零散性和不成熟性等特点。

（2）一次文献。一次文献是作者以自己的生产、科研、社会活动等实践经验为依据而创作、撰写并公开发表或出版的文献，又被称为原始文献。一次文献是整个文献中数量最大、种类最多，所包括新鲜内容最多、使用最广、影响最大的文献，如图书、期刊、学位论文、专利文献、科技报告等，这些文献具有创新性、实用性和学术性等明显特征。一次文献是信息检索的最主要对象，信息检索的最终指向是一次文献。

（3）二次文献。二次文献又称二级文献，它将大量分散、零乱、无序的一次文献的外部特征或内容特征进行整理、浓缩、提炼，并按照一定的逻辑顺序和科学体系加以编排存储，使之系统化，以便于检索利用。二次文献具有明显的浓缩性、汇集性、系统性和可检索性。二次文献的主要类型有书目、索引和文摘，这三种类型被称为指引型检索工具。

（4）三次文献。三次文献是指在合理利用二次文献的基础上，选用一次文献的内容，根据一定的需要、目的进行分析、综合或浓缩重组而得到的信息；是将一次文献中有价值的数据、信息摘录出来，按性质、类别、范围重新组织。它比二次文献内容完整、全面，比一次文献内容更系统、更有规律。主要类型有专题评述、动态综述、年度总结、数据手册、科学大全、百科全书和年鉴等。

2.3 参考工具书的特点、作用和类型

2.3.1 参考工具书的特点

参考工具书编制的目的是为读者解疑释难或提供所需事实、数据。因此，参考性是它最基本的特点，也是它区别于非工具书的主要方面。它在人们日常的学习和研究过程中起着重要作用。与一般图书相比，参考工具书具有以下特点。

1. 工具书是知识和信息的浓缩载体

工具书是在搜集大量文献的基础上，对其进行筛选、提炼、加工、浓缩而成的信息密集型文献。其取材广泛，释义准确，陈述客观、全面，所记载的知识内容一般都能反映某一学科领域的全貌。工具书收录的知识一般均经过验证，很少收录猜想、假设等未经证实的信息和正在探讨中的知识，具有知识的权威性。

2. 工具书知识的组织编排便于检索

工具书能够将散见于古今中外各个学科领域和各种文献中的单元知识搜集起来，以特定的方法予以编排，使之成为人们能及时提取利用的有序知识。工具书的编排体例和条目排列具有易检性，读者一般只要通过说明和示例即可快速、方便地得到所需的知识内容；另外，许多工具书附有的多种辅助索引，能为读者提供更多的检索途径。

3. 工具书装饰精美、信息容量大、更新速度慢

工具书编纂工程浩大耗时长，价格昂贵，一般都要长期使用。其修订相对更为困难，信息内容更新速度慢，往往无法反映最新知识内容。

工具书主要为书本形式。近年来多媒体数据库型工具书也得到了快速发展，多媒体还提供

大量图像、音频、视频信息，使利用工具书获得的信息更为生动、直观，同时其检索更为方便、快捷，检索效率更高；另外，袖珍便携式电子词典作为工具书的一种新形式已经被广泛使用，网络数据工具书和便携式电子工具书都可以十分容易地进行数据更新，弥补了传统工具书的不足。

2.3.2 参考工具书的作用

参考工具书是知识的总汇。实践证明，人们在读书学习、研究问题和开展工作的过程中，是离不开工具书的。工具书因其内容不同，各有其用途，但主要的作用如下。

1. 打开知识宝库的钥匙，指引读书治学的工具

18 世纪英国著名的词典编纂家约翰逊曾经说过：“知识有两类，一类是我们自己知道的，另一类是我们知道在什么地方可以找到的。”他说的另一类知识，就是熟悉和学会利用工具书的知识。

2. 解疑释难的工具

我们在学习、工作、研究过程中，经常会遇到一些疑惑不解的问题，如某词不解其含义、某事不知其原委等。这时我们可以借助有关工具书，如查字典、词典，便知字、词的读音和意义用法；查类书、政书、大事年表、百科全书、年鉴可知事情之原委。由此可见，工具书是帮助人们解疑释难的工具。只要我们了解各种工具书的不同用途，掌握其使用方法，遇到哪类问题，就查哪类工具书，难题都可得到解决。

3. 提供参考资料和线索的工具

文献资料是进行科研工作的物质基础，任何科研工作都是在收集详尽资料的基础上进行的。例如，我们借助于百科全书、年鉴、手册等，可以直接获取有关文献内容；而借助于书目、索引、文摘等，则可以找到有关研究论文的线索，从而再去查找原始文献。

4. 节省时间和精力，延长科研生命

当代人类的科学知识总量正在急剧增加，知识不断更新，尤其是自然科学方面的内容更新时间在不断缩短，在这样繁杂的文献面前，我们常会束手无策。工具书为我们提供了查找这些科学知识的线索，我们可以从书目、索引、文摘中有选择地查看与自己研究专题有关的文献，可以节省大量的时间和精力，取得事半功倍的效果。

工具书的作用是多方面的，掌握了工具书的内容和使用方法可以终身受益。但是，遇到较为复杂的问题，绝不是翻阅几本工具书就能解决的，必须全面查阅有关专著，才能求得准确的答案。特别是对于研究工作，工具书仅能提供基本知识和线索，更多地还要通过直接阅读来解决问题。

2.3.3 参考工具书的类型

参考工具书是指根据一定的社会需要，广泛汇集某一范围的有关知识，以特定的编排形式和检索方法，使人们在极短时间内，查出确切答案的工具书。参考工具书主要包括百科全书、传记资料、年鉴、手册、字（词）典、名录、图录、表谱等。参考工具书的种类繁多，出版量大，而且各有用途，编排方式也不尽相同，如查某个英文缩写可用缩略语词典，查我国近几年的国内生产总值可用有关年鉴资料，查某型号的电子器件有多少厂家生产及其技术特性数据可用有关的电子元器件类手册、产品目录等查找。

参考工具书的类型很多，通常按其功能划分为以下几种。

1. 百科全书

百科全书是概述人类一切门类知识或某一门类全部知识的完备的工具书。百科全书的主要作用是供人们查阅必要的知识和事实资料，其完备性在于它几乎包容了各种工具书的成分，囊括了各方面的知识，如各学科或专业的定义、原理、方法、基本概念、历史及现状、书目和重大事件等，因此它也被称为“工具书之王”。百科全书按收录范围，可划分为综合性百科全书和专科性百科全书。综合性百科全书包含多个学科和领域的知识，如《中国大百科全书》《新不列颠百科全书》等；专科性百科全书提供的是只限于某个学科或领域的知识，如《中国农业百科全书》《化工百科全书》等。

2. 年鉴

年鉴是系统汇集某一年内有关事物或学科等各方面的进展情况，提供有关最新事实和统计数据的资料性工具书，包含一年内的各类事实数据、统计资料、图表、图片及近期发展动向等，能为用户提供各种事实、概括和统计数据。年鉴可以按收录内容分成综合性年鉴、专门性年鉴和地方性年鉴。综合性年鉴比较全面地反映了一国或国际的政治、经济、文化等各方面的年度进展情况及有关资料，如《中国统计年鉴》《世界年鉴》等；专门性年鉴反映了某一专门范围的年度进展情况及有关资料，如《中国经济年鉴》《中国轻工业年鉴》等；地方性年鉴反映了一国之内某一地方各个方面或某一方面的年度进展情况及有关资料，如《北京年鉴》《四川年鉴》等。

作为年度性的各类统计资料，统计年鉴最有权威和最为详尽。如果要查找我国某年度各种农产品的产销数据、重要研究成果或产品的进出口等各类事实和数据，可以在专门性年鉴或统计年鉴中检索。

3. 字（词）典

字典和词典是收录字、词的出版物，其内容在于注释字、词、科技名词术语，缩略语的形、音、义、全称、用法、不同文种的对译等。科技类的词典，主要是学科名词术语、定义的解释或不同文种的互译对照。

外语或两种语言以上互译类的词典，一般可以分为一般语言词典、缩略语词典、学科或专业性词典三种。《新英汉词典》《新日汉词典》《德汉词典》《法汉词典》等均属于一般语言词典；缩略语词典可分为综合类、机构类、地名类和专业术语类，如《英汉科技文献缩略语词典》《世界机构简称字典》《英汉计算机技术缩略语词典》等，一般各个学科或专业都有专门的缩略语词典；对于学科或专业性词典，则是大家非常熟悉的，如《英汉计算机综合词典》《英汉微生物学词典》等。

4. 手册

手册又称指南、便览、须知、大全，手册属于简便的参考资料，它是将某一课题或学科的各种事实和数据、统计数字、规则、技术参数、图表、符号公式、原理方法等各类资料汇集成册的工具书，如《环境工程手册》《兽医数据手册》等。

此外，对于地名和姓名有专门的对译词典，如《世界地名译名手册》《美国地名译名手册》《英语姓名译名手册》《日本姓名译名手册》《世界姓名译名手册》等。

5. 名录

名录是汇集机构名、人名、地名等基本情况和资料的一种工具书。名录一般分为机构名录、人名录和地名录等。机构名录收选的内容是机构名称及其概况介绍，如机构的宗旨、组织结构、权限、业务或研究工作范围、地址、职能、人员、资讯等。机构名录有学校名录、研究机构名录、工商企业名录、行政和组织机构名录、学/协会名录等，如《中国高等学校大全》《中国科学研究与技术开发机构要览》。人名录收选的内容是各学科、领域知名人士的个人资料介绍，主要内容包括姓名、生卒年月、学历、职称、所在国别、民族、工作单位、所从事的专业、论文和著作、主要科研活动及成就等生平传略，如《中国普通高等学校教授人名录》《中国科学院科学家人名录》。地名录提供地名的正确名称、地理分量等，如《世界地名录》等。

6. 图录

图录包括地图、历史图谱、文物图录、人物图录、艺术图录、科技图录等。它们主要是指用图像或附以简要的文字，反映各种事物、人物、艺术、自然博物馆及科技工艺等形象的图谱性工具书，如《世界地图集》《中国土壤图集》等。

7. 表谱

表谱包括年表、历表和其他专门性表谱，它们是指多用表格或编年形式，反映各种不同的时间符号或事物的进展，以指示时间概念或谱列历史事实的一种辅助历史科学的工具书，如《中国历史纪年表》等。

8. 类书、政书

类书是辑录文献中的史实典故、名物制度、诗赋文章、骊词骈语等，按类或按韵编排，以便寻检和征引的工具书，如《册府元龟》《艺文类聚》《太平御览》《古今图书集成》等。

政书是辑录文献中的典章制度资料，分门别类地加以编排和叙述，以便查考的工具书。简而言之，政书是典章制度的专书，如《通典》《通志》《文献通考》等。

2.4 常用事实与数据检索工具

2.4.1 万方数据资源系统

1. 概述

万方数据资源系统是中国科技信息研究所、中国文化产业投资基金、中国科技出版传媒有限公司、北京知金科技投资有限公司、四川省科技信息研究所和科技文献出版社联合开发的网上数据库联机检索系统，是一个覆盖全国的以科技信息为主体，集经济、金融、社会、人文、文化教育于一身的综合性信息服务体系，其内容涉及自然科学和社会科学各领域，汇聚了 12 大类 100 多个数据库，平台资源包括期刊、学位论文、会议、专利、科技报告、成果、标准、法规、地方志、视频、OA 论文，并提供多种检索方式，让用户能快捷地查询到所需资料。万方数据资源系统主要的数据库有中国学位论文全文数据库、中国数字化期刊群、中国学术会议论文全文数据库、中国标准数据库、中国法律法规全文数据库、中国专利全文数据库、科技信息子系统和商务信息子系统等。其检索界面如图 2-2 所示。

从数据库分类上看，万方数据资源系统包括三个子系统，即科技信息子系统、商务信息子系统和数字化期刊子系统。检索工具主要有以下数据库。

（1）科技信息子系统。主要汇集科技文献类、科技动态类、标准及法规类、成果与专利类、机构和名人类，以及工具书类数据库近百种，信息总量达 1100 多万条。

（2）商务信息子系统。主要包括工商资讯、经贸信息、成果专利、咨询服务等内容，其主要产品《中国企业、公司及产品数据库》收录 96 个行业近 20 万家企业的详细信息。

（3）数字化期刊子系统。主要收录了理、工、农、医、人文五大学科 70 余个类目的 2500

种期刊。

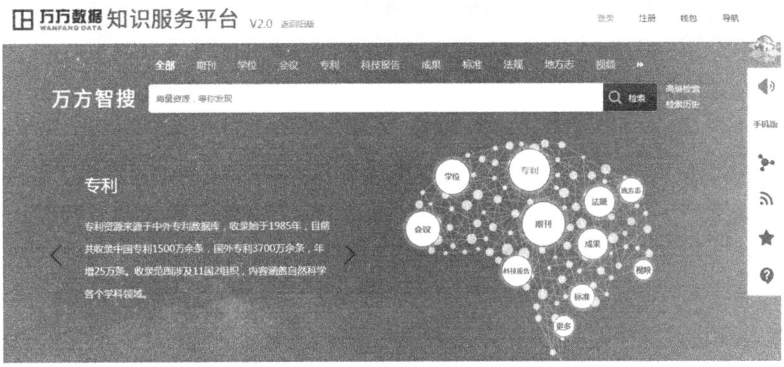

图 2-2　万方数据资源系统检索界面

2. 检索方式

进入万方数据资源系统后，可以首先在“科技信息子系统”中的“资源总览”页面浏览全部数据库，系统将全部 120 多个数据库划分为 12 个类目：学位论文、会议文库、科技文献、成果专利、科技名人、政策法规、中外标准、科技机构、中外期刊、商务与贸易、台湾地区数据库和其他。用户可根据需要选择单个数据库检索，单击数据库名即可进入简单检索页面。每个数据库的检索根据数据库的特点略有不同。主要分类如下。

（1）分类浏览检索。在系统中称为“分类检索”，即按学科浏览和检索，进入万方数据资源系统主页的“检索中心”即可找到此项功能。分类检索提供的分类浏览以《中国图书馆图书分类法》为基础，将全部数据库划分成工业、农业、医药和其他 4 大类 35 个子类。

（2）字典检索（索引）。万方部分数据库提供索引功能，以帮助用户快速浏览数据库中的内容，直接定位和检索到自己需要的信息。索引通常按检索字段名称排列和提供。

（3）简单检索。进入万方数据资源系统后，在“资源总览”区单击数据库名称，即可进入简单检索页面。不同的数据库可选择不同的检索入口，如中国学术会议论文库的检索入口有全文、题名、作者、分类号、关键词、文摘、母体文献（来源文献）、会议名称、主办单位、会议时间和会议地点等。

（4）高级检索。高级检索的最大特点和功能就是可在科技信息、数字化期刊、商务信息三个子系统内按类目进行跨库检索。例如，在科技信息子系统中，可以按科技文献、会议论文、学位论文、中外标准、成果专利、政策法规、科技名人、科教机构等类目同时检索多个数据库，也可选择全部资源进行跨库检索。

（5）专业检索。专业检索类似命令检索，只在单个数据库中进行，在“资源总览”区单击数据库名称后，即可进入简单检索页面，再单击“专业检索”即可进入专业检索页面。

2.4.2　中国年鉴网络出版总库

《中国年鉴网络出版总库》（China Yearbooks Full-text Database，简称 CYFD），是目前中国最大的连续更新的动态年鉴资源全文数据库。内容覆盖基本国情、地理历史、政治军事外交、法律、经济、科学技术、教育、文化体育事业、医疗卫生、社会生活、人物、统计资料、文件标准与法律法规等各个领域。

是一个经国家批准正式出版，以光盘和网络为载体连续出版的国家级电子期刊，是由中国学术期刊（光盘版）电子杂志社、清华同方知网（北京）技术股份有限公司、清华同方光盘股份有限公司与各年鉴编辑单位合作建设，依托清华同方知网的网络出版平台，全面系统集成整合我国年鉴资源的全文数据库。是目前国内最完整、最权威的年鉴数据库产品。

《中国年鉴网络出版总库》拥有自主知识产权、国际领先的数字图书馆技术，通过目前全球最大的中文数据出版与知识传播平台——“中国知网”（www.cnki.net）公开出版发行。CYBD既全面展示了我国纸质年鉴资源的原貌，又运用了最先进的数字图像开发技术，深度挖掘、梳理和开发利用了纸质年鉴中的各种信息资源，将年鉴内容以条目为基本单位，重新整合、标注、归类入库，进而形成一个全面、系统地反映国情资讯的信息资源库。

根据市场需求和用户建议，《中国年鉴网络出版总库》已历经数次改版，资源、架构日趋完善，在原有的基础上，增加了整合聚类、多维导航、分组排序等特色功能，各项操作及页面设计也更符合用户的使用习惯。其检索界面如图2-3所示。

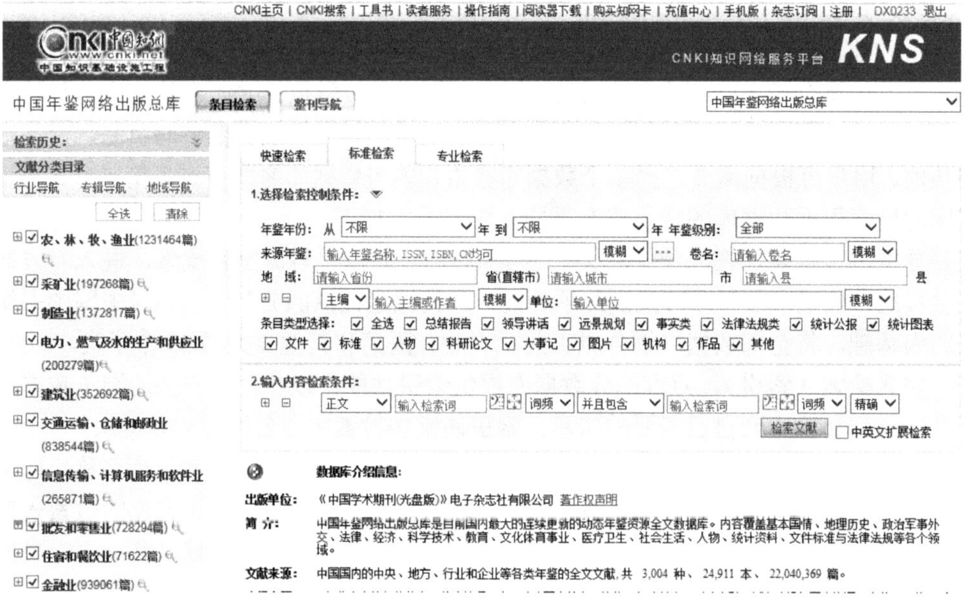

图2-3 中国年鉴网络出版总库检索界面

2.4.3 中国大百科全书数据库

《中国大百科全书》是中国第一套全面介绍人类各门学科知识、符合国际惯例的大型现代综合性百科全书，是国家重点文化工程，由中国大百科全书出版社出版。《中国大百科全书》的编纂始于1978年，得到了邓小平同志的关怀和指导。1993年推出第一版；2009年出版了修订后的第二版；2011年，第三版经国务院批准正式立项，以全面数字化、网络化的新形态，带给读者全新的阅读盛宴。坚持《中国大百科全书》科学、精准的本质，将编纂出富有时代特色的网络百科全书，同时继续出版纸质版，满足不同读者的多种需求。《中国大百科全书》产品形态多样，有纸质版、光盘版、网络在线版、局域网版、手机版等，呈多点、多面发展趋势。其检索界面如图2-4所示。

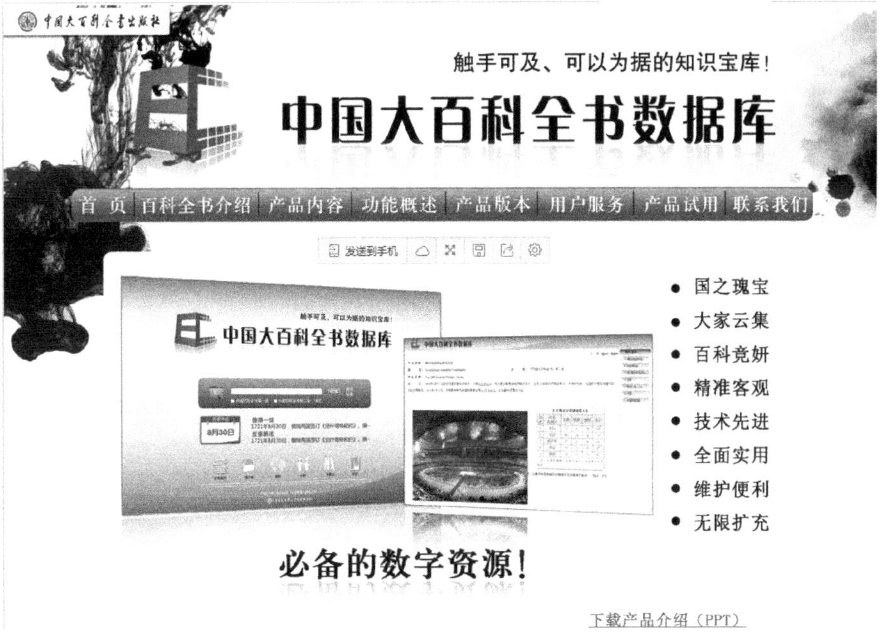

图 2-4 中国大百科全书数据库检索界面

另外，中国大百科全书出版社针对中国儿童需要而研发的百科全书，如《中国儿童百科全书》出版十年来，截至 2018 年 3 月销售累计销量突破千万册，囊括了包括国家科技进步奖、国家图书奖、国家辞书奖、中国出版政府奖在内的多项大奖，创造了图书获奖的奇迹，陪伴并滋养了一代中国少年儿童。儿童百科产品不仅受到国内家长、孩子的好评，其销售成绩也震动了出版界。近些年来，一些专业百科全书和专题百科全书成为各行各业不可或缺的工具书，不断有读者通过各种渠道咨询和反映，希望出版社能提供各种纸质的百科全书，包括套装、单卷本等。

2.4.4 中国统计年鉴数据库

中国统计年鉴系统收录了全国和各省、自治区、直辖市的经济、社会各方面的统计数据，其中包括综合、国民经济核算、人口、就业人员和职工工资、固定资产投资、对外经济贸易、能源、财政、价格指数、人民生活、城市概况、资源和环境、农业、工业、建筑业、运输和邮电、批发和零售业、住宿餐饮业和旅游业、金融业、教育和科技、文化体育和卫生、社会服务及其他、香港和澳门特别行政区主要社会经济指标、台湾地区主要社会经济指标等，是一部全面反映中华人民共和国经济和社会发展情况的资料性年刊。其检索界面如图 2-5 所示。

2.4.5 中国资讯行高校财经数据库

此数据库完整地记录了邓小平南方谈话后中国改革开放的全面历程。本数据库收录了中国范围内及相关的海外商业经济信息，以消息报道为主，数据来源于中国内地权威平面媒体和互联网网站等近千家新闻机构发布的各类新闻报道。支持对标题或全文的秒级全文检索，也支持专门对行业地域的分类和日期检索，也支持全文和分类一起的混合检索。本数据库还支持在前次检索中进行二次检索，有利于加速检索。本数据库亦支持与其他兄弟数据库的并库检索（跨库检索），有利于提高效率。其检索界面如图 2-6 所示。

图 2-5　中国统计年鉴数据库检索界面

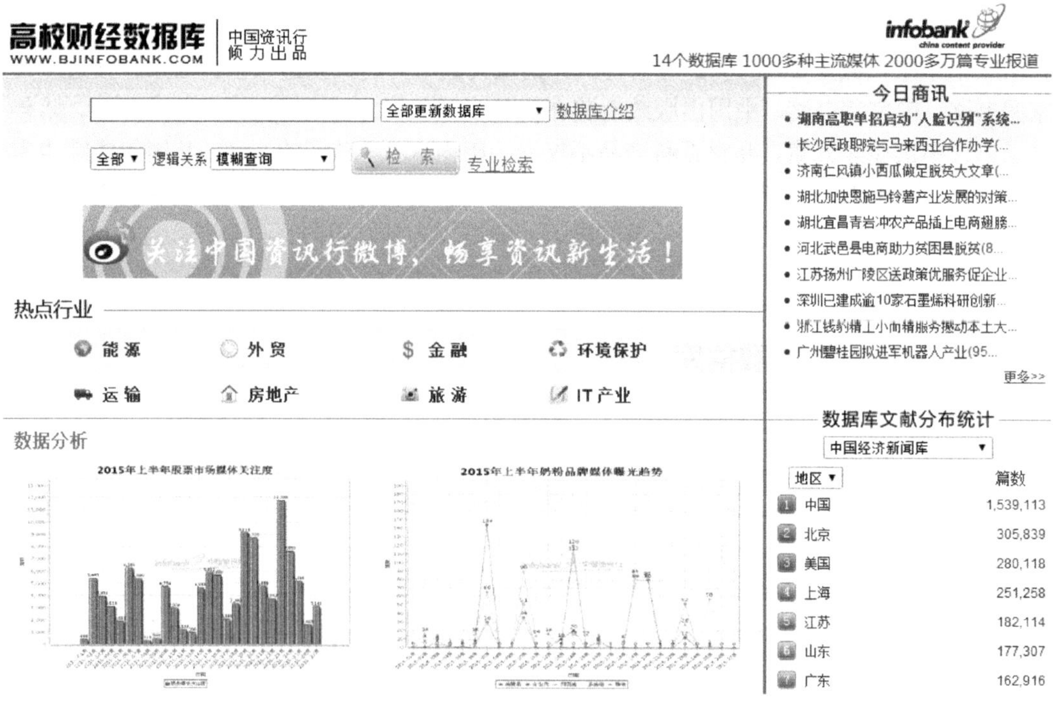

图 2-6　中国资讯行高校财经数据库检索界面

中国资讯行（China InfoBank）高校财经数据库系统采集来自国内 1300 多家媒体、国外 100 多家媒体的公开信息，同时与国内百余家官方和行业权威机构合作，为广大用户提供丰富的中文商业信息。INFOBANK 由 14 个子数据库组成资讯内容，涉及 19 个大类，超过 2000 万篇的商业资料藏量，数据库容量逾 200 亿，每日新增逾 2000 万汉字，范围涵盖 19 个领域、198 个行业。

中国资讯行高校财经数据库系统还包括中国经济新闻库、中国统计数据库、中国商业报告库、中国法律法规库、中国上市公司文献库、中国医疗健康库、中国人物库、中国企业产品库、名词解释、中国中央及地方政府机构库。

2.4.6 国务院发展研究中心信息网

国务院发展研究中心信息网（简称“国研网”）是国务院发展研究中心主办的、中国著名的大型经济类信息提供商，是向各级领导、研究人员和投资决策者提供经济决策支持的权威的信息平台，创建于 1998 年 3 月，是目前中国著名的专业性经济信息服务平台之一。

国研网是直属中国国务院的政策研究和咨询机构。主要职能是研究中国国民经济、社会发展和改革开放中的全局性、战略性、前瞻性、长期性以及热点、难点问题，开展对重大政策的独立评估和客观解读，为党中央、国务院提供政策建议和咨询意见。

国研网以“专业性、权威性、前瞻性、指导性、包容性”为指导方针，以先进的网络技术和独到的专业视角，为中国各级政府部门及研究人员提供关于中国经济政策和经济发展的深入分析和权威预测，为国内外企业管理者提供中国经济环境、商业机会与管理案例信息，为海内外投资决策者提供中国宏观经济和行业经济领域的政策导向及投资环境信息，使投资者及时了解并准确把握中国整体经济环境及其发展趋势，从而指导投资决策和投资行为。

国研网已建成了内容丰富、检索便捷、功能齐全的大型经济信息数据库集群，包括国研视点、宏观经济、金融中国、行业经济、世经评论、国研数据、区域经济、企业胜经、高校参考和基础教育这 10 个数据库，同时针对金融机构、高校用户、企业用户和政府用户的需求特点开发了金融版、教育版、综合版、党政版、企业版及政府版 6 个专版产品。其检索界面如图 2-7 所示。

图 2-7 国务院发展研究中心信息网检索界面

2.4.7 中国科技统计网

中国科技统计网站点设在科技统计信息中心，并由该中心负责站点的组建、信息处理及维护。科技统计信息中心为原科技部管理学院科技统计研究室，2000 年 5 月科技部管理学院并入华中科技大学后，遂并入华中科技大学管理学院。

中国科技统计网是科技管理与科技决策的一个十分强大的信息支撑系统，被作为科技统计理论研究与科技统计工作交流的一个论坛，也是公众了解中国科技活动状况的一个窗口。

中国科技统计网上的主要统计数据有中国主要科技指标数据库、中国科技统计数据和中国高技术产业数据。其检索界面如图 2-8 所示。

图 2-8 中国科技统计网检索界面

2.4.8 中国经济信息网

中国经济信息网于 1996 年 12 月 3 日正式开通，是国家信息中心组建的、以提供经济信息为主要业务的专业性信息服务网站。中经网问世以来，经过了几次重大的网站结构调整和技术升级，目前已建成日更新量几百万汉字，覆盖宏观、金融、行业、区域、企业、国际、视频等多个频道的，国内互联网上最大的中文经济信息库，是监测和研究中国经济的权威网站群。为政府部门、金融机构、高等院校、企业集团、研究机构及海外投资者提供宏观经济、行业经济、区域经济、法律法规等方面的动态信息、统计数据和研究报告，帮助各类机构准确了解经济形势、政策导向和投资环境，为其经营决策和战略研究提供强有力的信息支持。其检索界面如图 2-9 所示。

图 2-9　中国经济信息网检索界面

2.4.9　中国年鉴资源全文数据库

中国年鉴资源全文数据库由中国出版工作者协会年鉴工作委员会与方正阿帕比共同发起，与各年鉴编纂单位合作建设，依托方正阿帕比数字资源管理平台，以方正 DRM（数字版权保护）技术为保障。

中国年鉴资源全文数据库已收录全国 1200 余种年鉴，计划收录全国 2000 种年鉴，覆盖全国大部分核心年鉴，包括大部分中央级年鉴、省级综合年鉴、重要城市综合年鉴、重要的地方专业年鉴等，数据库每年将及时补充新版年鉴数据。

数据库中的年鉴既能保持纸质年鉴的原版原式，具备强大的信息检索功能，使用户能快速地在数据库中查到想要的信息与数据，同时，数据库又能方便地实现以下功能。

（1）年鉴信息保存：能将年鉴原版原式地以高质量的全文电子文件形式保存下来。

（2）年鉴信息管理：方便地实现新的年鉴种类和新的年鉴年卷的增加。

（3）检索借阅：检索功能强大，支持分类浏览、字段检索、布尔逻辑检索（组配检索）、全面检索、全文检索、跨库检索等检索功能。

（4）统计功能：能根据时间、年鉴、年鉴分类、年卷、读者、检索词等对年鉴的使用情况进行统计，分析年鉴使用率、热门年鉴等年鉴资源使用情况。

（5）其他功能：优秀年鉴资源推荐，可按年鉴分类导航把年鉴放到不同年鉴类别库中等。

2.5 信息检索工具的内容和类型

2.5.1 信息检索工具的定义及其特点

检索工具就是按特定的方法对原始文献各种特征信息加以编排和组织，经筛选后，用选定的检索语言进行描述和标引，并按特定规则组织编排形成的二次文献或三次文献，用以报道、存储和查找文献信息的一切工具与设备。

信息检索工具是一种特定类型的出版物，它有别于普通图书。虽然它具备可读性，但它不是供人们进行系统阅读的。它的主要特点如下。

1）检索工具是大量文献的特征信息集合，它远高于普通图书的知识密集度。

2）一部完整、合理的检索工具的编制必须采用科学的存储、简易的查检方法，同时，必须保证文献观点正确、内容准确，提高检索工具的使用效率。

2.5.2 信息检索工具的类型

在不同的历史时期，由于科学技术的不断发展，同时为了满足不同信息用户的各种不同的信息需求，产生了各式各样的文献检索工具。根据不同的划分标准、不同的功用等，可将检索工具分为不同的类型。

1. 按检索手段划分

按检索手段划分，分为手工和计算机检索工具。

1）手工检索工具。手工检索工具就是传统的印刷型检索工具，主要有检索期刊和各种类型的参考工具书。检索期刊是按照一定发行周期固定出版，一般在每期上均有期索引，年底发行年度索引或多年累计索引，如《中国学术会议论文通报》、美国《工程索引》(Engineering Index）月刊本及年刊本等。与计算机检索工具相比，它具有查询方便、阅读方便等优势，但手工检索工具具有提供的检索途径少、查询费时、不能实现资源共享等缺点，现在正逐步被计算机检索工具所取代。参考工具书是一种特定类型的图书，它广泛收集某一范围的相关资料，按照特定编排方式加以整理，是检索文献信息的重要工具，如《中国大百科全书》《中国统计年鉴》等。

2）计算机检索工具。计算机检索工具主要是指利用二进制代码存储文献信息的检索工具，现在各类检索数据库都属于计算机检索工具。计算机检索工具可以实现一次输入、多次输出，建立各种索引相当方便、快捷；同时，它具有检索速度快、检索途径多、检索效果好、能实现资源共享等优势，目前已经得到广大信息检索人员的认同。

2. 按出版形式划分

按出版形式划分，分为期刊式、书本式、卡片式、缩微式及磁带式检索工具。

1） 期刊式检索工具。期刊式检索工具是指按照期刊发行规律出版发行的一种文献检索工具。

2）书本式检索工具。书本式检索工具是指参考工具书和一些馆藏目录及联合目录等。

3）卡片式检索工具。卡片式检索工具是以每张卡片记录一条文献信息的外部特征和内部特征，然后将所有卡片的某个特征信息（如作者姓名）按照一定的编排顺序（如字顺）加以排序，形成一套套检索工具。

4）缩微式检索工具。缩微式检索工具包括缩微胶卷和缩微平片两种类型的检索工具。缩微型检索工具是采用缩微照相技术对印刷型检索工具进行拍照处理，然后存储在胶卷和平片等存储介质上。其优点是能大大缩小文献体积，在一定的温度、湿度条件下保存时间比印刷型检索工具长，其缺点是检索阅读不方便。

5）磁带式检索工具。磁带式检索工具是指把相关文献信息通过相应技术存储在磁带等磁性介质上而形成的检索工具。

3. 按检索工具的使用功用划分

按检索工具的使用功用划分，分为提供文献线索的指示型检索工具和提供具体信息的参考型检索工具。

1）提供文献线索的指示型检索工具。

（1）目录，有的称书目：是以独立的出版物为著录对象，对文献的外部特征的揭示和报道，对文献的描述比较简单，只记录文献的外部特征，如书名、篇名、作者、出版事项、载体形态、源流及收藏情况等信息。目录的种类很多，在检索工具中主要有国家书目、专题文献目录、馆藏目录、联合目录等形式。

（2）索引：是将出版物中具有检索意义的外部特征或内部特征信息，如文献篇名、作者、地名、关键词、主题、分类号等代码信息，按照一定的编排顺序加以整理组织起来的检索工具。索引与目录不同，它们的主要区别是，目录所著录的是一个完整的出版物单位，如图书、期刊、会议论文集、科技报告等；而索引所著录的是一个完全独立的出版物中的某一部分，如期刊索引所著录的是期刊中的论文，而期刊目录著录的是一种独立的期刊。索引比目录提供文献的信息更深入、更细致。但两者用途各不相同。值得注意的是，有一些检索工具的名称是“索引”，但其实不是索引类型的检索工具，如《全国报刊索引》和美国《工程索引》等，前一种是目录，而后一种是文摘型检索工具。

（3）文摘：通常我们所讲的文摘是指对一份文献或某一文献单元的内容所做的简略、准确的描述，不包含对原文的补充、解释或评论。用户利用文摘可以在较少的时间内掌握信息的内容概要，还可以根据文摘指示的出处检索信息。所以说文摘既提供信息线索，还提供信息的内容摘要，是信息检索的最佳途径。

文摘根据其使用的目的和用途不同，一般可分为报道性文摘、指示性文摘和评论性文摘三种。

- 报道性文摘（Informative Abstracts）：这类文摘是对原文内容的浓缩，基本上能反映原文的技术内容，信息量大，参考价值高。其内容详细具体，主要向用户报道原文中的基本内容、观点、方法、数据，以及研究结果或结论，一般文摘字数在 300 字以上。所以这类文摘对于那些不懂原文文种及难以获取文献原文的科技人员来说，使用更加方便、有效。
- 指示性文摘（Indicative Abstracts）：这类文摘一般只对原文的主题范围、目的和方法概略地指示给用户，又称简介性文摘。它以检索者对文献内容不产生误解为原则，不涉及或很少涉及文献的具体数据及结论。故指示性文摘篇幅不长，一般为 100～300 字。
- 评论性文摘（Critical Abstracts）：这类文摘一般除了介绍文献的基本内容以外，还会插入文摘员的个人看法或分析。评论性文摘质量的高低在很大程度上取决于文摘员本身的专业素质的高低，所以这种类型的文摘实际上并不多见，只有美国的《数学评论》《应用力学评论》和俄罗斯的《力学文摘》等少数检索工具采用评论性文摘。

2）提供具体信息的参考型检索工具。

这一类型的检索工具能直接回答用户的疑难问题，用户一旦在相关工具书中得到需要的信息，就无须再去查找别的工具。它们主要是满足用户事实型和数据型信息检索需要，通常使用的检索工具如下。

（1）字（词）典：字典、词典是汇集字词、短语和词素，按照一定的编撰目的进行释义，并按一定顺序编排以供人们查考的检索工具。语文字典、词典是从语文知识的角度提供字词的拼写、读音、含义、用法及音节划分等知识，有的还提供派生词、词源、同义反义词、缩略语、方言俚语等相关知识。

不同的字典、词典，在定义、拼写、含义（包括俚语、方言、术语）、读音、用法、词源、构造知识等方面都有不同的处理，在使用前应仔细地审查和鉴别。任何词典都有自己的特点和一定的适用范围，用户选择时应根据自己的需求加以判断。

（2）引语工具书：引语工具书是一种特殊功能的词典或索引，广泛汇集名言佳句，并指明出处。“引语”的含义广泛，包括名人、名言、语录、格言、谚语等。引语书的作用就是查明某一特定格言、名言的出处，识别某一引语或核实某一用语，供寻章觅句、采摘辞藻之用，以启发人们的用字遣词，丰富谈吐和写作。

使用引语工具书时要注意以下几点：首先，查阅当代人物的语录难度较大，一般宜采用报刊索引或新闻摘要提供的线索再查找原文。其次，国外出版的引语工具书不加选择地汇集各种观点的资料，兼收并蓄，选择时要做分析。再次，要检查引语本身是否准确无误，出处记录是否完备，是否详细注明作者、书名、卷次、页码。对某些古典用语，还要求引用的版本具有权威性。最后，是否具有多种检索途径，即引语是否便于使用。

（3）年鉴：它是一种汇集有关各国概况、人物、事件、经济、文化、生活等资料，提供详尽的事实、数据和统计数字，反映社会发展动向及科学文化进步的年度出版物。这种工具资料密集，信息丰富，是百科知识的重要来源。

使用年鉴时要注意以下两点：第一，年鉴内容所反映的时间一般是封面页年代的上一年。因此使用一部年鉴之前，首先要弄清内容的实际时间。第二，大多数综合性年鉴的资料编排缺乏严格的逻辑次序，因此要依靠这些年鉴的索引，它是引导读者迅速地查找所需资料的捷径。

（4）百科全书：它是汇集人类已有知识，加以整理和概述，并提供学习和检索的工具书。百科全书涉及各个领域，其内容之丰富、规模之宏大、检索功能之完备是任何其他著述所不及的，所以它同时具备教科书和工具书的基本功能。知识全面、内容精练、使用方便是百科全书的主要特点。

（5）手册：它是汇集某一学科或某一主题需要经常查考的资料、供读者随时翻检的工具书。手册的别称很多，有指南、便览、大全、必备、须知、入门等多种名称。

手册按所收录的学科范围，可以分为综合性手册和专业性手册。综合性手册提供各学科专业的基本知识和资料，或提供日常生活中的常识性知识；专业性手册则提供某一学科或某一专题方面的知识。

（6）名录：在学习研究、生产经营及日常生活中经常会遇到各种关于名称及其基本状况的问题需要解决，有一种检索工具就是针对这类问题设计的，这就是名录。名录主要包括人名录、地名录、机构名录、产品名录等。不同类型的名录均是我们与社会各界人士建立联系、加强往来、沟通信息、寻找用户、洞悉行业信息、开拓贸易渠道的桥梁，是查询这类信息最快速、最准确、最全面、最直接的工具。

（7）表谱：表谱包括年表、历表和其他专门性表谱。年表汇集历史年代和历史大事资料，是按照重要的历史事件发生年代的顺序编撰成表，又称“大事表”。历表汇集不同的年月日资料，是用来换算不同历法的年月日的工具。其他专门性表谱汇集人物生平及历代官职、地理沿革等资料，它是以时间为线索揭示事物发展的辅助性历史科学工具。

（8）图录：图录是通过若干图像汇集起来并配有一定文字说明来反映事物特征和发展情况的工具，内容直观、形象，类型包括地图、历史图录、文物图录、人物图录、艺术图录、科技图录等。图录又称图册、图谱、图集、图鉴等。

4. 按文献收录范围划分

按文献收录范围划分，分为综合型检索工具、单一型检索工具及专业型检索工具。

1）综合型检索工具。这类检索工具是指它收录的文献学科范围非常广泛，涉及多学科，收录的文献类型及语种也比较多，如美国的《工程索引（EI）》和《科学引文索引（SCI）》，日本的《科学技术文献速报》，英国的《科学文摘（SA）》及俄罗斯的《文摘杂志》等检索工具都属于综合型检索工具。

2）单一型检索工具。这类检索工具收录文献的学科范围可以涉及多学科，但收录的文献类型比较单一，或是学位论文，或是会议论文，或是专利等，如英国的《世界专利索引（WPI）》、美国的《世界会议（WM）》和《政府报告通报及其索引（GRA&I）》等都属于单一型检索工具。

3）专业型检索工具。这类检索工具只收录某一专业领域的文献，文献类型可以多样，如美国的《化学文摘（CA）》《数学评论（MR）》《金属文摘（MA）》等都属于专业型检索工具。

2.6 文献检索工具的结构

文献检索工具的结构是指其内容安排的框架层次，也就是说检索工具的基本组成部分。各类型的检索工具或参考工具书虽然功能不同、形式多样，但一般来说，它们的基本结构大体是一致的，主要由编撰说明（或称使用指南）、正文部分、辅助索引及附表（或附录）四部分组成。

2.6.1 编撰说明

一般检索工具的正文前面部分都属于编撰说明，包括序、跋、凡例及缩略语表等，但并不是每个检索工具都包括上面几个部分。

（1）序，又称序言、绪言、前言等。

（2）跋，又称后记，分别在检索工具的前面和最后部分，有的是编者自己编写，主要是说明编写宗旨和过程、编写体例、使用对象、收录年限及作者情况等；有的是别人编写，主要是介绍和评论该书内容的文字。

（3）凡例，又称使用说明，它是检索工具编者对使用者提供的检索指导，是编撰说明部分的重要内容。其内容往往是通过条目选例、直观视图和文字注解等方式，详细地说明检索工具的编排体系和使用方法。所以检索者在使用检索工具之前应当认真仔细地阅读凡例，准确掌握检索工具的使用方法。

（4）缩略语表，包括缩略词和缩略语两种形式的缩略。检索工具是高密度的信息源，编者在编写检索工具的过程中为了节省篇幅或采用日常生活中人们比较熟悉的词语缩写来代替一些规范的正式用词而使用缩略词。这种方式在外文检索工具中是非常普遍的，凡是大量使用了缩略语的检索工具，用户如不事先了解或对照查阅缩略词表，往往得不到满意的检索效果。

2.6.2 正文部分

正文部分是检索工具的主体部分，是检索查阅的具体对象。它是由一系列按照一定规则排列（分类、主题、编号等）的文献基本信息集合组成。在检索工具中占据绝大部分的篇幅。

2.6.3 辅助索引

辅助索引位于检索工具的正文部分后面，有的检索工具的索引还单独成册编制。辅助索引是为了提供多种文献线索而编制的索引，作为一种完善的检索工具，它就必须根据用户的不同检索需求，为用户提供不同的检索途径。索引是以正文部分为基础编制的，通过索引，能使用户迅速准确地查到所需信息，所以它也是检索工具的重要组成部分。检索工具一般有期索引、季度索引、年度索引和多年累计索引，每种索引又有主题索引、分类索引、作者索引、来源索引等。

2.6.4 附表

附表是检索工具内容的必要补充，主要包括附在正文内容后面，与正文有关的参考资料。有的如语种对照表、馆藏目录、参考书目、补遗、勘误等是直接附在检索工具正文后面；有的如分类表、主题词表等，它们一般是单独成册的，作为检索工具中分类检索、主题检索必备的辅助工具，它们的作用是显而易见的。

2.7 信息检索语言的概念和类型

2.7.1 信息检索语言的概念

检索语言又称标引语言、索引语言、文献检索语言、信息存储与检索语言等，为沟通文献标引与文献检索而编制的人工语言，也是连接信息处理和检索两个过程中标引人员与检索人员双方思路的渠道，是用于文献标引和检索提问的专门语言。对检索人员而言，它是表达课题检索要求，借以同检索系统中已经存储的文献标识进行比较进而获得所需文献的依据；对信息处理人员而言，它是表达文献主题内容、形成文献标识并赖以组织文献的依据。因此，检索语言是信息处理人员和检索人员共同遵守的语言。

目前，世界上约有 2000 种信息检索语言，如《中国图书馆图书分类法》《汉语主题词表》《工程标题词表》（Subject Headings for Engineering）《叙词表检索（INSPEC Thesaurus）》等都属于信息检索语言。

2.7.2 信息检索语言的类型

1. 按表述文献特征划分

按表述文献特征分为以下两种。

1）表述文献外表特征的检索语言：主要包括篇名（书名）、著者、文献代码、引文。

2）表述文献内容特征的检索语言：主要包括分类语言、标题词语言、关键词语言、叙词语言。

2. 按标识的组配方式划分

按标识的组配方式分为以下三种。

1）先组式检索语言：是指检索标识在编表之前，表述文献主题概念的标识已经固定组合好的检索语言，如标题词语言、体系分类语言等。这种检索语言适用于传统的检索工具。大多数分类语言都是先组式分类语言，如《中国图书馆图书分类法》。主题语言中的标题语言也是先组式语言，如《美国国会图书馆标题表》。先组式语言一般只能以先组方式在检索系统中使用。

2）后组式检索语言：是指检索标识在编表时没有预先固定组配，在检索时，根据检索的实际需要，按照组配规则临时进行组配的检索语言，如叙词语言、单元词语言等，这种检索语言适用于计算机检索系统。

3）先组散组式检索语言：是指检索标识在编表时没有预先固定组配，在标引时组合成固定标识串的检索语言，先组散组式检索语言的性能与先组式检索语言的性能相似。

3. 按构成原理划分

按构成原理分为以下四种。

1）分类检索语言（体系、组配、混合）：用分类号表达各种概念。将各种概念以学科性质为主加以划分和系统排列。等级体系分类又称分类法或分类表，是使用历史最长的图书加工整理方法。按编制方式可分为等级体系分类语言、组配分类语言及混合分类语言。

（1）等级体系分类语言：即是按学科体系的层次，从上到下，从总到分，逐级展开，各级类目预先固定组配，具有等级制结构。

（2）组配分类语言：即是用科技术语进行组配的方式来描述文献内容，这些科技术语按学科性质分为若干组，称为组面，组面内各个术语都附有相应的号码。标引文献时，根据文献内容选择相应的组面和有关术语，把这些术语的号码组配起来，构成表达这一文献内容的分类号。

（3）混合分类语言：即是将体系分类和组配分类相结合的一种检索语言。

这里，主要了解等级体系分类语言。我国常见的体系分类语言有《中国图书馆分类法》（中图法）（1999）、《中国科学图书分类法》（科图法）和《中国资料分类法》（资料法）。

一部完整的等级体系分类法由类目表、分类号码、说明与注释、类目索引 4 部分组成。类目表以《中国图书馆分类法》的分类表来说明各级类目之间的关系，包括基本大类、基本部类、简表、详表、辅助表。

- 基本大类是分类法中的第一级类目，是对一定学科领域的基本划分。
- 基本部类是对全部知识的最基本的划分，是以后划分类目的出发点。

《中国图书馆分类法》共有 5 个基本大类 22 个基本部类。具体内容如表 2-1～表 2-5 所示。

表 2-1 马克思主义、列宁主义、毛泽东思想大类

马克思主义、列宁主义、毛泽东思想……	
A	马克思主义、列宁主义、毛泽东思想、邓小平理论

表 2-2　哲学大类

哲学……	
B	哲学

表 2-3　社会科学大类

社会科学……	
C	社会科学总论
D	政治、法律
E	军事
F	经济
G	文化、科学、教育、体育
H	语言、文字
I	文学
J	艺术
K	历史、地理

表 2-4　自然科学大类

自然科学……	
N	自然科学总论
O	数理科学和化学
P	天文学、地球科学
Q	生物科学
R	医药、卫生
S	农业科学
T	工业技术
U	交通运输
V	航天、航空
X	环境科学

表 2-5　综合性图书大类

综合性图书……	
Z	综合性图书

- 简表是从基本大类起，再连续划分 2 次，得到二级、三级，组成三级类目。通过简表能对一部分类法的分类一目了然。具体内容如表 2-6 所示。

表 2-6 TP 自动化技术、计算机技术简表

TP 自动化技术、计算机技术	TP1	自动化基础理论
	TP2	自动化技术及设备
	TP3	计算技术、计算机技术
	TP6	射流技术（流控技术）
	TP7	遥感技术
	TP8	运动技术
	TP9	自动化技术经济

● 详表（主表）是分类表的主体，由全部类目组成。具体内容如表 2-7 所示。

表 2-7 TP3 计算技术、计算机技术详表

TP3 计算技术、计算机技术	TP3-0	计算机理论与方法
	TP30	一般性问题
	TP31	计算机软件
	TP32	一般计算器和计算机
	TP33	电子数字计算机（不连续作用电子计算机）
	TP34	电子模拟计算机（连续作用电子计算机）
	TP35	混合电子计算机
	TP36	微型计算机
	TP37	多媒体技术与多媒体计算机
	TP38	其他计算机
	TP39	计算机的应用

● 辅助表通用复分表，是分类表的辅助表，由总论复分表、世界地区表、中国地区表、国际时代表、中国时代表、世界种族与民族表、中国民族表、通用时间和地点表组成。

2）主题检索语言。按照性质不同又分为关键词、标题词、单元词和叙词。

（1）关键词语言。它是以关键词作为文献内容标识和检索的主题语言。关键词是指从文献中直接选取、未经规范处理的可表达文献主题内容的具有实际检索意义的词语。关键词语言使用方便，容易被检索者接受，现在被普遍应用于计算机检索中。使用关键词检索时，充分了解同义词、近义词、相关词等，对于提高检索效率会有很大帮助。查找同义词、近义词和相关信息可采用以下几种方法：定义查找法，是根据定义中的词语查找；语篇查找法，是从通篇文章中查找；同构查找法，是从词语表达的内容出发查找。

（2）标题词语言。它是以标题词作为文献内容标识和检索的主题语言。标题词是指能直接表达文献主题和检索需求的、经规范化处理的词语，是主题词的一种。

（3）单元词语言。它是以单元词作为文献内容标识和检索的主题语言，又称元词。单元词是指能表达文献主题的、经规范化处理的最小、最基本的词汇单位，是概念不可再分的词。

（4）叙词语言。它是以叙词作为文献内容标识和检索的主题语言，又称描述词或叙述词。叙词是指以概念为基础，经过优选和规范化处理的并具有概念组配和词间语义关系显示功能，

用以表达文献主题和检索需求的词语。大多数印刷型检索工具均使用叙词语言作为主题标引，具体的表现形式即是叙词表。通常使用的叙词表有国内多数检索工具使用的《汉语主题词表》，英国《科学文摘》使用的《叙词表检索》，美国《工程索引》1993 年后使用的《工程索引叙词表》和《叙词表检索》。按叙词的英文字顺序排列，每个叙词下都列出该词的使用范围说明、使用时间、上位词、下位词等相关信息。检索者根据从叙词表中获得的主题词信息，可以相应扩大或缩小检索用词范围，达到最佳检索效果。

检索时，选择规范化主题词的注意事项，选择事物名称或过程名称作为主题词，如“蘑菇保鲜技术”，其中“蘑菇”是事物的名称，“保鲜”则是一种处理过程，这两个词适合选作主题词。

3）代码检索语言（专利号、化学物质登记号）。它是用来标引、检索特定专业文献的某种代码系统，如化学物质登记号、专利号、标准号等检索系统。

4）引文检索语言。它是基于文献之间引证关系而形成的一种检索语言。它以引文为检索标识，根据引证关系将有关文献自然地耦合在一起。检索时，通过引文标识可以查找到一系列与内容相关的文献。

2.8 信息检索的内容、步骤和方法

2.8.1 信息检索的标识与原则

检索标识是指用户通过对需求信息的分析将自然语言转换成规范化语言，即确定检索输入的条件，包括分类号标识、主题词、关键词、名称、分子式、专利号标识等，它直接影响到检索质量的全面性、针对性和准确性。

检索标识的确定，一般要考虑以下几项基本原则。

（1）检索标识的内容必须符合用户的检索需求。

（2）应当从词表规定的专业范围考虑，选择正确的主题词、叙词或关键词。

（3）检索标识应与检索工具或数据库中的标引标识相一致。

（4）如果选用的检索词不在词表范畴内，可以采用逻辑运算、限制等检索技术，还可以利用与其主题概念相关的其他检索标识。

2.8.2 信息检索的步骤、途径与策略

由于不同用户的需求不同，各种检索工具的设置和使用方式也不尽相同。但是，信息检索的基本步骤是相同的。因此，检索信息首先要确定检索步骤，然后再按照各种检索工具进行检索，才能提高效率，保证检索准确无误。

检索程序就是利用检索工具或检索系统进行文献信息检索的步骤。一般来说，要经过以下几个步骤，如图 2-10 所示。

1. 分析研究课题

信息需求是人们在客观或主观上，对各种信息的需要，它既是检索的出发点，也是选择服务的方式、确定数据、确定检索策略，以及评价检索效果的依据。在检索之前先要分析检索的

课题，为实现最佳的检索效果，就要对检索的课题进行周密地分析，弄清课题研究的目的、学科性质、主题内容、要达到的研究水平等。

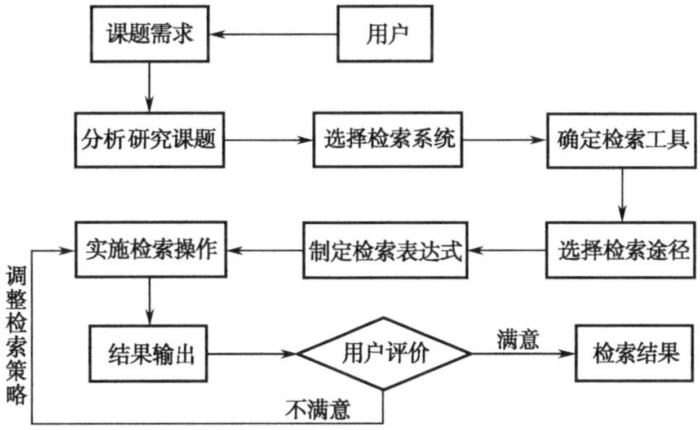

图 2-10 文献信息检索步骤

1）要分析主题内容，弄清课题的关键问题所在，确定检索的学科范围。人们索取文献信息的出发点通常是人们从事科学研究、技术开发、学术探索和决策分析等过程中对各种文献信息的一种需求，也是选择检索工具和系统、制定检索策略，以及评价检索效果的依据。

2）要分析文献类型。不同类型的文献各具特色，应根据自己的检索需要确定检索文献类型。针对不同类型的课题，信息用户的需求也会不同。按照用户的检索目的，一般将检索课题分为文献类检索课题和事实数据类检索课题两种。

（1）文献类检索课题。主要以图书、期刊、专利、学位论文等信息类型为检索对象。

（2）事实数据类检索课题。主要以在学习、科研中遇到的具体疑难问题为检索对象。事实检索，如查人名，地名，名词术语，事件发生的时间、地点、过程等，这是一种确定性检索；数据检索直接查找数值型数据，如各种统计数据、参数、市场行情、财政信息、科技常数、公式等。

3）要确定检索的时间范围。确定是单一学科，还是涉及多学科或跨学科。当课题涉及多学科时，应以主学科为检索重点，次要学科为补充，全面、系统地查出所需文献。确定用户所需的语种范围，所需的信息是文献信息还是事实信息或数据信息。确定课题需要获取的信息量，因为规定了需要信息量的上限，这与以后调整检索策略和检索费用是直接相关的。根据不同的检索需求，用户需要的文献语种也要确定，因为检索工具有中文检索工具和外文检索工具之分，那么检索途径和检索方法也不一样。所以，这就与下一步选择检索工具密切相关。

2. 确定检索工具

在选择检索工具之前，应先了解检索工具所收录的主题内容、文献类型、更新周期，以及价格等多种因素，并且要与分析研究课题内容相结合方可决定。准确地确定检索工具，能使我们在纷繁复杂的数据信息中以最简便、最迅速、最准确的方式获得用户想要的文献信息。

不同类型的信息需要的检索工具也往往不同。在利用计算机信息检索的过程中需要明确采用何种检索工具，以哪种检索工具为重点来检索，检索工具的使用是否适当，这些因素将直接影响检索效果。

计算机信息检索实现了检索要求的全面性、新颖性。但是，在检索过程中，要确定是选择应用联机检索，还是光盘检索，或是网络检索。采用联机检索的方式主要是，选择数据库，根据数据库所收录的学科范围、文献类型、检索费用及数据库所提供的检索途径来选择适当的数据库，进而确定采取一种或几种检索途径。通常联机检索可以输入常用的主题词、分类号及作者，进行多途径检索，联机检索的数据库通常数量也很大。因此，用户在检索前必须了解自己所关注的主题的文献在数据库中可能分布的情况，以及数据库的主体范围、类型结构，以及索引文件的结构；而对于光盘检索来说，由于光盘检索系统数据库数量有限，而且用户不用考虑经费问题，所以，光盘检索选择数据库相对来说比较容易；互联网作为世界上最大的信息资源库为人们提供了无所不包的信息。因此，对于检索者来说要有效利用各种网络检索工具才能最大限度地利用网络提供的信息资源。网络检索主要是利用搜索引擎自动搜寻，Web 服务器的信息将信息进行分类，建立索引把所有的内容存放到数据库中，搜索引擎分两类：一类是分类目录，用户通过逐级浏览这些目录来寻找自己需要的网址或相关内容。另一类是基于关键词的检索，这种方式下用户可以用逻辑组合的方式输入各种关键词，搜索引擎将根据这些关键词寻找用户所需资源的地址，在进行检索过程中要根据个人需求选择搜索引擎。由于技术条件的限制和人为因素的影响，搜索引擎通常不能对互联网上所有的信息进行检索。因此，在选择搜索引擎时应尽量选择专题或专业搜索引擎。

3. 选择检索途径

检索途径，简单地说就是查找文献资料的方法。在利用检索工具查找文献时，主要利用检索工具的各种索引查找文献线索。选择检索方法的目的在于寻找一种高效的检索方法。通常我们使用的检索方法有顺序查找法、回溯查找法、循环查找法、抽查查找法和浏览查找法等。

1）顺序查找法。从课题研究的起始年代开始往后顺时查找，直到近期为止。它是为了掌握某课题全面发展情况的大规模文献查找的方法，查到的文献比较系统全面。其优点是漏检率低，查全率、查准率高；其缺点是费时费力，工作量较大。因此，顺序查找法一般适用于主题较复杂、研究范围较大、研究的时间较久的科研课题。例如，已知某课题的起始年代，现在需要查询发展历程，就可以用顺序查找法逐一查找。

2）回溯查找法。它是由近及远，逆着时间的顺序利用检索工具进行文献检索的方法。此法的重点是放在近期文献上。使用这种方法可以最快地获得最新资料。例如，以某一篇论文后面所附的参考资料为线索，回溯查找的方法。这种查找方法是一种针对性更强、更直接、效率更高的文献查阅方法。但应注意要查阅权威性的标准参考源。回溯查找法一般适用于新兴学科的研究课题或检索某课题的最新进展情况。其优点是查找方法简单、效率高；其缺点是漏检率较大、查找文献局限性大、查全率低。

3）循环查找法。它是利用现有工具书查出这一段时间内的一批文献，再利用回溯查找法，查出没有检索工具的那一段时间的文献方法。交替使用回溯法和顺序法分期分段地交替进行，不断循环，直到满足用户检索要求。其优点是效率高、查全率高；其缺点是效率低、速度慢。

4）抽查查找法。它是一种针对学科发展特点，抓住该学科文献发表较集中的年代，抽出其中一段时间进行检索的方法。其优点是付出的检索时间少、查获文献多、效率高，但必须在熟悉学科发展的情况下才能使用。

5）浏览查找法。它是科技人员经常对本专业或本学科的新到核心期刊浏览阅读的重要方法。其优点是能最快地获取最新信息，能直接阅读原文内容，基本能获取本学科发展的动态和水平；其缺点是科技人员必须事先知道本学科的核心期刊，检索的范围也不够宽，因而漏检率较高。

4. 实施检索操作

对文献线索的整理、分析、识别是检索过程中极其重要的一个环节。根据已确定的检索工具、检索途径、检索方法与检索年代，对与检索途径相匹配的索引进行具体查找，即是将检索标识与索引中的存储标识进行不断比较的过程。这个过程需要做好以下几个方面的工作。

1）认真做好检索记录。这个工作主要是为了后期对检索信息和检索条件进行有效核对，包括记录好使用检索工具的名称、年、卷、期、文献号（索引号）；文献题名（书名）、著者姓名及其工作单位、文献出处等。

2）设计检索策略。这个工作主要是为了实现检索目标而制订检索方案或对策。它对整个检索过程起着统领和指导作用。

正确的检索策略可以提高检索效率，节约检索时间，优化整个检索过程。

一般检索策略包括以下内容。

（1）明确检索提问。

（2）选择检索工具、检索词、检索途径。

（3）确定检索方法和检索步骤。

（4）拟订检索逻辑式。

（5）编制具体的检索程序。

（6）分析检索结果，调整检索策略，获取满意结果。

通过对检索结果的评价来反复地调整检索策略。在检索时，一方面，希望能将所有的相关文献全部检索到，有很高的查全率；另一方面，也希望尽量避免检出与检索要求无关的文献线索和信息，保证较高的查准率。

利用所用数据库，在一定的年代范围内具体查找，以获得文献线索。在检索时，需要不断地调整检索策略，调节查全率和查准率，使检索的结果能最大限度地满足检索要求。如果查全率低，即检索到的相关文献太少，不能满足检索要求，则需要调整检索词，采用它的上位概念，扩大检索的范围；如果查准率低，检索出了一批不相关的文献或信息，则应缩小检索范围，检索词应选用专指度更高的下位概念。用户应对每次检索结果做出判断，并对检索策略做出相应的修改和调整，最后通过相关途径获取文献原文。

影响信息检索系统价值的主要因素是检索效果。影响信息检索效果的因素有很多，几乎与检索系统性能及检索过程有关的各个因素都有关系，主要因素如下。

（1）检索系统资源不足，检索途径太少。

（2）文献标引深度不够，可能遗漏了原文的重要概念或选用的词不恰当。

（3）检索人员不具备信息检索的能力。

思考题

1. 试论述信息检索系统的工作原理。
2. 试论述关键词法检索语言的特点。
3. 试论述确定检索途径应遵循的原则。
4. 叙述信息检索的步骤。

第3章 计算机信息检索

3.1 计算机信息检索概述

3.1.1 计算机信息检索的含义

随着计算机技术、通信技术和高密度存储技术的迅猛发展，计算机信息检索已成为人们获取文献信息的重要手段。通过计算机来模拟人的手工检索过程，处理检索者的检索提问，将检索者输入检索系统的检索提问（检索标识）按检索者预先制定的检索策略与系统文档（机读数据库）中的存储标识进行类比、匹配运算，通过“人机对话”而检索出所需要的文献。计算机信息检索能够跨越时空，在短时间内可以查阅各种所需要的数据库。科学研究工作过程中的课题立项论证、技术难题攻关、跟踪前沿技术、成果鉴定和专利申请的科技查新都离不开查询大量的相关信息检索，计算机检索是目前最快速、最省力、最经济的信息检索方法。

过去，计算机信息检索一直被人们称为“情报检索”，这是因为情报检索这一术语产生于图书情报领域，检索的主要目的也是获取有价值的情报或对自己科学研究有帮助的资料。随着相关技术的发展，应用领域的扩大，检索内涵的丰富，“信息”这个词在使用上比“情报”更加自然和普及。因此，“计算机信息检索”逐步流行起来，并正在取代“情报检索”。当然，现在我们完全可以将“计算机信息检索”和“情报检索”视为同义词。

3.1.2 计算机信息检索的类型

1. 按存储的载体和查找的技术手段划分

按存储的载体和查找的技术手段划分，计算机信息检索可分为手工检索和计算机检索。

1）手工检索。这是一种用人工方式查找所需信息的检索方式。手工检索的对象是以纸张形式存储的信息，检索过程由人脑和手工操作配合完成，匹配是人脑的思考、比较和选择。

手工检索具有以下特点。

（1）检索过程灵活。手工检索过程通过检索者手查、眼看、思考、比较、选择等步骤来完成，在检索过程中检索者可以边查边考虑，看提问标识和文献标识是否一致，如不一致可以及时改变检索策略。因此，手工检索过程非常灵活。

（2）检索不易查全。由于手工检索文献的标引深度较低，检索点较少，使得部分文献不容易被检索出来，检索的全面性就难以得到保证。另外，手工检索结果与检索者的检索策略和对检索工具的熟悉程度也有很大关系，如果检索者选择的检索策略不当，信息也很难查全。

（3）检索速度不快。手工检索是通过人手翻阅检索工具书来检索的，其速度比机器检索慢得多，尤其在检索较复杂的课题时，更是费时费力，效率不高。

2）计算机检索。它是以数字存储为基础，通过计算机设备、网络设备、通信设备，以及数据库查询，把信息及其检索标识转换成电子计算机可以阅读的二进制编码，存储在磁性载体上，由计算机根据程序进行查找和输出。检索的对象是以数据库形式存储的信息，检索过程由人与计算机协同完成，匹配由机器完成。检索本质没变，变化的是信息的媒体形式、存储方式和匹配方法。

相对于手工检索来说，计算机检索具有以下优点。

（1）检索速度快。由于计算机的运算速度快，其存储介质的存储信息量大，能够提高检索文献信息的检索速度，节省读者的检索时间，提高检索效率。因此，计算机检索特别适合检索大规模课题的文献信息。

（2）检索途径多。一般来说，计算机检索除具有手工检索中采用的途径外，还能满足多途径交叉检索的需要，这对于综合性课题的检索其优势尤为突出。计算机检索不仅能够提供分类、主题、作者等检索文献信息的各种途径，还能提供如题名、关键词、机构、中英文摘要、全文等检索途径。

（3）数据更新周期短。利用计算机检索的文献信息更新周期短，一般镜像数据库多为每月更新一次，网络联机数据库则每天更新一次。

（4）检索突破时间、空间限制。随着计算机技术、通信技术和高密度存储技术三位一体的发展与应用，使得计算机检索具备了实效性、完整性、广泛性和准确性的特点。由于计算机的运算速度高和数据库存储量大，特别是对于计算机国际联机检索来讲，能在短时间内检索世界范围内的有关文献信息，打破了时间和空间及本地资源量、用户量的限制，可以在任何时间、任何地点，通过网络检索共享服务器上的数据库。

（5）检索学科专业范围广。目前网络信息检索软件功能日益强大，随着跨库检索平台的推出，检索功能很强，信息资源的学科覆盖范围都比较广泛。例如，北京清华 CNKI（中国知网）不仅包含了经济、政治、法律、文史哲、教育、社会科学综合等，还涵盖了医药、卫生、农业、电子技术、信息科学、数理科学等。同时检索的文献类型还包括期刊论文、学位论文、会议论文等，能为用户节省很多的时间精力。

（6）检索方便灵活。可以用逻辑通配符将多个检索词组配起来进行检索，还可以进行模糊检索或组合检索。对检索结果，可以有选择性地打印、存盘或通过 E-mail 传递，在线直接订购原文。

（7）原版全文显示效果好。利用计算机检索文献信息，无论是光盘数据库，还是网络数据库，其检索到的文献信息都是原版全文显示，且显示效果良好。

以上两种检索方式的优缺点简要对比如表 3-1 所示。

表 3-1　手工检索与计算机检索对比

项　　目	手 工 检 索	计算机检索
总体特征	手翻、眼看、大脑判断	策略查寻、机器匹配
标引及检索特点	检索点较少	检索点较多
检索时间	较慢	较快
检索要求	专业知识、外语知识、检索工具知识	专业知识、外语知识、机检系统知识
查询结果	查准率较高	查全率较高
综合效率	较低	较高

3）计算机检索的缺陷。

（1）上机检索费用高。一般科研课题需几百元，省级科研课题需上千元，国家级科研课题则需几千元，甚至上万元。

（2）对操作者要求高。利用计算机检索文献信息的读者，必须掌握一定的计算机知识，能熟练地运用计算机，了解计算机检索文献信息的检索界面，掌握检索策略。不仅如此，同时还应具备相应的图书馆学方面的知识，对主题、关键词、机构、全文、题名等一般的检索概念和检索途径要有所了解和掌握。

（3）检索的信息不一定能同需求相“匹配”。在计算机信息检索过程中，计算机不具备人脑的思维能力。因此，检索提问标识一经输入检索系统，便无法结合系统检索的具体情况不断明确用户的信息需求和修改用户的检索提问标识。同时，在计算机信息检索系统中，检索提问与文献特征标识的组配完全是一种字面组配，即计算机将两种“标识”完全作为“字符串”来进行类比运算。因此，必须要求检索提问标识在形式上与文献特征标识保持一致才能“匹配”。这种字面上的组配，使检索出的文献记录只在字面上与检索提问标识保持一致，而在内容上或概念上不一定符合用户的信息需求。

2. 按服务的形式划分

按服务的形式划分，计算机信息检索可分为定题信息检索、回溯性信息检索、日常检索。

1）定题信息检索。定题信息检索是把用户提问预先存储在计算机的存储器中，按照提问要求定期地检索存储在计算机中的最新文献信息，并把检索结果分发给用户的一种方法。使用该方法用户无须经常进行联机检索，就能定期获取最新的文献信息。

2）回溯性信息检索。回溯性信息检索是根据用户提问提供某一段时间范围内的文献信息的检索方法。通常在开展课题鉴定和专利查新时使用该方法。

3）日常检索。日常检索是指用户在日常生活、学习、科研、教学和医疗工作中，遇到具体问题需要进行的文献检索和信息咨询。

3. 按检索方式划分

按检索方式划分，计算机信息检索可分为基本检索、高级检索、专业检索。

1）基本检索。基本检索是指简单检索、快速检索。检索的可选项少或者没有，输入查询词就能快速地得到结果。但检索的准确性差、精度低。

2）高级检索。高级检索功能包括字段检索、布尔逻辑检索等实现精确查找数据的功能。

3）专业检索。专业检索又称命令检索，利用检索语法输入检索式进行检索。

3.1.3　计算机信息检索系统的构成

计算机信息检索系统主要是由中央计算机、通信网络、检索终端设备和数据库构成，如图 3-1 所示。

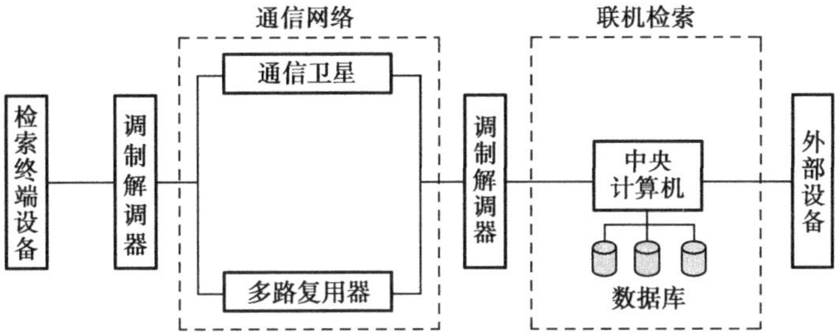

图 3-1　计算机信息检索系统的构成

（1）中央计算机是计算机检索系统的核心部分，包括硬件和软件。计算机检索硬件主要包括服务器、交换机、存储设备、检索终端、数据输出设备等。计算机检索软件是检索系统的管理系统，其功能是进行信息的存储、处理、检索，以及整个系统的运行和管理，检索软件的质量对检索功能和检索速度有重大影响。相对来说，硬件部分决定了系统的检索速度和存储容量，而软件部分则是充分发挥硬件的功能，确定检索方法。

（2）通信网络是联结中央计算机和检索终端设备的桥梁，是信息传递的设施，起着远距离、高速度、无差错传递信息的作用。整个通信网络分成资源子网和通信子网两部分：资源子网包含网络中所有的计算机、输入输出设备、各种软件资源和数据资源，负责全网的数据处理业务，向网络用户提供各种网络资源和网络服务；通信子网是由用作信息交换的节点计算机和通信线路组成的独立数据通信系统，承担全网数据传输、转接、加工和交换等通信处理工作。检索网络所用的通信线路，一般是公用电话线或专用线，国际联机检索系统则是由通信卫星和海底电缆构成的通信网络。

（3）检索终端设备是用户与检索系统相互传递信息进行“人-机对话”的装置，有电传终端、数传终端和 PC 终端等。现在基本上都是 PC 终端，通常由计算机、调制解调器和打印机组成。调制解调器的作用主要是把传输的信息在传输前加载到一个载波信号上（称为调制），接收时通过检测收到的信息偏离精确载波信号的程度，分离出原先发出的信息（称为解调），起到数据转换的作用，调制解调器有内置式和外置式两种。

（4）数据库是在计算机存储设备上按一定方式存储的相互关联的数据集合，是检索系统的信息源，也是用户检索的对象。数据库可以随时按不同的目的提供各种组合信息，以满足检索者的需求。检索系统中的数据库一般由各个数据库生产者提供，也有一些是系统本身建立的。

3.1.4　国内外计算机信息检索的发展概况

1. 我国计算机信息检索发展概况

我国开展计算机检索的研究开始于 20 世纪 70 年代中期。1975 年，我国首次引进国外文献数据库进行计算机检索的试验。1980 年年初，中国建筑技术发展中心等单位在我国香港建筑工程公司设立了第一台国际联机信息检索终端，通过我国香港大东电报局与美国的 DIALOG

和 ORBIT 系统联机。1981 年年底，北方科技情报所在北京与美国 DIALOG 联机系统直接联机。1982 年 9 月，冶金部、石油部、化工部等部委情报所也实现了与 DIALOG 和 ORBIT 系统的直接联机。但由于国内通信条件的限制，除香港终端外，其余都是采用 50 波特（Baud）的电传终端。1983 年 10 月，中国科技情报所通过罗马远程数据库通信线路建立了几台 300 波特的数据终端，与欧洲空间组织的 ESA-IRS 系统、美国的 DIALOG 和 ORBIT 系统联机。接着华东理工大学、上海交通大学等高校也纷纷建立了自己的国际联机终端。1984 年 11 月，东南大学用电传机建立了美国 DIALOG 系统联机终端。到 20 世纪 90 年代中期，全国有 200 多个联机检索终端与美国的 DIALOG、ORBIT、BRS、MEDILARS，意大利的 ESA-IRS，德、美、日合建的 STN，加拿大的 LSHARPS，瑞士的 DATA-STAR 等 20 多个国际系统联机。与此同时，我国的计算机信息检索系统和数据库的建设也取得了一定的成绩。1978 年，中国科技情报所开始试建文献数据库和检索系统，初步实现了建库、编辑、排版和定题检索服务。1984 年，北京文献服务处联机信息检索系统（BDSIRS）建成并开始服务，该系统拥有文献记录总量 1200 多万篇，中西文数据库 16 个，面向全国的终端用户约 150 个。1989 年，化工部情报所的联机系统（CHOICE）建成，有中文数据库 8 个，西文数据库 1 个，国内终端用户 210 个；同年投入使用的机电部情报所的联机检索系统（MEIRS），有中西文数据库 4 个，国内用户终端 20 个。此间，中国医学科学院情报所、冶金科技情报所、电子科技情报所、核科技情报所等也建立了国内联机检索系统。

近几年，我国的通信事业有了很大的发展。从 1994 年中国真正加入了国际 Internet 行列起，短短几年内已经建成中国公用数据网（CHINADDN）、中国公用分组交换网（CHINAPAC）、中国公用帧中继网（CHINAFRN）和中国公用电子信箱系统（CHINAMAIL）四大公用数据通信网。为加速我国信息高速公路的建设奠定了良好的基础，使我国因特网的发展有了必要的条件。在此基础上，同时建起了中国公用计算机互联网（CHINANET）、中国教育科研网（CERNET）和中国科技网（CSTNET）等因特网。目前，我国绝大多数高校建起了自己的校园网。CERNET 设有北京等 8 个地区网的 8 所高校节点，形成包括网络中心、地区中心和高校校园网三级结构的教育科研计算机网络。目前全国几乎所有的国际联机检索终端，都更新成微机终端，由 CHINAPAC 出口，并且 ISTIC、CHOICE、MEIRS 三家系统的主机在 CHINAPAC 上实现了联网，其他一些国内联机检索系统，像 BDSIRS 的主机，也挂在 CHINAPAC 上，提高了联机检索的效率，从而使我国的计算机信息检索进入了一个新的发展时期。

2. 国外计算机信息检索发展概况

国外于 1971 年以前建立了许多信息检索系统，并取得了一定的进展，其工作方式是传统的批处理检索方式，如 1954 年，美国海军兵器中心图书馆在 IBM701 型计算机上成功地建立了世界上第一个计算机文献检索系统。这一阶段的数据存取与数据通信能力都比较差。

1971 年后产生并发展了联机情报检索系统。其中，美国国家医药图书馆中心建立的在线计算机图书馆中心 OCLC（Ohio College Library Center）、SDC 公司建立的 System Development Company 及 Lockheed Corporation 建立的 DIALOG 系统都是在线商用数据库查询系统。这一阶段的特点是联机数据库集中管理，具有完备的数据库联机检索功能，但是数据通信能力较差。

后期以 Internet 的出现为标志，系统大多采用分布式的网络化管理，其信息资源的主要特点是数字形式表达、多媒体、内容覆盖全社会领域、分布无序、难以规范化和结构化、内容特征抽取复杂、用户界面要求高。这些特点致使信息处理由传统模式转向新型模式，体系结构从终端主机方式转向客户/服务器结构方式，网络环境也从局域网转向 Internet 等开放网，应用接口从封闭界面转为 WWW 界面，信息结构从结构化转向非结构化，系统功能从单纯的信息检索转为信息管理和服务。

3.2　计算机信息检索的原理和技术

3.2.1　计算机信息检索原理

计算机信息检索是指利用计算机存储和检索信息。具体地说，就是指人们在计算机或计算机检索网络的终端机上，使用特定的检索指令、检索词和检索策略，从计算机检索系统的数据库中检索出所需的信息，继而再由终端设备显示或打印的过程。为实现计算机信息检索，必须事先将大量的原始信息加工处理，以数据库的形式存储在计算机中，所以计算机信息检索广义上讲包括信息的存储和检索两个方面。

（1）计算机信息存储过程：用手工或者自动方式将大量的原始信息进行加工，具体做法是将收集到的原始文献进行主题概念分析，根据一定的检索语言抽取出主题词、分类号，以及文献的其他特征进行标识或者写出文献的内容摘要。然后再把这些经过“前处理”的数据按一定格式输入计算机中并存储起来，计算机在程序指令的控制下对数据进行处理，形成机读数据库，存储在存储介质（如磁带、磁盘或光盘）上，完成信息的加工存储过程。

（2）计算机信息检索过程：用户对检索课题加以分析，明确检索范围，弄清主题概念，然后用系统检索语言来表示主题概念，形成检索标识及检索策略，输入到计算机中进行检索。计算机按照用户的要求将检索策略转换成一系列提问，在专用程序的控制下进行高速逻辑运算，选出符合要求的信息输出。计算机检索的过程实际上是一个比较、匹配的过程，检索提问只要与数据库中的信息的特征标识及其逻辑组配关系相一致，则属“命中”，即找到了符合要求的信息。

计算机信息检索基本原理如图 3-2、图 3-3 所示。

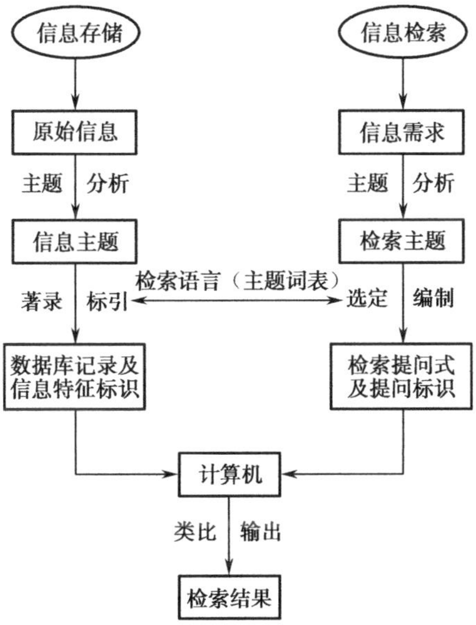

图 3-2　计算机信息检索原理示意图（一）

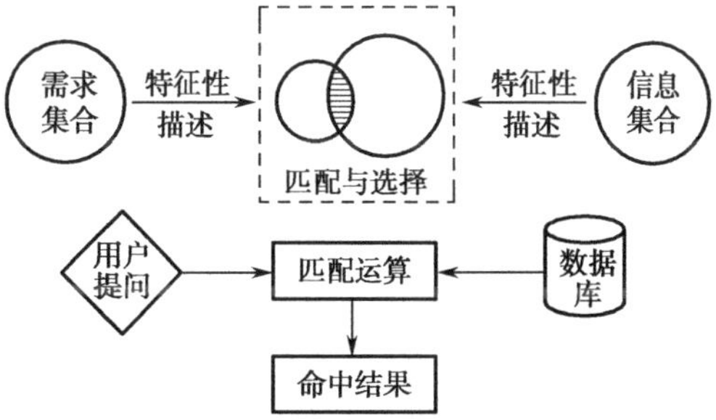

图 3-3　计算机信息检索原理示意图（二）

3.2.2 计算机信息检索技术

1. 常用的计算机检索技术

常用的计算机检索技术主要包括逻辑检索、截词检索、限制检索和全文检索。

1）逻辑检索。

逻辑检索是指采用布尔代数中的逻辑运算符，把检索提问表述为逻辑表达式的检索方法。逻辑表达式如下。

（1）逻辑“与”：“AND”或“*”，用于交叉概念或限定关系的组配，如图 3-4 所示。例如，检索词 A 和检索词 B 用“与”组配，检索式为“A AND B”或者“A*B”，表示的意思为只有同时包含 A 和 B 的文献才是命中文献。逻辑“与”可以缩小检索范围，提高检索的准确性。

（2）逻辑“或”：“OR”或“+”，用于并列概念的组配，如图 3-5 所示。例如，检索词 A 和检索词 B 用“或”组配，检索式为“A OR B”或者“A+B”，表示的意思为只要包含 A 或者 B 的文献都是命中文献。

（3）逻辑“非”：“NOT”或“−”，用于从原来的检索范围中排除不需要的概念，如图 3-6 所示。例如，检索词 A 和检索词 B 用“非”组配，检索式为“A NOT B”或者“A−B”，表示的意思为包含 A 但同时不包含 B 的文献才是命中文献。需注意的是，慎用逻辑“非”，避免漏检信息。

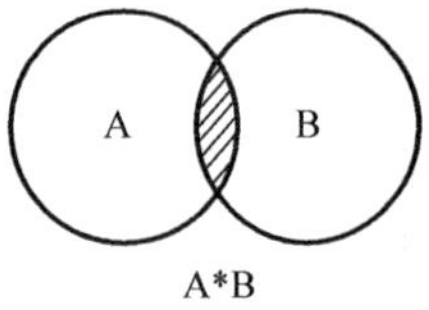

图 3-4 逻辑“与”示意图

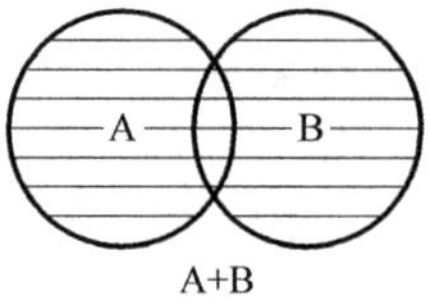

图 3-5 逻辑“或”示意图

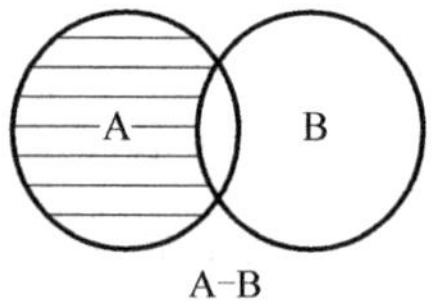

图 3-6 逻辑“非”示意图

逻辑表达式中，可用（）改变检索顺序。逻辑表达式中有多个逻辑符时，不同检索系统的运算顺序不同。例如（专利检索 OR 标准检索）AND 计算机。

布尔检索式优先执行顺序通常是 NOT，AND，OR。在有（）的情况下，先执行（）内的逻辑运算；在多层（）时，先执行最内层（）中的运算。

例如，哈尔滨工业大学（A）或大连交通大学（B）或吉林大学（C）的小明（D）或小王（E）的计算机成绩（F）或英语成绩（G）。

其布尔检索式为：（A OR B OR C）AND（D OR E）AND（F OR G）

2）截词检索。

截词检索是指检索者将检索词在特定的地方截断，利用数据库所允许的符号来替代检索词的字符进行检索的方法。其利用计算机特有的指定位对比判断功能，把检索词的局部与标识词进行比较、匹配，保持检索词的词干部分，并允许有一定范围的字符变化。

截词时可以使用截词符号：有限截断符号（?），用于指定截去字符的个数；无限截断符号（*），用于忽略截去字符的数量。

根据截断的位置，截词检索可分为前截断、中截断、后截断和前后截断。

（1）前截断：将截词符号放置在一个字符串左方，以表示其左方的有限或无限个字符，不影响该字符串检索。在检索复合词较多的文献时，使用前截断较为常见。例如，在检索系统中输入“*computer”，会把包含“computer、minicomputer、microcomputer”等词的记录检索出来。

（2）中截断：将截断符号放置在一个检索词的中间，一般的中截断只允许有限截断。中截断主要解决一些英文单词拼写不同，单复数形式不同的词的输入。例如，在检索系统中输入“f？？e”，会把包含 face、fire 等词的记录检索出来。

（3）后截断：将截词符号放置在一个字符串右方，以表示其右方的有限或无限个字符，不影响该字符串的检索。后截断是最常用的截词检索技术。例如，在检索系统中输入“comput*”，会把包含“comput、computer、computers、computing”等词的记录检索出来。

（4）前后截断：截去某个词的首尾两部分。例如，在检索系统中输入“？？compan*”，会把包含“accompany、accompanying、accompanied”等词的记录检索出来。

3）限制检索。

限制检索是指在检索系统中缩小或约束检索结果的一种方法，包括字段检索和限制符检索。

（1）字段检索：是指限定检索词在数据库中出现的字段范围。

（2）限制符检索：是指使用限制符从文献的外部特征方面限制检索结果。

4）全文检索。

全文检索，即检索的数据源、检索的对象、检索匹配技术、检索结果都是全文信息的检索。全文检索有两种实现方式：①对全文编制索引；②不对全文进行任何加工处理，只是从前至后地逐字匹配。第二种方式简单，无须讨论。重点要讲的是对全文编制索引的方式。

（1）全文检索的技术指标。

① 索引膨胀系数。索引膨胀系数是指针对全文所建的索引文件大小与全文文件大小之比。例如，没有为全文创建索引的全文检索系统，其膨胀系数为 0；若索引文件与全文文件一样大，其膨胀系数等于 1。即

索引膨胀系数=索引文件的大小÷全文数据库的大小

全文索引需要以最小的标引单位作为索引主关键字，英语一般为单词，中文则为单汉字。如较为完整的全文索引结构（以中文为例），如表 3-2 所示。

表 3-2 全文索引结构

单汉字（主关键字）	记录号	段落号	位置号

索引文件少时占用空间的改进方法：舍去段落号字段，索引空间缩小 1/4，位置号全文统一编排；固定字数循环编号。例如，每到 512 个字以后重新从 1 开始编号。索引倒排结构如表 3-3 所示。

表 3-3 索引倒排结构

单汉字（主关键字）	记录数	记录号 1	该记录位置集合	记录号 2	该记录位置集合	……

除上述两点外，还有一些其他的改进方式。

② 检索速度。一个优秀的全文检索算法，在百兆级的数据库中，检索速度应该能够在一两秒内反应；否则，不能算是一个好的全文检索算法。

（2）全文检索的实现。

在实际的全文检索系统中，全文检索往往不是简单地考查一个词是否在全文中出现，还要

考查多个词在全文中的相对位置等。西文的全文检索多数采用位置检索技术，这样可以提高全文检索的查准率。目前，绝大多数中文全文检索系统并不注重词相互间的位置检索，只是简单地把布尔逻辑检索引入全文检索。随着对中文全文检索查准率要求的提高，位置检索将会逐步进入中文全文检索系统中。

以下是 Dialog 系统的词位置检索运算符。

① 词位置检索。常用的词位置算符有（W）与（*n*W）、（N）与（*n*N）、（X）与（*n*X）三类。

- （W）算符与（*n*W）算符。（W）算符是 Word 和 With 的缩写，它表示在此算符两侧的检索词必须按输入时的前后顺序排列，而且所连接的词之间除了可以有一个空格、一个标点符号或一个连接号外，不得夹有任何其他单词或字母，且词序不能颠倒。（*n*W）算符的含义是，允许在连接的两个词之间最多夹入 *n* 个其他单元词。例如：

  在检索系统中输入“computer（W）science”，会把包含 computer science 和 computer-science 等词的记录检索出来。

  在检索系统中输入“computer（2W）technology”，检索结果 computer science and technology 命中。
- （N）算符与（*n*N）算符。（N）算符是 Near 的缩写，它表示在此算符两侧的检索词必须紧密相连，所连接的词间不允许插入任何其他单词或字母，但词序可以颠倒。（*n*N）算符表示在两个检索词之间最多可以插入 *n* 个单词，且这两个检索词的词序任意。例如：

  在检索系统中输入“China（1N）made”，会把包含 made of China 和 China made 等词的记录检索出来。
- （X）算符与（*n*X）算符。（X）算符要求其两侧的检索词完全一致，并以指定的顺序相邻，且中间不允许插入任何其他单词或字母。它常用来限定两个相同且必须相邻的词。（*n*X）算符的含义是要求其两侧的检索词完全一致，并以指定的顺序相邻，两检索词之间最多可以插入 *n* 个单元词。例如：

  在检索系统中输入“computer（1X）retrieval”，会把包含 computer retrieval 等词的记录检索出来。

② 同句检索。同句检索要求参加检索运算的两个词必须在同一自然句中出现，其先后顺序不受限制。同句检索中用到的位置算符主要是（S），（S）算符是 Sentence 的缩写。

③ 同字段检索。同字段检索是对同句检索条件的进一步放宽，其运算符有两种。

- （F）算符。（F）算符是 Field 的缩写，它表示在此算符两侧的检索词必须同时出现在数据库记录的同一个字段中，词序可变。字段类型可用后缀符限定。例如：

  online（F）retrieval/ DE，TI。
- （L）算符。（L）算符是 Link 的缩写，它要求检索词同时在叙词字段中出现，并且具有词表规定的等级关系。例如：

  在检索系统中输入“air pollution（L）control”，会把包含 air pollution-control 等词的记录检索出来。

（3）全文检索效率的提高。

有专家认为，无论文献标引的质量如何，对用户检索的满足率都不可能达到百分之百。例如，用户想检索关于陈毅在抗日战争中活动的文献，采用对标引词（主题词、关键词）字段的检索就很难满足检索要求，只有全文检索才能达到这一检索目的。因此，无论对文献进行标引还是分类，全文检索的功能都是不可替代的。然而，由于全文检索是直接对“原文”的检索，检索时会产生误检索，大量的检索垃圾降低了全文检索的查准率，同时由于作者用词的不统一，同义词繁多，全文检索的查全率也受到影响。所以，解决这些问题是刻不容缓的。用户可以应用同义词词典提高查全率，用排除词词典提高查准率。

由于中文词之间没有间隔标记，所以进行全文检索时极易产生误检索，使查准率偏低。例如，用“华人”一词去检索，会使得含有“中华人民共和国”词汇的文献被检索出来；用“民法”检索，会把“人民法院”检索出来。解决这类问题同样可通过构造检索辅助词典来完成，而实现这一任务的词典，被称作“排除词词典”。

排除词词典的结构为，将检索用词（如民法）与欲排除词（如人民法院、移民法等）关联起来，用于在检索时消除误检。用排除词词典排除误检的做法有许多，最简单的方法是将检索词在每一文献中检索出数量（检索词在文献中出现的次数）与所有欲排除词在文献中出现的数量相比较：若相等，该文献就被排除；否则为命中。

2. 现代检索技术

现代检索技术有很多，主要包括如下几种。

1）聚类检索。

聚类检索是在对文献进行自动标引的基础上，构造文献的形式化表示——文献向量，然后通过一定的聚类方法，计算出文献与文献之间的相似度，并把相似度较高的文献集中在一起，形成一个个的文献类的检索技术。根据不同的聚类水平的要求，可以形成不同聚类层次的类目体系。在这样的类目体系中，主题相近、内容相关的文献便聚在一起，而相异的则被区分开来。

聚类检索的出现，为文献检索尤其是计算机化的信息检索开辟了一个新的天地。文献自动聚类检索系统能够兼有主题检索系统和分类检索系统的优点，同时具备族性检索和特性检索的功能。因此，这种检索方式将有可能在未来的信息检索中大有用武之地。

2）智能推拉技术。

现代信息科学技术的发展，为人们提供了多种多样的信息获取和传送方法，从“信源”与“用户”的关系来看，可分为两种模式：“信息推送”模式（Information Push），由“信源”主动将信息推送给“用户”，如广播；“信息拉取”模式（Information Pull），由“用户”主动从“信源”中拉取信息，如查询数据库。

二者各有其优缺点。

- 信息推送技术的主要优点：及时性好，信源能及时地向用户报送不断更新的动态信息；对用户要求低，普遍适用于大众，不要求用户有专门的技术。主要缺点：针对性差，推送的信息内容缺乏针对性，不便满足用户的个性要求；信源任务重，信源系统要主动地、快速地、不断地将大量信息推送给用户。
- 信息拉取技术的主要优点：针对性好，用户针对自己的需求有目的地去查询、搜索所需的信息；信源任务轻，信息系统只是被动地接受查询，提供用户所需的部分信息。主要缺点：及时性差，当信源中信息更新变化时，用户难以及时拉取新的动态信息；对用户要求高，要求用户对信源系统有相应的专业知识，并掌握查询技术。

信息推送与拉取两项技术取长补短，相互结合，在两者的基础上再融入人工智能、知识发现、Internet信息检索及数据库等技术，从而形成了“智能信息推拉”技术（Intelligent Information Push Pull，IIPP）。这项技术是当前Internet/Extranet/Intranet数据库系统及其他信息系统为用户提供主动信息服务的一个发展方向。“智能信息推拉”技术应用了人工智能（AI）、机器学习（ML）方法、知识工程（KE）的知识推理搜索方法、知识发现（KDD）方法等技术，将“智能信息推送”（II Push）和“智能信息拉取”（II Pull）相结合，一方面，提高信源对用户兴趣的推测水平，实现主动的、个性化的信息推送服务；另一方面，帮助用户快速、准确地从信源中拉取信息，提高用户的满意度。人工智能（AI）和知识发现（KDD）技术的应用，提高了网络、数据库的智能化水平，可以在“推送”或“拉取” 到的大量信息中发现其内在规律，提取用户最关心、最感兴趣的有用信息，从而大大降低用户进行下一步搜索和筛选的工作量，进而提高用户获取信息的效率和能力。根据推、拉结合顺序及结合方式的差异，“智能信息推拉”技术又分为以下 4 种不同的推拉模式。

（1）“先推后拉”式：先及时地推送最新信息（更新的动态信息），再有针对性地拉取所需的信息。这样便于用户浏览信息变化的新情况和新趋势，从而动态地选取需要深入了解的信息。

（2）“先拉后推”式：用户先拉取所需信息，然后根据用户的兴趣，再有针对性地推送相关的其他信息。

（3）“推中有拉”式：在信息推送过程中，允许用户随时中断、定格在所感兴趣的网页上，做进一步的搜索，主动拉取更丰富的信息。

（4）“拉中有推”式：在用户拉取信息的搜索过程中，根据用户输入的关键词，信源主动推送相关信息和最新信息。这样既可以及时地、有针对性地为用户服务，又可以减轻网络的负担，并便于扩大用户范围。

3）数据挖掘技术。

随着科学技术的飞速发展与计算机技术的广泛应用，在人类生产、生活的各个领域中产生了大量数据，由此催生了具备强大存储、查询功能的数据库技术。但是面对每分、每秒不断产生的数据，人们不再满足于对这些数据单纯的查询功能，而进一步要求“用数据说话”：利用数据提取有益信息，形成知识为决策服务。这一要求就数据库技术而言已经显得无能为力了，同样，传统的统计科学也面临着极大的挑战。于是，一种依托于统计学、数据库、机器学习等科学的交叉学科——数据挖掘（Data Mining）技术应运而生。

数据挖掘被称为“知识发现”，就是从大量的、不完全的、有噪声的、模糊的、随机的实际数据中提取隐含在其中的、人们事先不知道的但又是潜在有用的信息和知识的过程。数据挖掘源自人工智能的机器学习领域，是在一个已知状态的数据集上，通过设定一定的学习算法，从数据集中获取所需的知识。这些知识能够用于信息管理、智能查询、决策支持、过程控制及其他方面。数据挖掘的最初对象是一些大型的商业数据库，它通过描述数据、计算统计变量（如平均值、均方差等），并将这些变量用图表直观地表示出来，进而找出数据变量之间的相关性，即发现知识，以提供解决问题的依据。随着数据挖掘技术在商业数据库中的成功应用，它又被迅速地移植到电信、医疗保险等领域，Internet 的出现为它提供了一个更为广阔的空间。借用数据挖掘的原理来实现网络数据的深层挖掘，发现并组织网络知识，是将网络信息检索技术推向智能化的有效手段。

数据是形成知识的源泉，数据挖掘好比从矿石中采矿或淘金一样。预测显示，“数据挖掘”将是具有革命性进展的举措之一，是提供“个性化网络”的关键，即通过采集信息、识别有用结构并进行实时分析，从而满足用户个性化选择。对数据挖掘的研究要了解和掌握一个基本原理和两项关键技术，即海量信息处理的基本理论，海量信息压缩技术及海量信息描述和交换技术。

4）自然语言理解技术。

随着社会的日益信息化，人们越来越强烈地希望用自然语言同计算机交流。自然语言理解就是研究如何能让计算机理解并生成人们日常所使用的语言（如汉语、英语），使得计算机懂得自然语言的含义，并对人（给计算机）提出的问题，通过对话的方式，用自然语言进行回答。目的在于建立一种人与机器之间密切而友好的关系，使之能进行高度的信息传递与认知活动。因此，一个理想的信息检索系统应该是一个“问答机”，我们提出问题，它负责解释并回答，它处理的不是只字片语，而是提问意图。作为最终用户，不应多费心思表达自己的提问，也不需学习一套烦琐的命令、格式或代码。我们希望能走进信息仓库，就像走进商店看看有什么及决定买点什么一样。

自然语言理解技术是计算机科学中的一个引人入胜的、富有挑战性的课题。从计算机科学特别是从人工智能的观点来看，自然语言理解的任务是建立一种计算机模型，这种计算机模型能够给出像人那样理解、分析并回答自然语言的结果（人们日常使用的各种通俗语言）。自然语言理解系统可以用作专家系统、知识工程、情报检索、办公室自动化的自然语言人机接口，有很大的实用价值。

现在的计算机智能还远远没有达到能够像人一样理解自然语言的水平，而且在可预见的将来也达不到这样的水平。因此，关于计算机对自然语言的理解一般是从实用的角度进行评判的。如果计算机实现了人机会话或机器翻译，或自动文摘等语言信息处理功能，则认为计算机具备了自然语言理解的能力。

5）多媒体检索技术。

随着科学技术的进步，特别是多媒体数字化技术的发展和推广，存储成本的降低，网络传输带宽的增长，计算机处理速度的提高，以及高性能计算环境的普及化，现代信息检索所处理的对象和规模都有了很大的变化。除了文本外，还有大量的以图像、视频、音频等多媒体为载体的非结构化的数据。因此，需要从中提取出特征，建立起快速有效的索引机制，以及提供有效的检索手段检索出符合要求的多媒体文档。对于如书画库、工艺美术史料库等多媒体资源，提供多媒体数据访问能力具有特别重要的意义。

多媒体信息检索是根据用户的要求，对图形、图像、文本、声音、动画等多媒体信息进行检索，得到用户所需信息的技术。目前有基于文本和基于内容的两种多媒体信息检索方式。在传统的文本信息检索中，主要以文本为处理对象，通过关键词在数据库和互联网中检索自己需要的信息。例如，为实现图像检索，首先需要人工给图像加上对其描述的文字标签，然后基于这些文字标签进行图像查询。这种方法虽然简单，却影响了对信息的有效使用，因为每种多媒体数据都具有难以用符号化方式描述的信息线索，如图像中的颜色、对象分布，视频中的运动、事件，音频中的音调等。当用户希望利用这些信息线索对数据进行检索时，采用基于关键词检索方式的传统数据库检索就显得有所不足。因为，在许多情况下媒体内容难以仅仅用几个关键词来充分描述，而且作为关键词图像特征的选取也有很大的主观性，此外，用户很难将这些信息线索转化为某种符号的形式。基于内容的多媒体信息检索（Content-Based Retrieval）正是为克服这一缺陷而产生的，它要求数据库系统能够对多媒体对象的内容及上下文语义环境进行检索，如对图像中的颜色、纹理，或视频中的场景、片段进行分析和特征提取，并基于这些特征进行相似性匹配，以达到更深的检索层次。

基于内容的检索并不与基于文本的检索互相排斥，在很多应用中基于关键词的检索技术是行之有效的方法。因此，完整有效的信息查询和检索系统应该包括常规的基于文本和客观性的检索、基于内容的检索、对象关联检索及在这些检索之上的概念检索等，另外还可以结合灵活的浏览和搜索工具来帮助检索。多媒体信息检索系统也不是简单地对多种媒体进行检索，它必须既能对以文本信息为代表的离散媒体内容进行检索，也能对以图像、声音等为代表的连续媒体的内容进行检索。因此，多媒体信息检索必须解决一些特殊的技术问题，涉及信息模型和表示、检索技术、信息压缩和恢复、信息存储管理和多媒体同步技术。

基于内容的多媒体检索是一个新兴的研究领域，涉及人工智能、计算机视觉、信号处理、模式识别、数据库、人机交互等诸多学科领域，国内外对此都处于研究、探索阶段。目前，多媒体检索仍存在着诸如算法处理速度慢、漏检误检率高、检索效果无评价标准、缺少丰富的检索手段等问题。但随着基于内容的多媒体检索技术的日益成熟，它不仅将创造出巨大的社会价值，而且将改变人们的生活方式。因为，它与传统数据库技术相结合，可以方便地实现海量多媒体数据的存储和管理；与传统 Web 搜索引擎技术相结合，它可以用来检索 HTML 网页中丰富的多媒体信息。其最终目标就是解决信息膨胀问题，帮助人们更方便、更快捷和更准确地找到需要的多媒体资源，具有巨大的应用前景。

6）网格计算（Grid Computing）技术。

网格计算是伴随着互联网技术而迅速发展起来的，专门针对复杂科学计算的新型计算模式。这种计算模式是利用互联网把分散在不同地理位置的计算机组织成一个“虚拟的超级计算机”，其中每台参与计算的计算机就是一个“节点”，而整个计算是由成千上万个“节点”组成的“一张网格”，所以这种计算方式称为网格计算。这样组织起来的“虚拟的超级计算机”有两个优势，一个是数据处理能力超强，另一个是能充分利用网上的闲置处理能力。简单地讲，网格（Grid）是把整个网络整合成一台巨大的超级计算机，实现计算资源、存储资源、数据资源、信息资源、知识资源、专家资源的全面共享，为用户提供一体化的信息应用服务，消除信息孤岛和资源孤岛，为科技人员和普通百姓提供更多资源、功能和交互性。互联网主要为人们提供电子邮件、网页浏览等通信功能，而网格的功能则更多、更强，它能让人们透明地使用计算、存储等其他资源。

网格信息检索是网格计算和信息检索相结合的新兴领域。网格计算主要强调的是分时利用空闲资源，不仅共享计算资源，也共享数据存储空间，避免了数据在网络中重复传输，体现一种合作精神。信息检索一方面是一种计算密集型任务（需要大量计算资源），同时又需要大量的外部存储空间，所以在信息检索中引入网格技术是非常必要的。同传统的搜索引擎、联邦检索（跨库检索）一样，网格信息检索也属于分布式检索。与搜索引擎相比，网格信息检索将搜索任务分配给网格上相关的计算资源，极大地提升了检索的速度，也不需要网络蜘蛛搜集数据，更不需要维持一个庞大的数据库。此外，网格信息检索也不同于联邦检索，联邦检索虽然也是多个数据库同时进行检索，但是多个互联的数据库必须严格遵守某一标准，并且每次检索都需要所有数据库参与，不能像网格信息检索那样实现树状扩展搜索。

网格技术在信息检索方面的作用主要包括以下两个方面：一方面，网格环境中的计算资源有助于提高信息处理的速度，有助于提高对海量数据进行自动标引、自动摘要、自动聚类的效率；另一方面，网格环境中丰富的存储资源有助于实现对海量信息资源和海量信息资源索引的分布式存取。具体地说，网格信息检索系统是以文件系统、档案系统、数据库系统等多种异构存储系统为对象的检索系统。这种检索系统向用户提供统一的接口检索多个异构存储系统中的数据，并把从多个数据源中获得的检索结果以统一的格式呈现给用户，用户不必知道信息的具体来源就可以获得自己所需的信息。

随着网格技术的逐步完善，网格计算安全性的提高，以及网格虚拟操作系统的体系结构、标准和协议的开放性的增强，网格信息检索将会迅速发展。到那时，人们可以拥有个性化的检索系统，系统可以根据个人的需求、爱好和兴趣自动调节检索机制，并可以将普通服务和网格服务以新的方式加以整合。

7）云计算（Cloud Computing）。

云计算是个热度很高的新名词，它被称为“云计算”的原因是数据和程序分布在网络服务器集群上。目前对它的定义和内涵众说纷纭，在网上至少可以找到几十种说法，还没有公认的定义，然而这丝毫未能掩盖云计算那璀璨的光芒。云计算是分布式计算（Distributed Computing）、并行计算（Parallel Computing）和网格计算的发展，或者说是这些计算机科学概念的商业实现。

在“云计算”时代，用户不用给每台计算机都安装上各种应用软件，只要安装一个就可以了。登录这个软件，即可访问网络服务器，远程使用工作需要的所有程序。从电子邮件到文字处理，再到复杂的数据分析程序，一切都在专门的公司提供的远程计算机群上运行。“云”会替我们做存储和计算的工作。“云”就是计算机群，每一个群都包括了几十万台，甚至上百万台计算机。“云”的好处还在于，其中的计算机可以随时更新，保证“云”长生不老。云计算实现了工作量的全面转移，运行程序的重任不必再由本地计算机承担，转而由云计算中的计算机群来完成。这样，对用户端计算机的软硬件要求就降低了，用户端计算机只需运行像网络浏览器一样简单的云计算系统界面软件，其余工作都由云计算系统中的计算机群负责。云计算的蓝图已经呼之欲出：在未来，只需要一台笔记本电脑或者一部手机，就可以通过网络服务来实现我们需要的一切，甚至包括超级计算这样的任务。从这个角度而言，最终用户才是云计算的真正拥有者。云计算的应用包含这样的一种思想，把力量联合起来，给其中的每一个成员使用。从最根本的意义来说，云计算就是利用互联网上的软件和数据的能力。

云计算系统可以分成两部分——前端和后端，二者一般通过网络互相连接。前端指的是用户的计算机或客户端，不同的云计算系统具有不同的用户界面和登录程序，用户可以运行登录程序接入网络。后端指的是各种各样的计算机、服务器和数据存储系统，它们共同组成了云计算系统中的计算机群，也就是“云”。理论上，从数据处理到视频游戏，所能想到的计算机程序，云计算系统都能运行。如果云计算系统的后端使用了网格计算技术，那么用户可以利用整个计算机网络的处理能力。一般来说，科研人员进行的计算非常复杂，一台普通的计算机要用几年的时间才能完成。在网格计算系统中，用户可以把计算输送到“云”中进行。云计算系统能够调动所有后端计算机的处理能力，极大地加快运算速度。

云计算是以相对集中的资源，运行分散的应用（大量分散的应用在若干大的中心执行）；而网格计算则是聚合分散的资源，支持大型集中式应用（一个大的应用分到多处执行）。只有在云计算的后端才会用到网格计算，但从根本上来说，从应对Internet应用的特点上来说，它们是一致的，都是为了完成在Internet情况下支持应用，解决异构性、资源共享等问题。下一代搜索引擎要实现的目标是整合信息，并且把检索到的信息以最快速、最精准的方式展现给搜索用户。要应对每天数十亿次的搜索请求，要同时满足各个领域不同类型的数据分析，要把杂乱无章的信息整理为精准的搜索结果……这一切，都必须有服务器群的并行计算，也就是云计算。

云计算的概念尽管有点“炫”，但它提出了一个核心问题，那就是如何实现拥有海量信息的搜索引擎可以更快、更准地处理数据的方法。云计算带来的就是这样一种变革——由谷歌、IBM这样的专业网络公司来搭建计算机存储、运算中心，用户通过一根网线借助浏览器就可以很方便地访问，把“云”作为资料存储及应用服务的中心。届时，用户只需要一台能上网的计算机，不需关心存储或计算发生在哪朵“云”上，但一旦有需要，我们可以在任何地点用任何设备，如计算机、手机等，快速地计算和找到这些资料，搜索引擎变成了周到、聪明的好帮手。透过现象看本质，无论是谷歌、微软、雅虎、亚马逊的云计算，还是百度的“阿拉丁”（包装过的云计算），都是为搜索引擎技术服务的。未来，包含更丰富功能和更贴心体验的搜索引擎将能更智能地理解用户的需要，更准确地将相关信息乃至解决方案呈现给用户。

3.3 文本信息检索

3.3.1 顺排文档与倒排文档检索

1. 文本信息在计算机中的组织方式

1）文件系统。包括顺序文件、倒排文件（索引文件）、索引顺序文件和随机文件。

2）逻辑结构。包括字段（属性）、字段名（属性名）、字段值（属性值）、子字段、子字段名和子字段值。

3）物理结构。数据记录在计算机中的存储，如图 3-7 所示。

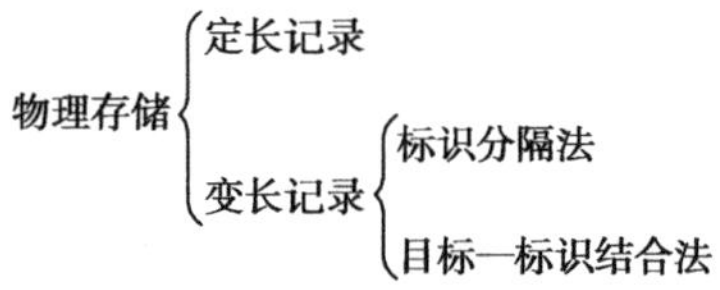

图 3-7 物理结构

2. 顺排文档检索

顺排文档检索最早是由日本人菊池敏典提出的，就是用文档中的记录去一条一条地匹配提问，是按顺序对文档记录检索的方法，所以称为顺排文档检索。

常用的顺排文档检索方法主要有表展开法、逻辑树法。

1）表展开法。此法由菊池敏典于 1968 年提出，又称“菊池敏典算法”。主要思想是，将代表用户提问的逻辑提问式转换成表的形式，该表规定了表的内容走向和是否命中的判断，检索时根据表的走向及其他相关信息来判断每条记录是否命中。（A+B）*（C+D）的展开表形式如表 3-4 所示。

表 3-4 （A+B）*（C+D）的展开表形式

地址	检索词	条件满足指向	条件不满足指向	级位	比较条件	检索标识
1	A	3	2	省略		
2	B	3	落选			
3	C	命中	4			
4	D	命中	落选			

2）逻辑树法。此法是指将逻辑提问式展开成树形结构，运算符构成树的节点，检索词被视为树叶。检索时，采取“爬树”原则，分析提问是否命中。主逻辑树表结构如表 3-5 所示。

表 3-5 主逻辑树表结构

运算种类	子项个数	父项地址	处理标志	检索处理

- 运算种类：用来表示逻辑提问式中的运算符类型。
- 子项个数：指该运算符直接下属项（子项）的个数。
- 父项地址：指本项的直接上属项（父项）在本表中的地址。

- 处理标志：检索项处理与否标记。未处理“0”，已处理“1”。
- 检索处理：检索项命中与否标记。满足为“1”，反之为“0”。

3. **倒排文档检索**

倒排文档相对于顺排文档而言，它是将顺排文档中可检索字段（如作者名、关键词、分类号等）取出，按一定规则排序，归并相同词汇（或姓名、类号等），并把在顺排文档中相关记录的记录号集合赋予其后，以保证通过某一特征词能够快速、方便地获取相关记录。

1）倒排文档的结构示例。倒排文档可视为是主文档的辅助索引，它从不同的角度提供了对主文档的快速查询，一般来说，不同属性的数据构成不同的倒排索引文档，如下给出了 10 篇文献的作者倒排文档和标引词倒排文档。文献及其部分属性举例如表 3-6 所示。

表 3-6　文献及其部分属性举例

记录号	篇　名	作　者	标引词
1	知识管理与企业管理信息系统建设	A	知识管理，管理信息系统，企业信息化
2	论知识链与知识管理	B	知识管理，知识链，学习型组织，知识创新
3	刍议知识管理及其体系框架	C	知识管理，知识创新，知识共享
4	知识管理的组织基础	A	知识管理，学习型组织
5	论技术创新的知识空间	C	技术创新，知识空间，知识创新
6	建立企业竞争性的信息结构	A	企业信息化，信息结构，竞争情报
7	知识管理在企业竞争情报研究中的应用	B	知识管理，竞争情报，知识创新
8	管理信息系统中的文化行为研究	B	管理信息系统，企业文化
9	企业竞争情报管理系统的构建研究	C	管理信息系统，竞争情报
10	企业知识管理主体研究	C	知识管理，企业文化，管理创新

作者索引如表 3-7 所示。

表 3-7　作者索引

作　者	目　长	记录号集合
A	3	1；4；6
B	3	2；7；8
C	4	3；5；9；10

关键词索引如表 3-8 所示。

表 3-8　关键词索引

标引词	目　长	记录号集合
管理创新	1	10
管理信息系统	3	1；8；9
技术创新	1	5
竞争情报	3	6；7；9
企业文化	2	8；10
企业信息化	2	1；6

续表

标 引 词	目 长	记录号集合
信息结构	1	6
学习型组织	2	2；4
知识创新	4	2；3；5；7
知识共享	1	3
知识管理	6	1；2；3；4；7；10
知识空间	1	5
知识链	1	2

可以看出，倒排文档主要有三个字段，作者或标引词字段主要为快速检索提供索引，记录号集合主要作用是为了在检索中进行集合运算和对命中结果的直接调用，目长在检索中起辅助作用，指记录号集合字段中的记录号个数。

2）逻辑提问式的转换。逻辑提问式类似于算术表达式，对于检索而言，这种表达式并不是最优和最简洁的形式，更主要的是不适合计算机的运算，需要进行必要的转换。1929 年，波兰的逻辑学家卢卡西维兹（Lukasiewicz）提出了将运算符放在运算项后面的逻辑表达式，又称逆波兰表达式。采用这种表达式组织逻辑提问式非常方便检索运算。日本的福岛最早将逆波兰表达式应用于情报检索，故又称福岛方法。

逆波兰表达式是一种没有括号，并严格遵循“从左到右”运算的后缀式表达方法。例如，逻辑提问式“A*（B+C）+D”转换为逆波兰表达式就是“ABC+*D+”。这样的表达式应用于检索将使之更加方便。因此，要实现逆波兰表达式，首先要进行逻辑提问式的转换。

4. 在数据库中的实现

在 DBMS 系统中，无论是数据组织，还是顺排文档与倒排文档的检索方式，都可以直接调用 DBMS 的 SQL 语句简单实现。

我们不再需要关心上面的逻辑结构、物理结构、表展开、逻辑树、逆波兰表达式这样的具体实现细节，只要知道原理就行了。

3.3.2 加权检索

1. 概念

根据用户的检索需求来确定检索词，并根据每个词在检索要求中的重要程度不同，分别给予一定的数值（权值）加以区别，同时利用给出的检索命中界限值（阈值，Threshold）限定检索结果的输出。其主要分为标引加权和检索加权两大类。

加权检索是对布尔逻辑检索的一种扩充，它把量化思想引入到定性检索之中，是改善和提高检索效果的一种重要手段。

一般系统不提供加权检索方式。各种加权检索系统的权定义、加权方式、权值计算和检索结果判定等不一定相同。

2. 检索加权——检索词赋权检索（词加权检索）

（1）原理。对每个检索词给定一权值，代表其重要性。检索时，先看看各检索词在数据库记录中是否存在，对存在的检索词计算其权值总和。当权值总和大于阈值时，则认为命中。

例如，一个企业管理者为了改进企业管理模式，接受新的管理理念，提高企业的竞争力，希望获取知识管理、竞争情报、企业文化方面的文献资料，用加权法列出的提问式如下。

W=知识管理（4）竞争情报（2）企业文化（1）

上式中括号内的数字即为提问词的权数。计算机检索时，首先在所有存储的记录中找到满足上述检索词的文献，然后对检索词加权，文献按匹配的检索词权数之和从大到小排列，加权检索的全部输出如表 3-9 所示。

表 3-9 加权检索结果表

组合号	包含的提问词			权和
	知识管理	竞争情报	企业文化	
1	√	√	√	7
2	√	√		6
3	√		√	5
4	√			4
5		√	√	3
6		√		2
7			√	1

表中“√”表示相应检索词与文献中主题词匹配，若设定阈值为 4，由表 3-9 可知，组合 1～4 为命中文献。

2）与布尔逻辑式的比较。词加权检索都可以用等价的布尔逻辑式表示。表 3-9 中的例子，根据阈值不同，可转换成相应的等价布尔逻辑式。

词加权检索的命中文献可按权值总和的大小排出重要性次序；等价的布尔检索式做不到。

3）优缺点。检索词赋权检索的优点：明确了各检索词（概念）在检索中的重要程度；可以方便地提高或降低阈值来扩大或缩小检索输出的范围；检索结果按符合检索需求的重要程度顺序排列，表达式简捷。其缺点：加权法提问式表达不如逻辑式直观，而且权值的确定较为困难，增加了检索者的负担。

3. 标引加权——词频加权

标引加权（又称加权标引）是指在对文献进行标引时，根据每个标引词在文献中的重要程度不同，为它们附上不同的权值，检索时通过对检索词的标引权值相加来筛选命中记录。

在进行加权标引时，对反映文献主要内容的标引词给予高权值，反映文献次要内容的标引词给予较低的权值。

同一个检索词在不同的记录中，其权值可能不相同。词频加权检索方法应建立在对全文数据库和文摘数据库基础之上，否则词频加权将失去意义。

1）简单词频加权检索。用词频决定权值的方法很多，最简单的方法是直接以词在文献中的词频为权值，权值总和即为检索词的词频总和。

简单词频加权检索是指检索时累计检索词在记录中出现的次数来决定记录的权值，然后累计该记录每个检索词权值之和来决定该记录是否为命中记录。

这种方法存在一个缺陷：不论文章长短、词频高低都采用的是统一的词频标准。

2）相对词频加权检索。相对词频加权检索是指将每个检索词在本文中的频率和在整个数据库中的频率综合考虑进行加权检索的方法。相对词频加权可采用两种统计方式。

文内频率=指定词在本文中的频次÷该文本词汇总频次

文外频率=指定词在本文中的频次÷该词在整个数据库（所有文献）中的总次数

由此可以看出，文内频率解决了短文章中词频过低的问题，文外频率解决了新词、专用词的词频过低问题。但这两种方法均要求数据库预先对其中的每篇文献的词汇总频次、每个词汇在数据库中出现的次数作统计并记载；否则，在检索过程中很难获得这些数据。

4. 加权标引的检索过程

加权标引检索的具体实现原则和过程为，检索时通过对检索词的标引权值相加来筛选命中记录。具体做法是，给出检索词和检索阈值，对满足检索阈值的检索结果按其权值之和从大到小输出。

在检索中，阈值有两种设置方法。

1）为每个检索词指定一个阈值，文献中该标引词权重大于其阈值者才被作为命中，这样避免了次要内容被检出。

2）给总的检索结果指定一个阈值，要求被检索出的文献，其与检索词相关的标引词权重之和大于阈值者才被作为命中文献，这样保证了命中文献的综合相关度。

加权标引使标引的难度加大。要求制定一个统一的赋权标准和规则，还要求标引者对加权标引的规则较为熟悉。

在实际的人工标引中尚未见有加权标引的系统。在计算机自动标引的系统中，则可以方便而有效地采用加权标引技术。例如，对于全文数据库而言，可根据词在文献中的不同位置、出现频率来综合给予标引词加权。

3.4 信息标引方法与技术

3.4.1 自动标引的基本原理

自动标引就是用计算机抽取或赋予索引词，一旦编制好程序和规则，就不需要人工干预。

1. 自动标引的类型

按人工介入与否分为全自动标引与半自动标引；按标引词来源分为自动抽词标引与自动赋词标引。

1）全自动标引。包括内容分析、词的识别和主题表达等方面的标引作业各环节全部由计算机完成。

2）半自动标引。全自动标引中的某一个或几个步骤由人工完成，又称计算机辅助生成索引系统。一般情况下，若不加说明，则自动标引仅指全自动标引。

3）自动抽词标引。利用计算机直接从原文（文献题名、文摘或正文）中抽取关键词做标引词，并自动生成关键词索引或倒排。自动抽词标引又分为主关键词索引和全关键词索引，前者是在后者的基础上再选出少量主要关键词做标引词。

4）自动赋词标引。这是指计算机模拟人的赋词标引方法，提取主题概念，再用合适的语言描述。赋词标引都是在抽词标引的基础上实现的。

2. 自动标引的一般步骤

1）形成机读形式的文献。

2）借助一定技术手段对机读文献中的语句做分析，区分词与非词、实词与虚词。

3）语词加权。

4）确定标引词的阈值。

5）选出标引词。

6）将标引词转换为受控词。

7）生成索引文档和输出书本式索引。

难点是第②～④步。

3. 自动抽词标引的原理

1）自动抽词标引的思路。

（1）抽取文本中的词汇。

（2）将词汇与一个“禁用词表”（停用词表）比较，除去各种非实义词（冠词、介词、连词等）。

（3）统计剩下的词汇的出现频次。

（4）以词频为基本参数，参考其他一些因素，计算词汇的权重。

（5）确定阈值，选择标引词。

2）选取标引词的依据。

（1）绝对词频。词在一篇文献中出现的频率。

（2）相对词频。词在一篇文献中出现的频率，与在整个文献库中出现的频率进行比较。

（3）频率标准以外的其他依据。例如，Baxendale 在 1958 年提出了对段落主题句抽词的思想，认为应从每段文本的第一个和最后一个句子进行抽词。因为她的一项研究表明，第一个句子是段落“主题句”的比率为 85%，最后一个句子也超过 7%。还有以下一些元素：文章各级标题、介词短语、后接如“conclusions”和“summary”的“线索词”的文本等。

4. 自动赋词标引的原理

赋词标引是指使用预先编制的词表中的词来代替文本中的词汇进行标引的过程，即将反映文本主题内容的关键词（欲用作标引的关键词）转换为词表中的主题词（或叙词等），并用其标引的方法。

1）自动赋词标引的关键技术。

相比于自动抽词标引，自动赋词标引要解决的关键问题如下。

（1）标引词表的建立。有人工词表（机读方式）和根据历史标引数据（文献集合）计算机生成词表两种方法。

（2）候选关键词与词表的匹配。

2）自动赋词标引的类型。

（1）基于概率的赋词标引。包括概率标引模型、DIA（Darmstadt Indexing Approach）方法、信任函数模型（Belief Function Model）等几种方法。

一般已建有一个词表，标引时用被标引文献中的词与词表进行比较，比较方法就是计算相关概率，将匹配成功的词赋予该文献。

（2）基于概念的赋词标引。作为标引词来源的赋词标引用的词表是概念词表，也就是说，词表中的词有词义关系的揭示，如概念的上下位等级关系、同义词关系等。标引词的选择过程变成了一个概念归类过程。

5. 自动标引的早期试验与评价

1）CanfieldⅡ试验。英国 1957～1962 年进行了 CanfieldⅠ试验，1963～1966 年进行了 CanfieldⅡ试验。由标引员模拟机器操作，对 1400 篇空气动力学文献和 279 个提问进行试验。结论如下。

（1）简单的非受控标引语言——单词的检索性能最好，受控词和短语次之。

（2）在所有查全率和查准率的改进方法中只有同义词典的使用可以提高检索性能。

2）SMART 试验。美国 Salton 等人在 1960 年开始对下列 3 个文献集合进行了试验与评价：（1）计算机科学，780 篇文摘，34 个提问；（2）文献工作，82 篇短文，35 个提问；（3）空气动力学，200 篇文摘，42 个提问。

得到以下结论。

（1）使用加权词比非加权词更有效。

（2）词干法比叙词表（或同义词表）法更有效。

（3）使用文摘（加篇名）比仅用篇名标引更有效。

（4）叙词表法和短语标识法在性能上等效，其他词典（如词语等级分类表和句法短语词典等）性能不佳。

（5）使用短语标引不如单词更有效。

（6）与手工标引（MEDLARS）的比较表明，全自动标引和检索系统的性能不次于手工标引系统。

3.4.2 自动标引算法

从大原则上分，有基于词汇分布特征的标引法、基于语言规则与内容的标引法、人工智能标引法三种。我们这里只讲基于词汇分布特征的标引方法。

1. Zipf 定律

1）Zipf 定律描述。

Zipf 语言学家 Zipf（齐普夫）通过对文章中所用词汇的词频作统计，总结得到：将一篇文章中所有词按词频从高到低顺序排列，依次给出等级值 1、2、3、…，则每个词的词频 f 与等级值 r 的乘积接近常数。

Zipf 定律是一个统计规律。

2）与文献标引的关系。

根据 Zipf 定律，可以在平面坐标系中得到一条 f—r 的二次曲线（双曲线的一支），切分这条双曲线，可以把所有的词分成高频词、中频词和低频词。

（1）高频词：传递信息能力小，多为虚词。反映在文献标引上，则为专指度小的泛指词，标引能力低。

（2）中频词：传递信息能力大，多为常用术语。反映在文献标引上，则为标引时选词的最佳对象，专指度适中。

（3）低频词：传递信息能力极强，产生的原因较复杂。可能是冷僻词，也可能是新引进的概念。反映在文献标引方面，这类词专指度太大，用自由词标引时可选取。若从词表中选主题词标引，则词表中无能力包括这类词，否则词表太大。

结论：可以选中频词和个别低频词标引作为文献标引的候选词。

3）停用词表。

此即高频词表。该表中的词都是泛指词。用停用词表法，可在文献标引过程中极简便地排除高频词（泛指词）。表中的词则不作标引，故称停用词表。

停用词的选择很有技巧，各学科的停用词表不同。例如，对于 CA 来说，Mathimatic 是有标引意义的。因此，Chemical Title 的停用词表中不会有 Mathimatic。但是，若我们要编一份 Mathimatic Title，Mathimatic 则成为泛指词，必须进入停用词表。

Zipf 定律是所有基于词汇分布特征的标引方法的基础。

2. 统计标引法

统计标引法是指各类自动标引方法中使用历史最长、运用范围最广的方法。

1）词频统计标引法（绝对频率加权法）。

早在 20 世纪 50 年代 Luhn（卢恩）就在 Zipf 定律的基础上提出了词频统计标引法，其主要步骤如下。

（1）给定 m 篇文献组成的一个集合，设第 k 个词在第 i 篇文献中发生的频率为 F_{ik}。

（2）决定该词在整个文献集上的发生频率：$F_k=\sum F_{ik}$。

（3）按照 F_k 的大小将词降序排列。

（4）用试错法确定高频词和低频词的阈值。确定一个上截止阈值，去掉 f_k 大于上截止阈值的词；确定一个下截止阈值，去掉 F_k 小于下截止阈值的词。

（5）去掉高频词和低频词后，将余下的中频词选作标引词。

2）逆文献频率加权标引法。

基于如下假设：某词的重要性与它在特定文献中出现的频次成正比，而与该词在整个文献集合中出现的频率成反比。

设 F_k 为词 k 在文献 D 中的出现频率（frequency of occurrence），DF_k 为包含词 k 的文献数，称为词 k 的文献频率（document frequency），即

$$DF_k=\sum_{i=1}^{n} dF_{ik}，其中，dF_{ik}=\begin{cases}1 & 0<F_{ik}\leqslant 1\\ 0\end{cases}$$

词的出现频率只对文献集合中某确定的文献才有意义，而词的文献频率则是对整个文献集合而言的。在一个文献集合中，非特征词的文献频率一般较高，如“的”“地”等反映句子语法结构的词，几乎在所有的文献中都有出现；而特征词的文献频率一般较低，如“超导”一词通常只在一些主题内容与超导有关的文献中才出现。

在一篇特定的文献中，特征词的出现频率越高，说明它与该文献的主题相关度越高。所以在标引中，人们总希望所选择的标引词在某个特定文献中的出现频率较高，而在整个文献集合中的出现频率较低。一个词如果文献频率较低，说明它不是特征词，若这个词在某篇文献中的出现频率较高，则这个词可以较好地反映该文献的主题内容。因此在文献频率一定时，词的出现频率越高，越能较好地揭示文献的主题内容，即高频特征词是较好的标引词。在设计标引词权重时，其大小应与标引词的出现频率一致，与标引词的文献频率成反比。根据这一思想，标引词权重 W_{ik} 设计如下。

$$W_{ik}=F_{ik}/DF_k$$

此式说明，对于一定的词出现频率 F_{ik}，标引词的权值随文献频率 DF_k 的增大而减小，随 DF_k 的减小而增大，即标引词的权与标引词的文献频率具有互逆关系。因此，这种标引称为逆文献频率加权标引（Inverse Document Frequency，IDF）。

DF_k 也可不用于表示文献频率，而用于代表词 k 在整个文献集合中的词频的总和，等同于文外频率加权法。

3）词区分值加权标引法。

词区分值（Term Discrimination Value）描述了词的区分能力，即词对文献的“分离”能力。如果一个词能较好地反映出文献集合中各文献的差异，则这个词区分文献的能力就较强。因此，可以从词区分文献的能力出发来设计标引词权重。

设有 m 篇文献构成的集合 D，第 i 篇文献 D_i=（d_{i1}，d_{i2}，…，d_{it}），其中，d_{ij} 为文献 D_i 的第 j 个标引词的权值。则该文献集合的矩心 C（Centroid）（在自动分类中，矩心也称作类目中心）为

$$C=(C_{d1},C_{d2},\cdots,C_{dt})$$

其中，

$$Cd_k=\frac{1}{m}\sum_{i=1}^{m}d_{ik}\quad (k=1,2,\cdots,t)$$

空间密度定义为所有文献对与矩心相关程度的总和，即

$$Q=\sum_{i=1}^{m}S(C,D_i)$$

其中，S（C，D_i）为文献 D_i 与矩心 C 的相关程度。

又设，Q_k 为去掉第 k 个标引词（也就是 t 维向量变成 t–1 维向量）后的文献空间密度，则词 k 的区分值定义为

$$DV_k=Q_k-Q$$

如果一个词的区分值大于零，则用其做标引词会使文献间的相似度减少，使文献空间密度降低，从而使标引效率提高，因而设计词权时应取较大的权值；如果一个词的区分值小于零，则用其做标引词会使文献间的相似度增加，使文献空间密度增大，从而使标引效率降低，因而设计词权时应取较小的权值。也就是说，标引词权重应与标引词的区分值成正比。根据这一思想得加权函数如下。

$$W_{ik}=F_{ik}\cdot DV_k$$

词区分值加权标引与逆文献频率加权标引基本上是一致的。词的文献频率与词区分值有互逆关系。

4）词相关性加权标引法。

在 D 上给定提问 Q=（$t_1, t_2,\cdots, t_m$），设初始文献标引采用未加权的二值标引系统，Q 中词向量元素 t_k 所对的标引词 k 出现与否的检索结果如表 3-10 所示。

表 3-10　词 k 与检索结果的关系

词 k 状 态	相 关 文 献	不相关文献	合　计
词 k 在文献中出现	r_k	n_k-r_k	n_k
词 k 在文献中不出现	$R-r_k$	$N-n_k-R+r_k$	$N-n_k$
合计	R	$N-R$	N

表中：n_k 为含有词 k 的文献总数，r_k 为含有词 k 的相关文献数，N 为文献集合中的文献总数，R 为与提问 Q 相关的文献总数。

假设词的分布在所有相关和不相关文献中均是独立的，相关性仅取决于检索词 k 在文献中出现的概率（频次）。根据表 3-10 和假设，Salton 等人利用概率推导法得到了加权函数。

$$W_{ik} = F_{ik} \cdot \frac{r_k(R - r_k)}{(n_k - r_k)/[N - n_k - (R - r_k)]}$$

这种方法的缺点是 R 和 r_k 的值到底是多少，难以准确得到。

5）Salton 对词加权公式的测评。

Salton 对以词频为特征的加权因素做了如下归纳。

（1）词频因子：

b　1，0

t　tf

n　0.5+0.5×tf/max（tf）

（2）集合频率因子：

x　1

flog（N/n）

plog[（N-n）/n]

（3）归一因子：

x　1

c　$1/\sqrt{\sum_{\text{vector}} w_i^2}$

文献与提问的加权方式可以不一样。Salton 1988 年考查了 1800 种加权公式，认为只有 287 种有意义（Salton 在文章中没有具体列出这 1800 种和 287 种公式是哪些公式、哪些类型）。对这 287 种加权公式，Salton 的测评结果如下。

Best document weighting tfc，nfc（or tpc，npc）

Best query weighting nfx，tfx，bfx（or npx，tpx，bpx）

3.4.3 统计学习标引法

统计学习标引法首先通过学习过程，建立候选标引词与对其标引产生正反不同作用的促进词和削弱词集合之间的关系，然后由标引过程根据候选标引词在此关系中的权值及其词频来确定其是否作为标引词。这种方法由学习和标引两个过程组成。

1. 学习过程

假设存在 n 个受控标引词 I_1，I_2，I_3，…，I_n 和在将处理的文献中可能出现的 m 个不同的单词 w_1，w_2，w_3，…，w_m。对一特定标引词 I_j，将实施由 4 步组成的学习过程。

1）汇集肯定和否定训练（training）集合。对一特定标引词 I_j，一些由 I_j 标引的文献被汇集起来（当然，这些文献事先由标引员标引）。这些文献称为 I_j 的肯定训练集合。同时一些未被 I_j 标引的文献也被汇集起来，这些文献称为 I_j 的否定训练集合。

2）统计在集合中出现的单词的词频。统计肯定训练集合与否定训练集合中的每个词，并计算每个词对应的 z-score，得到两个 z-score 表。这两个表描述了在 I_j 的肯定训练集合和否定训练集合中的单词的统计分布。

z-score 意义及计算方法如下。

对于某词的词频，得有一列 n 个变量：x_1，x_2，x_3，…，x_n

$$平均值=(x_1+x_2+x_3+\cdots+x_n)/n$$

$$方差=[\sum(x_i-平均值)\times2]/(n-1)$$

$$标准偏差=（方差）0.5$$

x_i 的 z-score=（x_i−平均值）/标准偏差

注：上面各式中的“-”是减号。

3）选择促进词和削弱词。

（1）定义。

- 促进词：若一个词的出现促进了标引词 I_j 的标引，则该词称为 I_j 的促进词。
- 削弱词：若一个词的出现削弱了标引词 I_j 的标引，则该词称为 I_j 的削弱词。

（2）促进词选择。

IF

（一个在 I_j 的肯定训练集合中的词的 z-score>阈值）

AND

（一个在 I_j 的否定训练集合中的词的 z-score<阈值）

THEN

该词被选为 I_j 的促进词。

（3）削弱词选择。

IF

（一个在 I_j 的否定训练集合中的词的 z-score>阈值）

AND

（一个在 I_j 的肯定训练集合中的词的 z-score<阈值）

THEN

该词被选为 I_j 的削弱词。

（4）利用选中的促进词与削弱词，构建词 I_j 的加权向量 R_j。

标引词 I_j 和促进词、削弱词集合之间的关系向量 R_j，可表示为

$$R_j=(w_{j1},\ w_{j2},\ \cdots,\ w_{jk},\ \cdots,\ w_{jm})$$

其中，w_{jk} 为词 I_j 的 R_j 中第 k 个词的权值，m 为词 I_j 的促进词或削弱词集合中单词的总数。

某词的权值的计算方法如下。

$$词权值=在肯定训练集合中的\ \text{z-score}-在否定训练集合中的\ \text{z-score}$$

4）确定标引词 I_j 的标引值与阈值（中值）。测量给一文献赋予标引词 I_j 的概率的标引值计算如下。

$$标引值=\frac{\sum(词在R_j中的权值)\times(词在文献中的频率)}{文献中词数}$$

标引值越大，标引词 I_j 赋予文献的概率就越大。

阈值（表示为 M_j）是由肯定训练集合和否定训练集合中的平均标引值的中值决定。

$$M_j=\frac{肯定训练集合中平均标引值+否定训练集合中平均标引值}{2}$$

M_j 决定标引词 I_j 是否应赋予某一文献。

2. 标引过程

经过上述四步学习过程之后，得到关于标引词 I_j 的关系 R_j 和阈值 M_j。标引过程描述如下。

FOR（j=1 to n）DO/*假设有 n 个可能被确定的标引词*/

IF

文献 n 的 I_j 的标引值>M_j

THEN

标引词 I_j 赋予文献

ENDIF

3.4.4 概率标引法

到目前为止，概率标引法所依据的概率主要有三类：相关概率、决策概率和出现概率。

1）基于相关概率的标引法：主要是根据包含相同标引词的提问与文献的相关概率来标引划分文献，分二值独立性标引模型和基于被引用与引用文献的标引方法两种。

2）基于决策概率的标引法：主要是根据某标引词赋予某文献这一决策事件正确的概率来标引文献，分 DIA 标引法、RPI 模型两种。

3）基于出现概率的标引法：主要是根据词在文献中出现的频次所服从的概率分布的特征来选择标引词。有 2-Poisson 模型。

3.5 汉语文献自动标引

汉语文献自动标引的一个不可回避的问题就是语词切分。其他的标引过程与西文标引技术类似。本节讲汉语文献自动标引方法，其实大部分讲的是汉语分词算法，或者如何避开汉语分词。

3.5.1 汉语分词算法

现有的分词算法主要可分为三大类：基于字符串匹配的分词方法、基于理解的分词方法和基于统计的分词方法。

1. 基于字符串匹配的分词方法

这种方法又称机械分词方法，它是按照一定的策略将待分析的汉字串与一个“充分大的”机器词典中的词条进行匹配，若在词典中找到某个字符串，则匹配成功（识别出一个词）。按照扫描方向的不同，串匹配分词方法可以分为正向匹配和逆向匹配；按照不同长度优先匹配的情况，可以分为最大（最长）匹配和最小（最短）匹配；按照是否与词性标注过程相结合，又可以分为单纯分词方法和分词与标注相结合的一体化方法。

常用的几种机械分词方法如下：正向最大（长）匹配、逆向最大（长）匹配、最少切分（使每一句中切出的词数最小）。

还可以将上述各种方法相互组合。例如，可以将正向最大匹配方法和逆向最大匹配方法结合起来构成双向匹配法。

由于汉语单字成词的特点，正向最小（短）匹配和逆向最小（短）匹配一般很少使用。

一般来说，逆向匹配的切分精度略高于正向匹配，遇到的歧义现象也较少。统计结果表明，单纯使用正向最大匹配的错误率为 1/169，单纯使用逆向最大匹配的错误率为 1/245。

机械分词方法无法解决分词阶段的两大基本问题：歧义切分问题和未登录词识别问题。实际使用的分词系统，都是把机械分词作为一种初分手段，还需通过利用各种其他的语言信息来进一步提高切分的准确率。

对于机械分词方法，可以建立一个一般的模型，可以表示为 ASM（d，a，m），（ASM，即 Automatic Segmentation Model）。其中：

- d：匹配方向，+1 表示正向，-1 表示逆向；
- a：每次匹配失败后增加/减少字串长度（字符数），+1 为增字，-1 为减字；
- m：最大/最小匹配标志，+1 为最大匹配，-1 为最小匹配。

例如，ASM（+，-，+）就是正向减字最大匹配法（MM 法），ASM（-，-，+）就是逆向减字最大匹配法（RMM 法）等。对于现代汉语来说，只有 m=+1 是实用的方法。

2. 基于理解的分词方法

通常的分析系统，都力图在分词阶段消除所有歧义切分问题。而有些系统则在后续过程中来处理歧义切分问题，其分词过程只是整个语言理解过程的一小部分。其基本思想就是在分词的同时进行句法、语义分析，利用句法信息和语义信息来处理歧义现象。它通常包括三个部分：分词子系统、句法语义子系统、总控部分。在总控部分的协调下，分词子系统可以获得有关词、句子等的句法和语义信息来对分词歧义进行判断，即它模拟了人对句子的理解过程。这种分词方法需要使用大量的语言知识和信息。由于汉语语言知识的笼统性、复杂性，难以将各种语言信息组织成机器可直接读取的形式，因此目前基于理解的分词系统还处在试验阶段。

3. 基于统计的分词方法

从形式上来看，词是稳定的字的组合，因此在上下文中，相邻的字同时出现的次数越多，就越有可能构成一个词。因此字与字相邻共现的频率或概率能够较好地反映成词的可信度。可以对语料中相邻共现的各个字的组合的频度进行统计，计算它们的互现信息。互现信息体现了汉字之间结合关系的紧密程度。当紧密程度高于某一个阈值时，便可认为此字组可能构成了一个词。这种方法只需对语料中的字组频度进行统计，不需要切分词典，因而又称无词典分词法或统计取词法。但这种方法也有一定的局限性，会经常抽出一些共现频度高、但并不是词的常用字组，如“这一”“之一”“有的”“我的”“许多的”等，并且对常用词的识别精度差，时空开销大。实际应用的统计分词系统都要使用一部基本的分词词典（常用词词典）进行串匹配分词，同时使用统计方法识别一些新的词，即将串频统计和串匹配结合起来，既发挥匹配分词切分速度快、效率高的特点，又利用了无词典分词结合上下文识别生词、自动消除歧义的优点。

3.5.2 分词算法举例

1. 词典（词表）分词法

词典（词表）分词法是借助词典切分汉语文献中的词汇。这种方法是目前汉语分词算法中最常用的一种。

以分词词表为依据分词。

1）利用各种分隔符号，将输入文献划分成若干短语。

2）利用分词词表（可以是多个词表的组合，如停用词表加一字词词表、加二字词词表、加三字词词表、加四字词词表、加多字词词表等）对短语文件中的短语逐一比较（正向最长匹配、逆向最长匹配法等），抽出匹配相同词。

到目前为止，词典（词表）分词法是最常用、最有效的分词法。

词典（词表）法分词，算法较为简单和清晰，因此使用得相当普遍。但是词典（词表）的构造比较困难，词典（词表）的维护、更新代价大，词典（词表）法学习新词能力差。

缺点与改进：切分歧义；未登录词。

2. 部件词典法

部件词典法是以建立一个“二字部件词典”和一个“一字部件词典”为基础的标引方法。所谓“部件词典”，就是由许多“部件词”及其“词性”组成的表。部件词可以是整词或词的词头、词中、词尾，也可以同时兼有不同部位。因此，根据不同的组合，部件词可以产生15种状态（词性）。为了处理上的方便，每种词性或组合词性都用一个数字编码唯一确定，如表3-11所示。

表3-11 词性表

编码 词性	1	2	3	4	5	6	7	8	9	10	11	12	13	14	15
独立	☆		☆		☆		☆		☆		☆		☆		☆
词头		☆	☆			☆	☆			☆	☆			☆	☆
词中				☆	☆	☆	☆					☆	☆	☆	☆
词尾								☆	☆	☆	☆	☆	☆	☆	☆

每个部件词，必定对于表3-11中15个词性中的某一个，如某部件词既可做词头，又能出现在词中，则它的词性为6；某部件词只能出现在词尾，则它的词性为8。

汉语的词汇相当丰富，如果要建立一个涉及各个领域的词典，则词典规模将十分庞大，维护管理相当困难，而构造一个“二字部件词典”和一个“一字部件词典”相对容易得多。因此，采用部件词典来代替关键词典，这样不仅可以减轻组织管理负担，还可以提高处理速度。

在部件词典中，每个部件词都有一个对应的词性状态值（大于等于1，小于等于15）。

部件词典法标引的基本过程如下。

1）采取顺向或逆向扫描方式对文献进行扫描处理。

2）找出当前的二字，查“二字部件词典”，看其是否为部件词。

3）若是部件词，记下，继续查以下的二字；若不是，则退位找到当前二字的第一个字。查“一字部件词典”，看该字是否为部件词，若是则记下，若不是则从第二个字开始，以二字查找。

4）按上述方法依次对文献语句扫描，查出全部部件词，然后按15种词性进行组配生成整词。

3. 切分标记法

切分标记法是将能够断开句子或表示汉字之间关系的汉字集合组成切分标记字典。切分标记字典既有用词首字、词尾字、不构词的单字或几种情况的组合来构建的，也有用“非用字”“条件用字”等来组成的。

切分标记法无须构造词典，只需构建一个规模很小的标记字典。实践表明，切分标记字典完全可以替代词典完成自动分词。但是构造一个能用于切分的字典也需要相当丰富的汉语语言知识和专业知识。汉语语言的丰富复杂和专业词汇的纷繁各异，给字典的构造带来了一定的难度。

3.5.3 汉语文献标引法

1. 主题词表法

这是以主题词表为主，辅以禁（停）用词表和逻辑判断规则的标引方法。分词时，不追求全面分词，只要求找出相关主题词。一般只用于对篇名或篇名加文摘的标引。

其基本标引过程如下。

1）利用各种分隔符号和停用词表，将输入文献划分成若干短语。

2）利用机读主题词表对短语文件中的短语逐一比较，抽出匹配相同词并将其所在位置、范畴号和词簇等信息记录在抽词文件中。

3）利用汉语的局部语法特征和一些主题判断规则对上述两种文件（短语文件、抽词文件）的信息进行加工，确定用于标引的主题词。

主题词表法具有扩检与缩检功能。

2. 语法分析标引法

语法分析标引法是通过对自然语言文法或句型文法的分析来抽取主题词加以标引。

由于汉语自然语言文法复杂，规则较多，目前还没有一个形式化系统能对汉语文法进行描述。目前的语法分析标引法，并不是要分析全部汉语文法，而是专门从文献中挑选形如“本文讨论了……”这样的特征句型。因为这些句型正是表达文献主题内容的句型。因此可以用这些句型抽取主题词进行标引。所以，严格地说，目前这样的语法分析标引法，只能称为“句型文法分析法”，而且只适用于科技文献。

识别出这类特征句子后，则由自动抽词处理器对句子进行抽词，得到候选标引词。候选标引词经过禁用词表处理后，便进行加权处理。

加权的方法有以下几种。

1）对句型文法中每一句型赋予权值，当候选标引词从某一句子中抽出时，该句型的权值就是候选标引词权值的一部分。

2）根据已存在的标引词的统计特性来确定权值，即这一标引词在以前标引过程中平均的权值。

3）在切分处理中，如一对候选标引词相匹配，则它们的权值有所增加。

将整个过程所得的权值相加，就是某一候选标引词的权值，然后根据设定的阈值判别其是否作为标引词。

语法分析标引法在理论上比单纯以词典和字典为基础的标引法要深入完善得多，分词效果也优于前者。但是由于汉语的语法复杂，这种方法在实践上发展得还较缓慢，目前在自动标引中出现的相对简单易行的只有句型文法分析法。但是目前的句型文法分析法还仅限于科技文献的标题和文摘，因为在这些文本中句型数量有限，变化不大，易于归纳和描述。而要将分析范围扩大到全文和其他非科技领域，则还有很多工作要做。

3. 其他

英语中可能应用于汉语的方法，如词频加权。

3.5.4 单汉字标引法

单汉字标引法是以单汉字为处理单位，利用汉字索引文件实现自动标引和逻辑检索。由于这种方法把对“词”的处理改为对“字”的处理，因此就解决了汉字分词的难题。

单汉字标引和检索的基本过程是，对要处理文本逐一抽字，经过一些处理（如去掉无意义的虚字）后，建立索引文件。检索时将检索词拆分成单字与索引文件进行比较，并运用逻辑组配得出检索结果。

1. 单汉字机助标引

这是一个“针对汉语文献题名的一个机检自动标引系统”。试验数据库中有 8000 多篇题录，文献题名中用到的汉字约为 2550 个。根据对这些汉字的频度分布情况分析，将汉字分为三类。

1）虚汉字：数量约为 50 个。这类汉字虽然是常用字，但在文献检索中无标引价值。这类汉字有“的”“了”“在”“之”等。

2）常用字：数量约为 500 个。出现该类汉字的题录占全部题录的 0.5%～10%。这类汉字的使用频率很高，但单一使用这类汉字来检索，其检出篇数会很多，因此应与其他汉字结合进行交叉运算，使之过滤。这类汉字有“机”“食”“种”“电”等。

3）基本字：数量约为 2000 个。出现这类汉字的题录占全部题录的比率小于 0.5%。这类汉字在题目中偶有出现，如“令”“假”“班”“久”等；还包括一些专业性较强的专业字，如“鲑”“毯”“榕”等。

虚汉字在程序中用数组表示，无论是在标引建索引还是在进行题录检索时，均对此数组先扫描一次，识别出虚汉字，使之不参与建索引和检索。

而对于抽取出来的常用字和基本字，则作为表达文献内容的标引字组织到索引文件中。

对题名中的汉语词汇无须作词切分了。

2. 单汉字位置标引

单汉字直接组配的误检率很高，如某记录文本中含有字串“学习情况汇报”，用字串“情报学”对单字索引检索时，采用字间的逻辑组配也会将上述记录检出。其原因是字的位置关系没有体现在标引与检索过程中。

单汉字位置标引的基本思想就是，从文本中将汉字逐一取出，同时赋上文献号（记录号）、字段号，以及汉字所处位置，然后把这些信息写入单汉字索引文件文档。

举一个例子如表 3-12、表 3-13 所示。

表 3-12 文章标题

文 献 号	原 文
1	自动化情报检索
2	图书馆自动化情况报告
3	情报科学技术

表 3-13 单汉字倒排索引文档

标 引 字	登 录 数	记录号与位置集合
报	3	1，4；2，8；3，1；
动	2	1，1；2，4；
化	2	1，2；2，5；
检	1	1，5；
情	3	1，3；2，6；3，0；
索	1	1，6；
自	2	1，0；2，3；

检索时，用户输入检索词，系统先匹配单汉字，在单汉字匹配成功的记录中，再根据字的位置关系看看这些匹配成功的单字在原记录中是否组成了词。若是，则返回命中；否则拒绝。

3. 首字直接匹配法

这是对位置标引法的改进，避免了位置标引法的复杂性，使运算速度大大提高。

该方法的实现步骤如下。

1）单字索引中记下每个汉字在数据库中的记录号和该字在记录中的位置（这一步同单字位置标引法）。

2）检索时，取检索词的第一个汉字查找单字索引。

3）通过查找到的单字记录，获取其在数据库中的记录号和位置值，同时提取该记录。

4）利用检索词首字在记录中的位置，将检索词直接与该记录进行子字串比较。

5）比较相同者为命中记录，否则为不命中记录。

还可以再改进，即上述第（1）步中可不存储单字具体的位置，只存记录号和字段；第（4）步直接到对应记录的对应字段中去查找检索词字符串。

3.6 搜索引擎的内容和原理

现在已有数以千计的 Web 搜索引擎在 Internet 上运行，Web 搜索引擎已逐渐成为 Web 信息检索利用的主要方式之一。

3.6.1 搜索引擎的发展与分类

1. 搜索引擎的三个发展阶段

- 第一阶段：以 Yahoo、AltaVista、Excite、Infoseek 等搜索引擎为代表，各搜索引擎的开发设计力求在数据库覆盖范围、检索响应时间、检索结果反馈、用户界面友好等方面有所突破。

最初的搜索引擎是采用分类目录的形式来组织 Internet 资源。需要人工维护，内容覆盖范围有限。

后来出现了网络机器人自动搜集、组织信息的搜索引擎。这种搜索引擎的优点是信息覆盖面广，查全率高，但同时也存在查准率低、信息冗余度大等问题。

- 第二阶段：集成的搜索引擎，主要目的是综合各种搜索引擎的长处，尽量减少用户的检索过程，提高检索效率。

例如，元搜索引擎（Meta-search Engines）就是一种集成化的检索软件，通过多个成员搜索引擎提供的服务向用户提供统一的检索服务。

- 第三阶段：智能化的搜索引擎。代表着搜索引擎的发展方向。

2. 搜索引擎的分类

按照信息搜集方法和服务提供方式的不同，搜索引擎系统可以分为三大类。

1）目录式搜索引擎。

以人工方式或半自动方式搜集信息，人工形成信息摘要，包括对 Web 站点的评价、分类及简要的描述，并将这些信息置于事先确定的分类框架中。分类框架一般采用层次树状结构。

其优点是信息准确、导航质量高；缺点是人工成本高、维护工作量大、信息量少、信息更新不及时，而且目录信息主要针对网站，大量的 Web 页面不能包含在目录中。

早期的搜索引擎大多属于这种类型，这类搜索引擎最具代表性的主要有 Yahoo、LookSmart、OpenDirectory 和 Go Guide 等。目前这些搜索引擎虽然大都已经采用了机器人等先进技术，但也都还保留了原来的目录形式。

2）机器人搜索引擎。

由一个被称为蜘蛛（Spider）、机器人（Robot）、爬行者（Crawler）或蠕虫（Worm）的机器人程序以某种策略自动地在互联网中搜集和发现信息，由索引器为搜集到的信息建立索引，由检索器根据用户的查询输入检索索引库，并将查询结果返回给用户。

机器人搜索引擎通常也被称为第二代搜索引擎。

其优点是信息量大、更新及时、不需要人工干预；缺点是返回信息过多，有很多无关信息，用户必须在结果中进行筛选。

3）元搜索引擎。

这是一种搜索引擎的搜索引擎，建立在已有的搜索引擎服务之上的一种搜索引擎，它利用下层多个成员搜索引擎为用户提供统一的检索服务。

对每个检索要求，元搜索引擎将查询按照各个成员引擎的查询格式作相应的转换之后再分发到各个成员引擎，各个成员引擎返回检索结果之后，元搜索引擎进行结果合并按权重排序的序列输出给用户。

其优点是能够分散处理负载，增加检索的范围，使返回结果的信息量更大、更全，同时还具有较好的扩展性；缺点是不能够充分使用搜索引擎的功能，用户需要做更多的筛选。这类搜索引擎的代表是 WebCrawler、InfoMarket 等。

3.6.2 搜索引擎技术原理

1. 搜索器

搜索器通常又被称为蜘蛛、机器人、爬行者或蠕虫等，其实质是一种计算机程序。

它要尽可能多、尽可能快地搜集各种类型的新信息，同时需要定期更新已经搜集过的旧信息，以避免死连接和无效连接。

1）搜集信息的策略。

（1）从一个起始 URL 集合开始，顺着这些 URL 中的链接，以宽度优先、深度优先或启发式方式等循环地在互联网中发现新的信息。

这些起始 URL 可以是任意的 URL，也可以是一些非常流行的、包含很多链接的站点。

（2）将 Web 空间按照域名、IP 地址或国家域名划分，每个搜索器负责一个子空间的穷尽搜索。

2）搜索器的若干技术问题。

（1）Web 信息的选择。即如何确定哪些是比较“重要”的 Web 信息。

（2）Web 页面的更新频率。搜索器对网页的更新频率应与网页自身更新的频率相适应，但不能完全等同。

（3）减少搜索器对 Web 服务器的负担。当很多搜索器一起工作时，将大大消耗服务器资源。

有的搜索引擎与网站达成协议，只有在网站服务器端放置特殊标记文件，搜索器才采集，有的网站服务器按照搜索器的要求建立索引文件，搜索器只采集这个索引文件即可。

（4）并行工作。由于网页数量的庞大，许多搜索器在多台机器上工作，并行下载网页。而这些并行工作的搜索器必须协同工作。

2. 索引器

索引器的功能是自动理解和分析搜索器所搜索的 Web 信息，从中抽取能够表达所搜索到的网页内容特征的关键字作为索引项，用于表示文档（网页），以及生成文档库的索引表。

1）客观索引项：是指与文档的语义内容无关的索引项，如作者名、URL、更新时间、编码、长度、链接流行度（Link Popularity）等。

2）内容索引项：这是用来反映文档语义内容的，如关键词及其权重、短语、单字等。

内容索引项可以分为单索引项和多索引项（或称短语索引项）两种。

单索引项对于英文来讲是英语单词，比较容易提取，因为单词之间有天然的分隔符（空格）；对于中文等连续书写的语言，必须进行词语的切分。

多索引项是用短语或词组来标识 Web 页面特征。

3. 检索器

检索器的功能是根据用户的查询在索引库中快速检出文档，进行文档与查询的相关度评价，对将要输出的结果进行排序，并实现某种用户相关性反馈机制。

4. 用户接口

用户接口的作用是输入用户查询、显示查询结果、提供用户相关性反馈机制。

5. 搜索引擎中的其他技术

目前大多数搜索引擎还是沿用传统信息检索算法和技术，而传统的信息检索算法主要是从相对少量和同构的文献集合（如书目信息等）发展而来的，但 Web 上的信息却具有巨量的、异构的、非结构或半结构的、动态的、分布的特点等，如此复杂和巨量的信息资源无疑是对传统信息检索技术的挑战。

1）对查询结果进行排序。排序对普通信息检索也许是锦上添花，对搜索引擎则是必需的。目前有多种排序方式。

2）并行和分布信息检索。主要包括并行搜索器和并行标引器。

一个典型的分布式 Web 信息检索系统，如图 3-8 所示。

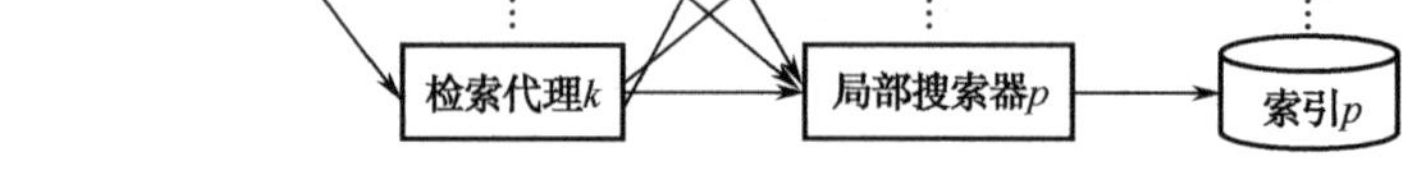

图 3-8　一个典型的分布式 Web 信息检索系统

3.6.3　常用中文搜索引擎

随着互联网在中国的普及和发展，网上中文信息资源和以中文为母语的网上用户也在急剧增加，已有的外文搜索引擎已不能适应我国上网的大部分用户的需求，迫切需要以中文为基础的搜索引擎来满足用户查询中文信息资源的要求。于是以中文为母语的国家和地区相继开发了各种各样的中文搜索引擎，据统计，目前已有中文搜索引擎200多个。本节主要向大家介绍几种常用的搜索引擎。

1. 百度

百度是全球最大的中文搜索引擎。1999年年底由李彦宏、徐勇创建于美国硅谷，2000年1月百度公司在中国成立。创立之初，百度就将自己的目标定位于打造中国人自己的中文搜索引擎。2000年5月，百度首次为门户网站——硅谷动力提供搜索技术服务，之后迅速占领中国搜索引擎市场，成为最主要的搜索技术提供商。2001年8月，发布Baidu.com搜索引擎Beta版，从后台服务转向独立提供搜索服务，并且在中国首创了竞价排名商业模式。2001年10月22日正式发布Baidu搜索引擎。2005年8月5日，百度在美国纳斯达克上市，成为2005年全球资本市场上最为引人注目的上市公司，百度由此进入一个崭新的发展阶段。百度主页如图3-9所示。

图3-9　百度主页

百度搜索使用了高性能的“网络蜘蛛”在互联网中自动搜索信息，可定制高扩展性的调度算法使得搜索器能在极短的时间内收集到最大数量的互联网信息。百度搜索在中国和美国均设有服务器，搜索范围涵盖了中国、新加坡等华语地区以及北美、欧洲的部分站点。

百度拥有全球最大的中文网页库，收录中文网页已超过20亿页，这些网页的数量每天正以千万级的速度增长；同时，百度搜索引擎在中国各地都有分布，能直接从最近的服务器上，把所搜索信息返回给当地用户，极大地提高了搜索传输的速度。

1）百度的网页搜索

百度搜索引擎简单方便，仅需在主页的搜索框内输入查询内容，然后按Enter键或单击“百度一下”按钮，即可得到最符合查询需求的网页内容。

例如，在百度搜索引擎主界面的搜索框内输入需要查询的内容“计算机信息检索”，按回车键或单击“百度一下”按钮，即可得到最符合查询需求的有关“计算机信息检索”的网页信息，其检索结果页面如图3-10所示。

2）百度的图片搜索

百度图片搜索引擎是世界上最大的中文图片搜索引擎，百度从数十亿中文网页中提取各类图片，建立了世界第一的中文图片库。到目前为止，百度图片搜索引擎可检索图片近亿张。而且，还可以利用百度新闻图片搜索从中文新闻网页中实时提取新闻图片，它具有新闻性、实时性、更新快等特点。单击图 3-11 所示的“图片”检索项，或者在地址栏中输入“http://image.baidu.com”，都可以打开百度图片搜索主页面，在搜索框中输入要搜索的图片关键词，如“范冰冰”，单击“百度一下”按钮，即打开搜索结果页面，如图 3-12 所示，单击自己喜欢的图片进行浏览或保存。

图 3-10　百度检索结果页面

图 3-11　百度图片搜索页面

图 3-12　百度图片搜索结果页面

3）百度的音乐搜索

百度的音乐搜索引擎功能在检索音乐方面具有较大的优势，百度在每天更新的数十亿中文网页中提取音乐链接，从而建立了庞大的音乐歌曲链接库。百度音乐搜索拥有自动验证链接有效性的卓越功能，能够把最优的链接排在前列，以提高用户的搜索效率。用户可以按照列表提供的信息获知歌曲的大小和格式，并选择试听或下载；还可以利用百度歌词搜索功能，通过歌曲名或歌词片段，搜索想要的歌词。

单击百度主页中“音乐”检索项或者在地址栏中输入“http://mp3.baidu.com”，都可以打开百度音乐主页面，如图 3-13 所示。在搜索框中输入要搜索的歌曲或歌手名称，如“那英”，单击“百度一下”搜索按钮，打开搜索结果页面，如图 3-14 所示。单击喜欢的歌曲链接进行试听。在该页面中，单击专辑名后的搜索图标，则除了罗列出该歌手的歌曲名称外，还显示了这些歌曲的音乐格式、大小和链接速度等。

图 3-13　百度音乐搜索

图 3-14　百度音乐搜索结果页面

在使用百度音乐搜索引擎过程中，不但能查到音乐歌曲，还能搜索到免费电影和电视剧，在百度音乐搜索主界面中可以看到如下几项：歌单、动态、歌手、分类、榜单、MV、演出。在默认的情况下，百度音乐搜索是搜索全部音乐格式，只要指定某一媒体文件的类型，即可搜索到相应类型的文件了。

4）百度搜索技巧

（1）基本搜索

百度搜索引擎使用简单方便，仅需输入查询内容并单击回车键 Enter，即可得到相关资料；或者输入查询内容后，用鼠标单击“百度一下”按钮。输入的查询内容可以是一个词语、多个词语、一句话。

例如，可以输入“李白”“mp3 下载”“天苍苍，野茫茫”

（2）输入多个词语搜索

输入多个词语搜索（不同字词之间用一个空格隔开），可以获得更精确的搜索结果。

例如，想了解哈尔滨暂住证相关信息，在搜索框中输入“哈尔滨 暂住证”，获得的搜索结果会比输入“哈尔滨暂住证”得到的结果要好。

在百度搜索时不需要使用逻辑符号“AND”或“+”，百度会在多个以空格隔开的词语之间自动添加“+”。百度提供符合全部搜索条件的网页，并把最相关的网页排在首行。

（3）排除无相关资料

有时候，排除含有某些词语的资料有利于缩小查询范围。百度支持“-”功能，用于有目的地删除某些无关网页，但减号之前必须留一空格。

“武侠小说 -古龙”

（4）专业文档搜索

很多有价值的资料，在互联网上并非普通的网页，而是以 Word、Power point、PDF 等格式存在。百度支持对 Word、Excel、Power point、Adobe PDF、RTF 文档进行全文搜索。要搜索这类文档，格式为“关键词 filetype:文件扩展名”。

例如，查找张五关于交易费用方面的经济学论文，输入“交易费用 张五 filetype:doc”搜索即可。

提示：关键词与 filetype 之间需空一格；冒号可以是半角的，也可以是全角的，冒号后不能有空格；“filetype”后可以跟以下文件格式：“doc”“xls”“ppt”“rtf”和“all”。其中，“all”表示搜索所有这些文件类型。

（5）相关检索

如果无法确定输入什么词语才能找到满意的资料，可以试用百度相关检索。可以先输入一个简单词语，然后百度搜索引擎会提供其他用户搜索过的相关搜索词语做参考。单击其中一个相关搜索词，就能得到这个相关搜索词的搜索结果。

（6）百度快照

百度快照是百度网站最具魅力和实用价值的功能。在上网的时候，会遇到“该网页无法显示”或者网页链接速度缓慢，要十几秒甚至几十秒才能打开的情况，百度快照能很好地解决这些问题。

百度搜索引擎已预览各网站，拍下网页的快照，为用户储存大量应急网页，同时在百度的服务器上保存了几乎所有网站的大部分页面，使用户在不能链接所需网站时，能访问暂存网页，而且通过百度快照寻找资料要比常规链接的速度快得多。原因如下。

① 百度快照的服务稳定，下载速度极快，用户不会再受死链接或网络堵塞的影响。

② 在快照中，关键词均已用不同颜色在网页中标明，一目了然。

③ 单击快照中的关键词，还可以直接跳到它在文中首次出现的位置，使用它浏览网页更方便。

（7）在指定网站内搜索

在一个网址前加“site：”，可以限制只搜索某个具体网站、网站频道或某域名内的网页。例如，“电话 site：www.baidu.com”表示在 www.baidu.com 网站内搜索和“电话”相关的资料；“竞价排名 site：baidu.com”表示在 baidu.com 网站内搜索和“竞价排名”相关的资料；“intel site：com.cn”表示在域名以“com.cn”结尾的网站内搜索和“intel”相关的资料；“门户 site：cn”表示域名以“cn”结尾的网站内搜索和“门户”相关的资料。

提示：关键词与“site：”之间须留一空格；site 后的冒号“：”可以是半角，也可以是全角，百度搜索引擎会自动辨认；冒号和站点名之间不能留空格；“site：”后不能有“http://”前缀或“/”后缀，网站频道只局限于“频道名.域名”方式，不能是“域名/频道名”方式。

（8）在标题中搜索

在一个或几个关键词前加“intitel：”，可以限制只搜索网页标题中含有这些关键词的网页。例如，“intitle：西瓜”表示搜索标题中含有关键词“西瓜”的网页；“intitle：百度 互联网”表示搜索标题中含有关键词“百度”和“互联网”的网页。

（9）在 URL 中搜索

在“inurl：”后加 URL 中的文字，可以限制只搜索 URL 中含有这些文字的网页。例如，“inurl：mp3”表示搜索 URL 中含有“MP3”的网页；“inurl：网页”表示搜索 URL 中含有“网页”的网页；“inurl：china　news”表示搜索 URL 中含有“china”和“news”的网页。

（10）百度工具栏

百度工具栏是一款免费的浏览器工具栏，如图 3-15 所示，安装后无须登录百度网站即可体验百度搜索的强大功能，搜网页、搜歌曲、搜图片、搜新闻，无所不能。另外，利用百度工具栏的自定义搜索功能，还可以实现对其他网站的搜索。搜索框内嵌“风云榜”，支持百度账号自动登录，完美整合百度空间、百科和收藏功能，随意定制个性化首页。同时百度工具栏还拥有 IE 首页保护、广告拦截、上网伴侣等多种功能，为用户使用带来了便利。

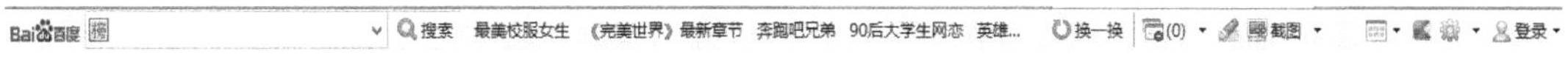

图 3-15　百度工具栏

2. 谷歌

谷歌是 Google 的中文版网站，提供与 Google 英文版完全相同的搜索功能。两位斯坦福大学的博士生 Larry Page 和 Sergey Brin 在 1998 年创立了 Google，并通过自己的公共站点 www.google.com 提供服务。Google 是英文单词“googol”变化而来，表示 1 后边带有 100 个零的数字。Google 使用这个词代表公司想征服网上无穷无尽资料的雄心。Google 富于创新的搜索技术和典雅的用户界面设计使它从当今的第一代搜索引擎中脱颖而出，成为世界上最大的搜索引擎。

1）Google 中文版的搜索页面

Google 的网页搜索方式如图 3-16 所示，是普通的“Google 搜索”，其检索结果在新页面中全部列表显示。

图 3-16　Google 中文版的主页

2）Google 中文版的主要特色检索功能

（1）中英文字典

例如，查找词义、查找英文的中文词输入“fly computer”；查找中文的英文词义则输入“翻译 计算机”。

（2）天气查询

例如，要查找合肥的天气状况，可以输入“hefei tq”或者“合肥 天气”。

（3）股票查询

只需输入一个关键词（“股票”“gp”和“GP”任选其一）和想查询的股票证券名称或是其六位数代码，便能得到有关股票证券的详尽资料。

例如，要查找中国石化的行情走势，可以输入“中国石化　股票”或“gp　600028”或“zgsh gp”。

（4）货币转换

例如，输入“1 美元=？人民币”按 Enter 键后即可显示结果。

（5）手机号码

例如，要查找手机号 13123456789 的归属地，可输入“13123456789”按 Enter 键后即可显示结果。

（6）搜索定义

要查看关键词的定义，只需输入“define:关键词”，Google 就会在网络上查找该字词或词组的定义并显示它们。

例如，查找 HTML 的定义，只需输入“define:HTML”即可。

提示：冒号必须是半角；冒号后可以空格，也可以不空格；搜索结果会提供整个词组的定义。

（7）计算器的功能

只需要在搜索字段中输入算式，按一下 Enter 键或者搜索就可显示计算结果。这个计算器可以用来做所有简单的计算、一些复杂的科学计算、单位换算，以及提供各种物理常数。例如，输入“5+2.2”“sqrt（4）”按 Enter 键后即可显示结果。

（8）汉语拼音输入检索

为了方便使用中文的用户在网上搜索，Google 允许用户直接用键盘输入汉语拼音来检索相关事务。例如，输入“xinxijiansuo”，检索结果提示：“您是不是要找：信息检索。”

3）Google 的搜索技巧

（1）搜索结果要求包含两个及两个以上关键词

一般搜索引擎需要在多个关键词之间加上“*”或“and”，Google 只要用空格就可以表示逻辑“与”操作，中文检索词之间也不需要空格。

（2）搜索结果要求不包含某些特定信息

Google 用减号“-”表示逻辑“非”操作。“A -B”表示搜索包含 A 但没有 B 的网页。

提示：“-”前一定要有空格。

（3）搜索结果至少包含多个关键词中的任意一个

Google 用大写的“OR”表示逻辑“或”操作，搜索“A OR B”的意思是说，搜索的网页中，要么有 A，要么有 B，要么同时有 A 和 B。

（4）通配符问题

Google 对通配符支持有限。它目前只可以用“*”来代替单个字符，而且包含“*”的词必须用引号引起来。

例如，“‘以*治国’”，表示搜索第一个为“以”、后两个为“治国”的四字短语，中间的“*”可以为任何字符。

（5）关键词的字母大小写

Google 对英文字母的大小写不敏感，“GOD”和“god”搜索的结果是一样的。

（6）搜索整个短语或者句子

Google 的关键词可以是单词（中间没有空格），也可以是短语（中间有空格）。但是，用短语做关键词，前后必须加英文引号，否则空格会被当做“与”逻辑运算符。

例如，搜索关于第一次世界大战的英文信息。输入"world war Ⅰ"

提示：对于中文关键词没有使用引号的限制，对于英文关键词必须使用英文引号来限制，用全角引号会缩小检索范围。

（7）搜索引擎忽略的字符以及强制搜索

Google 对一些网络上出现频率极高的英文单词，如“I”“com”“www”等，以及一些符号如“*”“.”等，作忽略处理。

例如，搜索关于 www 起源的一些历史资料。

输入：“www 的历史 internet”

结果：“www”和“的”字因为使用过于频繁，没有被列入搜索范围。

我们看到，搜索“www 的历史 internet”，搜索引擎把“www”和“的”都省略了。于是上述搜索只搜索了“历史”和“internet”，这显然不符合要求。当我们在搜索“www 的历史 internet”的时候，搜索引擎实际上把“www 的历史”这个短语分成三部分，“www”“的”和“历史”分别来检索，这就是搜索引擎的分词。所以尽管输入了连续的“www 的历史”，但搜索引擎还是把这个短语当成三个关键词分别检索。

如果要对忽略的关键词进行强制搜索，则需要在该关键词前加上“+”号。

另一个强制搜索的方法是把上述的关键词用英文双引号引起来。在上例"world war Ⅰ"中，“Ⅰ”其实也是忽略词，但因为被英文双引号引起来，搜索引擎就强制搜索这一特定短语。

提示：大部分常用英文符号（如问号、句号、逗号等）无法成为搜索关键词，进行强制搜索也不行。

（8）对搜索的网站进行限制

“site:”表示搜索结果局限于某个具体网站或者网站频道。如“www.sina.com.cn”、“edu.sina.com.cn”，或者是某个域名，如“com.cn”“com”等。如果是要排除某网站或者域名范围内的页面。只需用“-网站/域名”。

提示：site 后的冒号为英文字符，而且，冒号后不能有空格，否则，“site:”将被作为一个搜索的关键词。此外，网站域名不能有“http://”前缀，也不能有任何“/”的目录后缀；网站频道则只局限于“频道名.域名”方式，而不是“域名/频道名”方式。

（9）搜索特定类型的文件

“filetype:”是 Google 开发的非常强大实用的一个搜索语法。也就是说，Google 不仅能搜索一般的文字页面，还能对某些二进制文档进行检索。目前，Google 已经能检索微软的 Office 文档，如.xls、.ppt、.doc、.rtf，WorldPerfect 文档，Lotus1-2-3 文档，Adobe 的.pdf 文档，ShockWave 的.swf 文档（Flash 动画）等。其中，最实用的文档搜索是 PDF 搜索。PDF 是 Adobe 公司开发的电子文档格式，现在已经成为互联网的电子化出版标准格式。PDF 文档通常是一些图文并茂的综合性文档，提供的资讯一般比较集中、全面。

例如，搜索几个资产负债表的 Office 文档。

输入：“资产负债表 filetype:doc OR filetype:xls OR fieltype:ppt”。

（10）搜索的关键词包含在 URL 链接中

“inurl:”语法返回的网页链接中一定包含第一个关键词，后面的关键词可出现在链接中或者网页文档中。有很多网站把某一类具有相同属性的资源名称显示在目录名称或者网页名称中，比如“MP3”“GALLARY”等。于是，就可以用“inurl:”语法找到这些相关资源链接. 然后，用第二个关键词确定是否有某项具体资料。“inurl:”语法和基本搜索语法的最大区别在于，前者通常能提供非常精确的专题资料。

例如，查找 MIDI 曲《沧海一声笑》。

输入：“inurl:midi“沧海一声笑””。

提示：“inurl:”后面不能有空格，Google 也不对 URL 符号如“/”进行搜索。例如，Google 会把“cgi-bin/phf”中的“/”当成空格处理。

（11）搜索的关键词包含在网页标题中

“intitle:”语法类似于上面的 inurl，只是后者对 URL 进行查询，而前者对网页的标题进行查询。网页标题，就是 HTML 标记语言 title 中间的部分。网页设计的一个原则就是要把主页的关键内容用简洁的语言表示在网页标题中。因此，只查询标题栏，通常也可以找到相关度高的专题页面。

例如，查找日本明星藤原纪香的写真集。

输入：“intitle:藤原纪香　写真”。

（12）查找所有包含了某个指定 URL 的页面列表

如果用户拥有一个个人网站，估计都很想知道有多少人对自己的网站作了链接。而“link:”语法就能让用户迅速达到这个目的。

例如，搜索所有指向华军软件园“www.newhua.com”链接的网页。

输入：“link:www.newhua.com”。

提示：“link:”不能与其他语法混合操作，所以“link:”后面即使有空格，也将被 Google 忽略。另外还要说明的是，link 只列出 Google 索引链接很小一部分，而非全部，所以如果用 Google 没有搜到自己主页的链接，也不必灰心丧气。除了上述功能，link 语法还有其他妙用。一般说来，做友情链接的网站都有相似的地方。因此，通过这些友情链接，找到一大批具有相似内容的网站。比如说，一个天文爱好者发现某网站非常不错，那么，就可以用 link 语法查一下与之链接的网站，也许可以找到更多让人感兴趣的内容。

（13）查找与某个页面结构内容相似的页面

“related:”用来搜索结构内容方面相似的网页。

例如，搜索所有与中文新浪网主页相似的页面（如网易首页、搜狐首页、中华网首页等），输入“related:www.sina.com.cn”。

（14）从 Google 服务器上缓存页面中查询信息

“cache:”用来搜索 Google 服务器上某页面的缓存，通常用于查找某些已经被删除的死链接网页，相当于使用百度搜索结果页面中的“网页快照”功能。

提示：Google 高级语法都为英文冒号，冒号后不能空格；百度则也可以为中文冒号，冒号后不能空格。

3. 雅虎

Yahoo!（http://www.yahoo.com）是全球著名门户搜索网站，中文版主页如图 3-17 所示，业务遍及 24 个国家和地区，为全球超过 5 亿的独立用户提供多元化的网络服务。

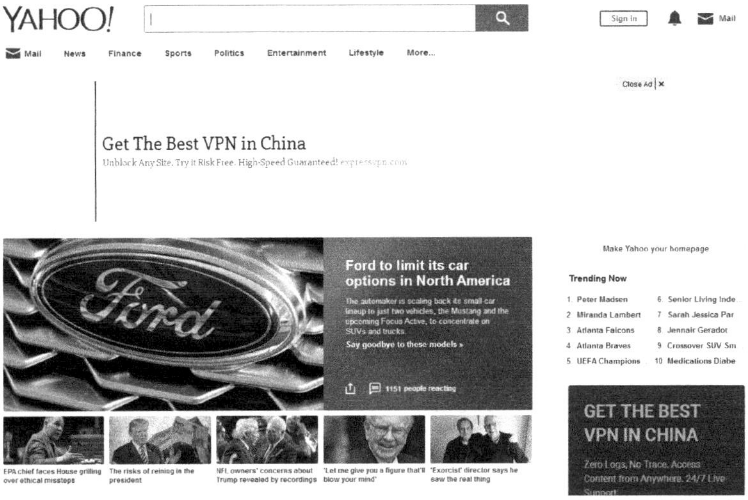

图 3-17　Yahoo!中文版的主页

例如，如果想找到川菜食谱，就在搜索框里输入“烹饪”来试试，结果，许多烹饪网站包括的川菜内容可能会比输入“川菜”找到的川菜主题网站更全。再比如，想寻找一些歌词，如果输入这些歌词的流派，会更加好找。

4. 天网搜索

天网搜索（http://www.tianwang.com）的前身是北大天网（http://e.pku.edu.cn/），主页如图 3-18 所示。北大天网是中国第一家为互联网用户提供服务的搜索引擎。2003 年 7 月，北京天网时代科技有限公司完全收购了北大天网，开展搜索相关业务。天网搜索收录了大量新闻组文章，更新较快，功能规范，反馈内容完整，包括网页标题、日期、长度和代码，可在反馈结果中进一步检索，支持电子邮件查询，提供北京大学、中国科学院等 FTP 站点的检索。

图 3-18　天网搜索的主页

5. 垂直搜索引擎

垂直搜索引擎，即专业或专用搜索引擎，它专门用来检索某一主题范围或某一类型信息，追求专业性与服务深度是它的特点。垂直搜索引擎不但可以保证此领域信息的收录齐全与更新及时，而且检索深度和分类细化远远优于综合搜索引擎。垂直搜索引擎的检索结果可能较综合搜索引擎少，但重复率低、相关性强、检准率高，适合于满足较具体的、针对性强的检索要求。目前已经涉及购物、旅游、汽车、工作、房产、交友等行业。常用的垂直搜索引擎有以下几种：

1）工作搜索引擎

在网络没有兴起之前，求职或者招聘信息只能通过纸媒、电视和广播这三条途径传播。不过，网络改变了这一切，随着中华英才网（http://chinahr.com）、51job 前程无忧（http://www.51job.com）和智联招聘网（http://www.zhaopin.com）等专业招聘网站的诞生，通过网络找工作成了流行的求职方法。在此之后，搜索引擎的大红大紫又催生了许多工作搜索引擎，如职友集（http://www.jobui.com）和 Careerjet（http://www.careerjet.cn）等。

2）图书搜索引擎

读秀图书搜索（http://www.duxiu.com）

读秀图书搜索是一个面向全球的图书搜索引擎，上网用户可以通过读秀对图书的题录信息、目录、全文内容进行搜索，方便快捷地找到他们想阅读的图书和内容，是一个真正意义上的知识性搜索引擎。读秀现收录中文图书 200 多万种，书目 300 多万种，提供深入章节的检索、试读、传递等服务。读秀允许上网用户阅读部分无版权限制图书的全部内容，对于受版权保护的图书，可以在线阅读其详细题录信息、目录及少量内容预览。

3）法律搜索引擎

（1）我的法律搜索引擎（http://www.mylaw.com）

目前，MyLaw.com 能够提供强大的法律信息查询服务，保障该网站用户能够及时、准确地查询到完整的、最新的法律法规内容。中文法规包括宪法法律、行政法规、司法解释、部委规章、地方法规、行业规范、军事法规、政策纪律等。该网站是下一代的垂直搜索引擎，也是目前国内领先的中英文专业法律的搜索引擎。它提供丰富的法律信息和来自其他法律网站的丰富内容以供网友选择。例如，搜索“继承诉讼”，搜索结果将不仅仅是相关信息简介。客户还将得到直接进入各大法律类网站相关内容的链接。

（2）百度律师（http://lvshi.baidu.com）

百度律师是百度与北大英华公司合作推出的针对法律方面的专业搜索，提供自新中国成立以来中央和地方的各项法律条文、大量丰富的法律案例、裁判文书以及法律词典，为用户查找相关法律资料提供便利。

4）软件搜索引擎

（1）2345 软件大全（http://www.duote.com，原多特软件站）

由上海瑞创网络科技有限公司耗资 500 万倾力打造的多特软件下载站，为用户提供优质、方便、快捷、安全的软件下载、软件资讯等软件相关服务。自 2006 年成立以来，多特在短短四年里迅速跻身行业前三名，成为国内首屈一指的绿色、无毒、无插件、无木马的绿色软件下载站，受到用户的一致好评与青睐。

（2）华军软件园搜索（http://www.onlinedown.net）

华军软件园搜索在全国一半以上大中城市建立镜像站点和独立下载服务器，且还在不断增加中，以保证全国各地区用户浏览、下载的速度，是国内更新速度最快、软件数量最多、软件版本最新的共享免费软件下载中心和软硬件信息发布中心。华军软件园目前已收录 10 万多个软件，且仍在不断迅速增加，并将软件合理分类，加入软件搜索，便于用户查询。该站收录所有软件全部为本地高速下载，更有国产软件专栏，是网上下载软件的好去处，是软件作者发布软件的好地方。在网络中享有很好的声誉，成为搜狐、新浪、网易、天极等众多门户网站的信息源，是人气最旺的 IT 类网站之一。在网民中知名度极高，形成了一种找软件到华军软件园的共识。

（3）天空软件搜索（http://www.skycn.com）

天空下载站是国内知名度很高的软件门户网站，是国内更新较快的软件信息发布中心之一。目前每日页面访问量超过 500 万，并保持稳定增长的趋势。天空软件站分别与搜狐、天津热线等大型综合网站合作建立了软件下载频道，它还是国内超过 30 家大型 ISP 的软件频道独家内容提供商。目前在国内 40 几个大中城市拥有镜像站点及独立下载服务器。

（4）太平洋软件站（http://dl.pconline.com.cn）

太平洋软件站是 IT 行业内最好的软件下载、新闻资讯和软件评测网站之一。太平洋软件站 2006 年成立，是国内更新速度较快、软件数量较多、软件版本较新的共享免费软件下载和发布中心之一。同时还有各类游戏娱乐软件和游戏工具的发布和下载功能，为各类玩家及游戏开发作者提供多种服务。太平洋软件站拥有大量的忠诚度极高的固定访问用户，日均独立访问量超过 2 万，PV 流量超过 5 万次。太平洋软件站与包括 2345 软件大全、萝卜软件、阿里巴巴在内的多家业内领先网站保持着长期紧密的合作伙伴关系。

（5）快科技（http://www.mydrivers.com，原驱动之家）

快科技网站是在 IT 行业内居于领导地位的驱动程序下载、新闻资讯和产品评测网站。网站日均独立访问者数超过 110 万人，PV 流量超过 870 万次，除了基础性的驱动下载服务外，还为用户提供免费的驱动程序自动更新服务。快科技新闻资讯栏目是中国 IT 网站读者中公认最重要的第一手信息发布交流平台，所发布的科技新闻是国内所有综合门户网站与专业网站的固定重要信息来源之一，其科技新闻发布后一个小时内就会传遍整个中国互联网络。

5）购物搜索引擎

（1）淘宝网（http://www.taobao.com）

亚洲最大网络零售商圈，致力于打造全球首选网络零售商圈，由阿里巴巴集团于 2003 年 5 月 10 日投资创办。淘宝网目前业务包括 C2C（个人对个人）、B2C（商家对个人）两大部分。

（2）购物客（http://baidu.gouwuke.com）

购物客是亿玛联盟倾力打造的中国第一家购物搜索联盟。现已收入当当、卓越、京东、新蛋、红孩子、DHC、玛萨玛索、凡客诚品（VANCL）、金象网等国内最具品质的 B2C 商家，致力于向广大消费者提供便捷的网购入口，让用户轻松找到低价正品。

（3）顶九网（htty://www.ding9.com）

顶九网是全球性比较购物搜索引擎。公司由国际资深电子商务创业者和专业技术团队创建，致力于为消费者提供与购物相关的各方面信息，如商品信息、商家信息、用户评论、专家评论、折扣促销等，为消费者提供全方位的导购服务。顶九网让消费者在对商品和商家全面了解和比较的基础上，充分享受专业精准的购物信息所带来的实惠，从而引导消费者做出明智的购买选择。使消费者体会到“购物搜索，一个顶九”的真正含义。

6. P2P 搜索

P2P 是 peer-to-peer 的缩写，意为对等网络。P2P 是 C/S 相对应的网络运作模式，其显著的特点是整个网络不存在中心节点（或中心服务器），其中的每一个节点（Peer）同时具有信息消费者、信息提供者和信息通信三方面的功能。P2P 网络的特色包括：下载的人越多，下载就越快；资料类型同 FTP，多媒体资源较多；更广泛、大众化的共享。缺点是需要安装软件，资源状况不稳定和灰色资源较多。

P2P 搜索引擎相对一般网站搜索引擎而言，传播速度更快，获取更方便，适用于大流量网络信息资源的共享和获取。目前，我国的 P2P 搜索引擎主要使用于软件、电影、音乐、书籍和游戏的搜索及获取。

3.7 信息摘要技术与方法

摘要是以提供信息内容梗概为目的，不加评论和补充解释，简明、确切地记述信息重要内容的短文。自动摘要就是利用计算机自动编写和生成摘要的过程。

3.7.1 文本信息摘要的生成与实现

文本信息摘要是指对文本信息内容进行概括，提取主要内容进而形成摘要的过程。

根据自动摘要的两种类型将文本信息摘要的研究划分为两个阶段：第一阶段为 20 世纪 50 年代末～70 年代初，即基于统计的自动摘要时期；后一阶段是从 20 世纪 70 年代末至今，即基于理解的自动摘要时期。除了这两种自动摘要系统之外，许多国内外学者还提出了信息提取和基于结构的自动摘要系统。

基于统计的自动摘要可称为“自动摘录”，基于理解的自动摘要可称为“自动摘要”。自动摘录是根据各种文本信息中的统计指标设计计算机程序从原始文本信息中选出具有代表意义的句子，并按它们在原始文本信息中出现的次序加以组合构成摘要；自动摘要则是指计算机模拟手工摘要人员编写摘要的过程，可以根据文本信息的内容写出一篇文本摘要，其中的句子可能来自原始文本信息中的语句，也可能是根据对原始文本信息的理解归纳总结出来的。

1. 基于统计的自动摘要原理

根据文本中关键词出现的次数选择摘要句，然后将选择出的摘要句按其在文本信息中出现的次序形成摘要。

据统计，手工摘要中有 91%的句子都是文中的，其中 79%是完全照抄，3%的句子是由原文中句子拼凑而来，4%的句子是原文句改编而来，5%的句子是由原文中句子拼接再改编而来，只有 9%的句子才是人工撰写。

1）基于统计的自动摘要一般过程。

（1）待摘文本信息录入。

（2）词频信息统计。“重要词”的词频统计，并剔除“非重要词”。

（3）计算句子权重。计算句子权重的标准主要有以下几点。

① 句子权重与句子中所含“重要词”的数量成正比，句子中所含“重要词”越多，句子权重越高；反之，句子权重则越低。

② 文本信息中包含提示词的句子十分重要，包含这些提示词的词句的权重应适当提高。例如，“Significant”“Impossible”“综上所述”“笔者观点是”等。

③ 文本信息中特殊位置上的句子往往十分重要，位于这些位置上的句子权重应提升。例如，首段、末段、段首、段末等。

④ 如果句子中包含废弃指示词时，其句子权值就相应减小。例如，“For example”“例如”等。

⑤ 句子的长度与句子的权重成反比，句子越长，其权重越小；反之则越大。

可以用下面的式子计算句子权值。

$$W(S)=\mu_s\mu_p\frac{\sum_{i=1}^{n}W(T_i)}{l_s}$$

式中，$W(S)$表示句子 S 的权值，$W(T_i)$表示句子中所含重要词的权值，l_s表示句子的长度，μ_p 表示句子所在段落的权值，μ_s 表示句子的加权系统系数。若句子含有提示词，则 $\mu_s>1$；若句子含有废弃指示词，则 $0<\mu_s<1$；其他情况，则 $\mu_s=1$。

（4）选取候选句子。根据设定的阈值筛选候选摘要句子，并按照句子在文本信息中出现的先后次序进行排序。

（5）加工生成摘要。这是自动生成的最后一步，即将选取出来的候选句子进行组合，并对组合后的结果进行润色处理，最终形成一篇摘要。

2）自动摘要涉及的重要内容。

（1）词频。以 Zipf 定律为依据，“重要词”在整个文章中属于中频词。

（2）标题。标题中的词汇是摘要的重要素材。剔除了标题中的功能词，余下的关键词可作为抽取摘要句的“重要词”。

（3）指示词。这类指示词有如下形式：“本文论述了”“本文的目的”“综上所述”等，这些指示词后所接的句子往往高度概括了文献主题。因此，这些句子被选作摘要候选句的可能性非常大。

（4）位置。美国学者 P. E. Baxendale 的研究结果显示：段落首句为段落主题句的概率达85%，位于段落末句的概率也达 7%。在进行自动摘要的过程中，有必要提高处于这些特殊位置的句子的权值。

（5）句法结构。选择摘要句时，应尽可能地抽取陈述句，而应避免疑问句、感叹句等形式的句子进入摘要。

（6）句子长度。选择摘要句时，应选择那些较为精练、简短的句子，过度冗长的句子通常不宜选入摘要中。

（7）排版特征。确定词或句的权值时，应根据排版格式特征，适当地将权值加大。

3）基于统计的自动摘要的特点。

（1）基于统计的自动摘要不受学科领域的限制，这是它最突出的优点。

（2）权值函数的选择适应较差。也许对某一类文本信息的摘要效果改善了，但有可能对另一类文本信息的摘要效果变差了。

（3）摘要内容不完整，不能全面表达原始文本信息的内容。

（4）摘要内容不简洁。作者常常在文本信息中的不同位置用不同形式的句子和词语对中心内容进行重复描述，这些句子往往都被取作关键句，易造成摘要内容的冗余。

（5）摘要语句不连贯。

2. 基于理解的自动摘要原理

基于理解的自动摘要方法是以人工智能，特别是自然语言理解技术为基础而发展起来的摘要方法。这种方法与基于统计的自动摘要方法明显的区别在于对已有知识的利用上，它不仅仅利用语言学知识获取语言结构，还利用了相关学科领域知识进行分析、推理和判断。

1）基于理解的自动摘要的主要步骤。

（1）待摘文本信息录入。

（2）文本分析。主要包括语法分析、语义分析和句法分析三部分。

- 语法分析是借助于知识库中的词典和文法规则对输入的文本信息进行语法分析，确定词形和词义，切分句子并找出词间句法上的联系，以一种数据结构描述这些联系，如文法结构树。
- 语义分析就是将句子孤立于所处的环境而仅从字面上分析意义。
- 句法分析是按语法分析文本得出文本结构的方法。句法分析是要分析文献中的每个词，给出它对全文的贡献。句法分析包括修辞、句法和语义知识及文献的话语结构属性。这对知识库的要求很高，目前只适用于特定领域。

（3）文献初稿生成。

（4）摘要排版输出。

2）基于理解的自动摘要存在的问题。技术并不充分成熟；受限于特定的学科领域。

3. 汉语文献自动摘要的技术难点

除了分词这一难点以外，由于汉语语言的特殊性，实现自动摘要还面临着以下技术难点。

1）汉语词汇的含义非常丰富，在不同的学科领域和不同的时代及环境背景下，同一词汇具有不同的含义，难以明确其在特定学科领域中的确切意义。例如，中学课本中的“权起更衣”句中的“更衣”一词是指“上厕所”，而现在的更衣则是“换衣服”的意思，两者截然不同。

2）汉语词汇的词形难以确认，在不同的语言环境下，同一个词语的词形不一定会相同。例如，“学习”一词在《学习的革命》中是名词，而在“学习英语”中则是动词。

3）汉语中存在许多习语和省略语，这些词汇给计算机理解带来了极大的困难。有些语句和段落与上下文紧密相关，可能省略了一些内容，只有对上下文进行理解才能正确地对原文做出摘要。

4）中国地域辽阔，地方语言众多，不同地方的居民对同一行为和同一事物的表达有很大差别，而且有些词语的含义也随地域的不同而含义相异，这些都将给自动摘要的实现带来很大的困难。例如，“吹牛”一词指的是“不切实际的吹嘘”，而在南京附近地区则有“聊天”的意思。

5）汉语表达形式灵活，许多语句表达不符合语法规范，难以区分主、谓、宾等句子成分，同样可能给自动摘要带来极大困难。

4. 文本信息自动摘要的评价方法

1）内部评价法。内部评价法是指对系统开发者进行的评价。

（1）摘要比较法。摘要比较法是将自动摘要系统所产生的结果与“理想摘要”进行对比，根据二者的相似性进行评价。所谓“理想摘要”是指由人来撰写的摘要。

（2）要点评价法。要点评价法是考查摘要是否全面表达了原文的主要论点。一篇好的摘要必须能够阐明原始文本信息中的关键要点。因此，这种方法要求首先要对文本信息进行分析，提取出原始文本信息的要点，根据自动摘要中包含这些要点的程度来进行评价。

（3）可接受性评价法。可接受性评价法是指依靠主观性感觉进行评价。参加评价者将系统产生的摘要与原文进行对照，参考事先确定的一些定性的指导性评价标准，根据评价者的主观感觉来对摘要进行评价，评价结果为可接受或不可接受。

内部评价针对性较好，但主观性很高。

2）外部评价法。外部评价法是指将摘要应用于特定的任务，根据摘要系统对该任务的促进作用来评价摘要系统的性能。

其优点是具有较强的客观性，易于对多个摘要系统进行评价；缺点是每次评价只是针对一个特定任务，局限性太大，不利于系统性能的全面改进，由于信息处理工作中有各种各样的任务，所以评测方法种类繁多，难以统一标准化。

5. 文本信息摘要技术实用系统

1）卢恩自动摘录系统。美国的 H.P.Luhn 是计算机自动摘要的“第一人”，早在 1958 年 4 月他就发表了世界上第一篇有关计算机自动摘要的文章。其自动摘录的主要思想如下。

（1）将待摘文本信息输入计算机，不进行预编辑。

（2）根据禁用词表去除禁用词，余下的词汇被记录下来。

（3）将内容词以字母顺序进行排列。

（4）对拼写方式相似的词进行统一合并。然后进行词频统计，删去低频词，余下的词就看作“重要词”。

（5）利用这些“重要词”抽取句子。

（6）计算被抽出句子的权重。句子权重由句子中子串测度值确定，即句子权重值为最高一个子串测度。子串的划分规则为子串的两端必须是重要词；子串内的非重要词不得超过 4 个。子串的测度值 $r_i=p_i^2/q_i$，式中 p_i 代表该子串中所含的重要词数量，q_i 代表子串所含的词汇总数。

（7）按句子权重排序。选择权重高的句子作为摘要候选句，句子的数量由摘要长度确定。

（8）将选出的摘要候选句按其在文章中出现的先后次序排序输出。

2）ACSI-Matic 系统。ACSI-Matic 系统是美国陆军部谍报工作助理参谋部（ACSI）委托 IBM 公司开发研制的，已经投入实际应用，它以卢恩的自动摘录技术为基础，但在许多方面作了重要的修改，其中包括以下主要内容。

（1）修改了卢恩自动摘要系统的句子评分规则，不仅计算重要词的分值，还把夹在重要词之间的非重要词的分值也考虑在内。子串的分值是这两种词的分值之和。

（2）对超长句进行特殊处理。对于超过 26 个词的句子，它的分值要除以词数的平方根，作为一种校正分值。

（3）对含低频词特别多的文献做特殊处理。

（4）根据原文的长度（句子总数）来确定摘要长度。

（5）设立消除句子之间冗余度的程序，用候补句替换冗余的句子。

3）OA 中英文自动摘要系统。此系统由上海交通大学于 1996 年研制。该系统的主要功能如下。

（1）提供主题摘要。自动确定文献的主题并做出摘要（如对任意一篇电子版的文献，机器可以自动摘录或标识出文献的主题句，并可以根据不同的长度要求，组合成基本可读的摘要）。

（2）提供偏重摘要。根据不同类型用户的侧重主题编制摘要。

（3）提供定题摘要。根据确定的主题种类摘录出相关的信息（如对一篇企业介绍，系统可自动摘录出经营范围、主要产品和企业规模等用户指定的题目内容）。

3.7.2 网页信息摘要的生成与实现

网页信息摘要是在文本信息摘要的基础上发展起来的。

与文本信息相比，网页信息具有自己的特点：①信息的极大丰富、无序化及冗余的现象并存，导致用户很难快速有效地从网页上找出自己所需要的信息；②网页信息的多样化，它是集文本、图像、视频、音频等多媒体于一身的多元化结构；③网页信息存在动态更新；④各个网站的信息组织基本是有序的，而整个网络的信息组织则是无序的。

1. 搜索引擎中的自动摘要

搜索引擎的自动摘要目前主要有如下几种形式。

1）提供命中网站或网页的前几行信息，其典型代表为早期的雅虎中国网站。该方法处理简单，易于实现，但反映信息不全面，无法概括网页主题信息，有用信息少。许多以前采用这种方式的网站已改用截取检索词周围的句子或文字的方法。

2）截取检索词周围的句子或文字，这是目前大多数搜索引擎采用的方法，如谷歌、百度、新浪等网站均采用这种方法。这种方法方便动态处理，容易实现，但内容杂乱。目前许多网站都在效仿这种做法。

3）人工方法为所搜集的网页编制摘要，如中国经济信息网就曾采用这种方法。该法摘要质量高，信息量大，方便阅读，但它要耗费大量的人力，难以适应快速增长的网络信息资源的需要。现在的中国经济信息网已不提供摘要了，只列出题名。

2. Web 页面的清洗

所谓 Web 页面清洗，就是从 Web 页面中划分出精确的信息单位，并根据 Web 页面信息加工的后续应用的需求，将页面中不需要的部分去除，将需要的部分提取出来。它对于网页信息摘要的生成起着重要的作用，如果这一步处理不好，后面摘要工作就不能很好地实现。

1）Web 页面清洗的三个阶段。

（1）去除页面中的注释、脚本、样式表等信息。这项工作比较简单。

（2）将页面划分为若干块，具体包括文本块、链接块、图像块等。

（3）根据语义对各块做进一步区分，如从文本块中区分出版权、广告等非关键信息块；从链接块中区分相关链接块、导航链接块、广告链接块等不同内容。

经过清洗后，Web 页面在结构和语义上都被划分为细粒度的信息块，从而使其他信息加工处理工作得以顺利进行。

2）Web 页面清洗实验系统 PageExtract。

此系统由南京大学计算机系开发。PageExtract 系统由两部分组成：HTML Parser 函数库和页面清洗模块。HTML Parser 函数库将输入的流式 Web 页面解析为 HTML 文档树，页面清洗模块在此基础上依据特定的规则对 Web 页面进行清洗。其系统构架如图 3-19 所示。

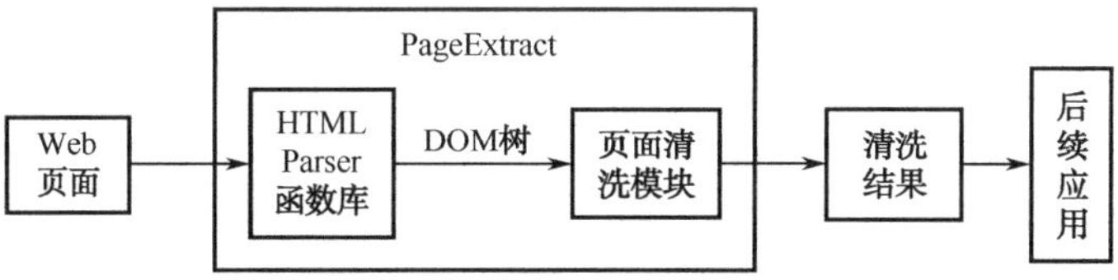

图 3-19 Web 页面清洗系统构架

（1）HTML Parser 函数库。HTML Parser 函数库能够读取存储在本地的 Web 页面，并依据 HTML 规范解析，得到一棵 DOM 树（建立在内存中）。该 DOM 树反映了被解析的 Web 内容和结构，包含该 Web 页面的各个元素（元素名称、内容、属性），以及元素之间的层次构成关系。

HTML Parser 函数库最重要的组成部分是 HTML 解析器。HTML 解析器在结构上由三部分组成：词典、词法器和语法分析器。词典采用的是 HTML 规范所定义的各种元素和属性。

HTML 解析的过程是根据 HTML 语法，将 HTML 文档的流式数据结构化的过程。

① 对输入的HTML文档作词法分析：滤掉空白、换行符等，从输入流中解析出Token（Token 是 HTML 语法中的最小单位），以及分析出起始标签所包含的属性信息。

② 作语法分析，确定各 Token 之间的关系。

③ 将解析的结果以语法树的形式输出，同时还生成一棵语法树、元素快速索引表（避免后续处理过程中调用信息时频繁遍历语法树），以及错误报告信息，并对不完整的标签进行修补。

（2）页面清洗模块。页面清洗模块，就是对输入的 DOM 树（HTML 语法树），判断哪些节点可以合并，哪些节点不能合并，区分出链接块和文本块。

清洗从叶节点开始，自底向上遍历，同时判断和标记这些节点。在对节点的处理过程中，主要用到两个标记：up_merged（表示该节点可以参与向上合并）和 down_merged（表示该节点的所有子节点已被合并）。页面先被识别为一个个的“块”，然后，再分别标识“块”的类型。

（3）PageExtract 的测评。随机选取了 744 个 Web 页面，页面大小总和为 7974KB，平均每个页面大小约为 11KB。清洗这些页面耗时约 10s，平均每秒可清洗约 70 个页面、898KB。然后从清洗的结果中随机选取 100 个页面进行人工评分。系统清洗效果评估结果如表 3-14 所示。

表 3-14 PageExtract 系统清洗效果评估结果

清洗效果	Text block			Link block		
	好	一般	差	好	一般	差
页面数目	31	50	19	62	24	14
百分比	31%	50%	19%	62%	24%	14%

PageExtract 系统在清洗中区分文本块与链接块时产生的错误的原因，主要是区分“块”使用的规则不完善。有两条改进的设想：一是基于学习的方法；二是采用仿人算法。如果采用第一点，通过机器学习自动生成 Web 页面的包装器，然后提取文本块和链接块，但这在技术上

还存在一些难点。如果采用第二点，由于人在判别文本块和链接块时，是通过页面的布局来区分的，这样又涉及 Web 页面样式表的解析问题。

3）Web 图像清洗。除了对 Web 文档清洗外，有时候还要对 Web 图像进行清洗。

Web 图像清洗并不是将图像内容删除，而是将图像信息进行有效的分类（主要分四类：广告图像 ad、正文图像 content、标签图像 label 和装饰性图像 adorn），使得后续应用能够根据不同的需要选取不同的内容处理。

利用前面谈到的清洗 Web 文档所生成的 DOM 树来提取图像的各种特征，运用清洗规则对图像类型识别和标识。

清洗规则与图像本身的内容没多少关系，而是关注图像的高度特征、宽度特征、长宽比特征、link 特征、href 特征和 src 特征。

3. 基于篇章结构的中文网页自动摘要

基于篇章结构指导的中文网页自动摘要方法，是由王继成等人提出来的。

先要对网页进行“页面清洗”工作，然后再进行下面的摘要工作。

1）基于篇章结构的中文网页自动摘要流程。

（1）划分文档主题。把整篇文章划分成若干个节，使每一节包含一个子主题。不能只凭标记“<p>”来划分节，节的划分应根据连续段落之间的语义距离是否达到预先设定的阈值来决定。可采用“自底向上”的合并或“自顶向下”的分割方法，使最后剩下的节数符合需要。上述两种方法结果等价，但是当文档包含的自然段数目比较多时，后者的速度要快于前者。

（2）关键词提取。该步骤的作用是从网页中提取代表网页主题的关键词。首先要计算每个词条的权重，可采用逆文献加权法或其他加权法。Web 中的一些特殊标记，也可充分利用起来计算权重。计算出文档中所有词条的权重，按从大到小排列。

（3）摘要生成。首先计算句子的权重，然后是关键句的选取。摘要的大小，可用比例或具体数字来规定。要将摘要分配到文档的各个子主题（“划分文档主题”阶段划分出的各节）当中去。

制作摘要时，在各节中，从权重最大的开始选取直到符合相应数目为止。选取出的句子将保持在原文里出现的顺序，再进行简单合并，就得到了最终的文档摘要。

2）性能与评价。

（1）本质上，基于篇章结构指导的中文网页自动摘要，类似于基于统计方法的文本信息自动摘要方式，其优缺点也可与之类比。

（2）在对文档划分主题时，如果某文档不规范，一个段落包含有几个子主题时，就不适用了，因为该方法不能从段中划分子主题。

（3）生成摘要的质量与文档所属领域、体裁及写作方法等有密切关系。

主要原因是不同类型的网页句子权重的选取会有区别。网页与普通文本不同，不仅仅是科技文献，还有许多其他领域的文献，甚至有很多是文学作品。

3.7.3 数值信息摘要的生成与实现

1. 数值信息的概念

所谓数值信息，就是我们通常所说的数据、数字等。

2. 数值信息的特点

1）数据量大。

2）数据的变化大多有一定规律性。

例如，病人的化验结果数据肯定是在某个范围之内，不可能偏离正常值太远；某个地区地下的岩层分布情况也一定有其分布规律。

通过对这些数据的研究，可以得出一些结论，甚至可以做些预测。

例如，医院对病人某些方面进行化验，根据各项化验结果可以知道病人的病情；气象台从每天的卫星云图数据，可以得出未来一段时间内的天气变化情况。

对数据信息的处理方法相对于文本信息更为简单，在计算机上也更容易实现。

通常，只要根据测出的数据，我们便可得出结论。例如，医生只要看到化验结果就知道病人得的是什么病，需要如何治疗；有经验的石油开采人员，只要看到井下的数据，就能知道地下石油的存储情况，应采取的开采作业方式。

3. 数值信息摘要的概念

某行业的数值信息的判读，对于该行业的专业人士来说轻而易举，对业外人员来说却有如天书。

所谓数值信息摘要，就是对数值数据进行归纳、分析，给出用文字方式描述的简短报告。

4. 数值信息自动摘要的特点与流程

1）数值信息自动摘要的特点。

（1）不具通用性。各个行业的数值信息的表示方式、计算方法、推理模型等都有所不同。因此，不存在一个适用于所有行业的数值信息自动摘要方法。

有些行业推理模型还与某些外部因素有关，有时即使是同一数值信息，也可能会得出不同的结论。例如，石油开采，即使是同一数值信息在不同的油区可能会得出不同的结论。所以，要想设计出一个具有通用性的数值信息摘要系统既不可能，也没有这个必要。

（2）算法简单。处理算法比较简单，易于实现。需要指出的是，这里所说的“算法简单”，是针对自动摘要只完成对数值信息的揭示与表达任务而言，而不包括依据数值信息作外延性的分析、推理与判断。

自动摘要系统可看作专家系统的简化版本。

（3）应用范围广泛。数值信息的应用领域很多，几乎每个行业都会有自己特有的数值信息。所以，就需要有与之相对应的数值信息自动摘要系统来处理。

2）数值信息自动摘要的一般流程。

（1）待摘数值信息输入。手工录入只是其中一种，而且是比较少见的一种，大多数情况下会采用机器捕获、模拟信号转换、电子信号转换及远程采集等方式。

（2）数值信息分析。数值信息分析就是从大量数值信息当中排除次要数据，找出有代表性的或关键性的数值信息（如数据中的最大值、最小值、极大值、极小值、算术平均值和几何平均值等）的过程。纵观现有的数值信息摘要系统，以下几种类型的数据比较重要。

① 起始值。例如，股票价格信息的开盘价格和天气摘要系统中一天中的起始温度等。

② 最大值和最小值。一般情况下最大、最小值会反映出许多问题。例如，当股票交易量出现最大值时，说明此时股价变动较大；当一天中出现最低温度时，则可说明其所处时间阶段或此时出现了巨大的天气变化。

③ 极大值和极小值。在极值附近的数值都比极值大（或小）。一般情况下，极值对于数值信息分析具有非常重要的作用，应特别注意。

④ 平均值。包括算术平均值和几何平均值。例如，可以根据平均年日照时长判断出几个不同地区适合的农作物品种等。

⑤ 数据的变化速率。根据它可以判断出事物的发展趋势。例如，股市中的 K 线就会反映出股票的涨跌。

（3）数值信息摘要初稿生成。数值信息摘要初稿的生成主要是依靠现有的系统模板，将数值信息分析所得到的有用结果按照一定规则填入系统模板中。

（4）要对数值信息摘要进行加工润色。

5. 天气预报系统中的数值摘要

气象预报系统数值信息摘要的生成，一般就是结合一些典型的气象特征，分析其各类参数，然后形成结论。

例如，加拿大某预报中心的预报业务中正在使用的人工智能预报系统，它是个交互式的综合预报系统，用法语和英语给出预报结果，包括一个基于规则的系统来生成区域矩阵和一个基于知识的系统来为预报文本生成器生成概念（天气事件）。

6. 股票行情系统中的数值摘要

股评，便可看作股票行情系统中的数值信息摘要。它是针对一段时间内股票行情的各类数据，经过分析和总结归纳，得出的一番“八股文”式的“套话”，这番“套话”就是股票行情数值信息的摘要。

1）股评模板的框架。

（1）破题。指出某月某周某日，大盘收市概况，高收或低收，阳线或阴线。

（2）承题。指出大盘量能对比。价升量增或价升量减，价跌量增或价跌量减。价升量增，后市有戏；反之，量价背离，后市收锣。价跌量增，逃命要紧；反之，蓄势待发。

（3）起讲。指出本轮行情性质是反转还是反弹。

（4）入手。指出涨有因、跌有果，分析因果有两方面。

（5）起股。顾名思义，起股乃龙头股，即指出龙头股。

（6）中股。指出位于中游的股。

（7）后股。后股也称补涨股，指出后来居上的股。

（8）束股。后市测评。

2）股票软件。“金向导”“股神大趋势”“GET”等软件都能生成文字性摘要。

“黑手股评家”软件（V2.5），具有 4 大功能模块：智能股评、股海搜索、股市排行榜和股市综合评估。其中智能股评和股市综合评估具有文字性摘要的功能。智能股评是将股市中的各种数值（指标）转化为文字描述和股评图示，使用户在浏览股票时一目了然。股市综合评估则可以自动生成几百页的每日综合评估，包含股市分析、个股点评、股市排行榜和智能选股 4 个栏目，用户可以从中了解到股市的最新变化、整体动向。

3.8 计算机信息检索策略及其效果评价与策略调整

3.8.1 计算机信息检索策略

广义上的检索策略是为实现检索目标而制订的全盘计划或方案，指导整个检索过程。因此，检索策略几乎包括了与检索相关的全部基本知识的应用。所以，制定检索策略，首先要在分析课题的基础上，确定检索内容的学科范围、文献类型、检索年限。根据学科范围选择检索工具，根据课题要求和特点选择检索方法、检索年限，并列出检索词，按逻辑关系进行组配，构造检索式，制定查找程序。这里要特别注意的是确定提问逻辑和检索词之间的组配方式，即检索式，是检索策略的重要部分。

在实际检索过程中，仅需一个检索词就能满足检索要求的情况并不多。通常我们需要使用多个检索词组成一个检索式，以满足由多概念组配而成的较为复杂课题的要求。由于检索式在整个检索策略上的重要作用，所以，人们狭义上所指的检索策略即是这个检索式。检索式是用来表达用户提问的逻辑表达式，是对多个检索词之间的相互关系和检索顺序做出的某种安排，是整个检索策略的综合体现。检索式通常由检索词和各种逻辑运算符、位置运算符及检索系统中规定的其他连接符号构成。

在计算机检索中，检索策略直接关系到检索结果的成败。要想构造高水平的检索策略，不仅要求用户对检索系统十分了解，还需要对检索课题进行深入的分析，并能灵活运用各种检索方法和技巧。

检索策略是在分析信息需求实质的基础上，确定检索途径与检索词，并明确各词之间的逻辑关系与查找步骤的科学安排。用户根据需求，选择相应的检索方式和检索数据库，确定合理的检索途径，选择检索项，拟订检索表达式，输入检索条件，进行查询操作。通过输入的检索条件与数据库进行比对查询，在浏览器或客户端显示检索结果。对检索结果不满意，重新思考出现问题的原因，并及时根据需要返回相应的检索步骤，调整检索方式。检索策略的构造应该包括选择检索词和编制检索提问式两步。除此之外，一个检索策略还应该对检索式可能的检索结果做出预测，并事先提出相应的对策。这一步中的作业还应包括打印方式、格式、数量的确定等。详细内容如图 3-20 所示。

3.8.2　计算机信息检索效果评价与策略调整

1. 检索效果评价

主要是指信息检索的最终结果是否满足用户需求或满足程度如何。每个信息检索用户都希望高效率检索，但实际检索时有时效率会比较低。因此，信息用户应对检索效果进行评价及分析，找出检索效果差的症结所在，进而提高检索效率。对检索效果的评价是根据一定评价指标对实施信息检索活动所取得的成果进行客观、科学的评价，以进一步完善检索工作的过程。

1）检索效果评价指标。以一个检索提问式去检索任何一个数据库都会出现 4 个相关量，即检出的相关信息量、未被检出的相关信息量、检出的非相关信息量和未被检出的非相关信息量，如表 3-15 所示。

表 3-15　信息检索结果

用户相关性 / 系统匹配性	相关信息量	非相关信息量	合计
检出信息量	a	b	$a+b$
未检出信息量	c	d	$c+d$
合计	$a+c$	$b+d$	$a+b+c+d$

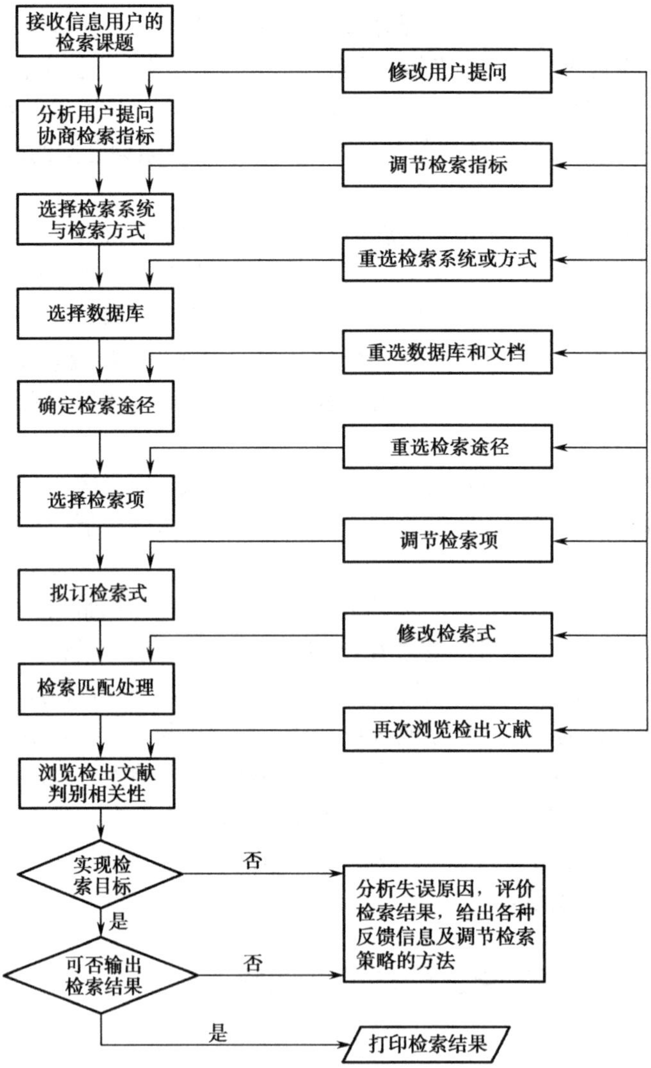

图 3-20　信息检索构造示意图

常用的评价指标有查全率、查准率、漏检率、误检率、响应时间、用户负担和输出形式等，其中最常用的指标是查全率和查准率。

（1）查全率（Recall ratio）。查全率（召回率）是衡量某一检索系统从文献集合中检出相关文献成功度的一项指标，即检出的相关文献量与检索系统中相关文献总量的比率。普遍表示为

查全率=（检索出的相关信息量÷系统中的相关信息总量）×100%

使用泛指性较强的检索语言（如上位类、上位主题词）能提高查全率，但查准率下降。

其计算公式为

$$R=\frac{c}{a+c}\times 100\%$$

注意，由于在系统的数据库中，针对某一提问的全部相关文献数量不能精确获知，R 的计算结果一般都是近似值。

（2）漏检率（Omission ratio）。漏检率是指未被检出的相关信息量与信息系统中的相关信

息总量之比，是衡量漏检所需信息的程度指标。

其计算公式为

$$O=\frac{c}{a+c}\times 100\%$$

查全率与漏检率是互补关系。实际上由于现代检索系统的数据更新速度快，并采用关键词进行特征标引，用户不可能清楚系统中相关信息的实际数量。因此，查全率与漏检率实际上均为模糊的指标。

（3）查准率（Precision ratio）。查准率（精度）是衡量系统在实施某一检索作业时检索精确度的一个测度指标，即检出的相关文献与检出的全部文献的百分比，是衡量拒绝非相关信息的指标。普遍表示为

查准率=（检索出的相关信息量÷检索出的信息总量）×100%

使用泛指性较强的检索语言（如上位类、上位主题词）能提高查全率，但查准率下降。

其计算公式为

$$P=\frac{a}{a+b}\times 100\%$$

（4）误检率（Fall-out ratio）。误检率是指检索出的非相关信息量和检索出的信息总量之比，是衡量误检出非相关信息的程度指标。

其计算公式为

$$F=\frac{b}{a+b}\times 100\%$$

查准率与误检率也是互补关系。

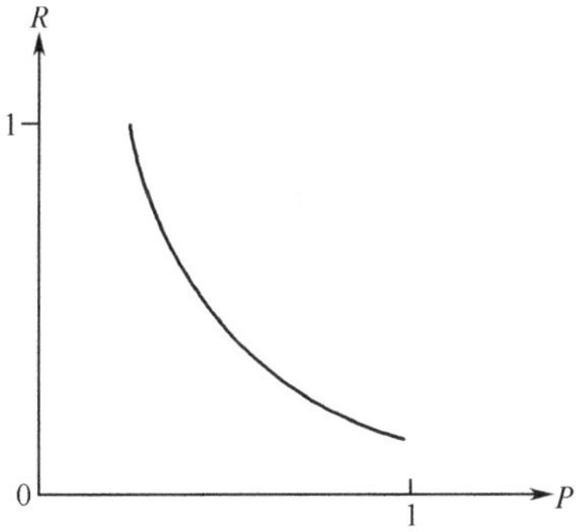

图 3-21 查全率—查准率曲线

理想的检索结果是查全率与查准率都趋近于 1，但实际检索中，查全率与查准率之间存在互逆相关性。从图 3-21 中可以看出当查全率趋近于 100%时，查准率会显著降低。

因此，若要提高查全率就会降低查准率，反之亦然。检索系统的任务在于努力提高其检索效率，使曲线尽可能向右上方移动，也就是说，在客观允许达到的范围内尽可能实现最佳效果。

2）效益指标。系统效益往往不能直接计量，并具有潜在性和不确定性，且往往要经过较长的一段时间才能显示出来。

效益指标包括社会效益和经济效益，主要体现在以下几个方面。

（1）信息和知识的传播速度。

（2）信息资源的有效利用率。

（3）节省获取信息的时间和费用。

（4）改进决策方式，提高决策水平。

（5）避免重复开发。

（6）促进新发明、新发现的产生，提高科研效率。

3）费用指标。

（1）用户检索费用。

① 检索服务收费或检索工具订购费。

② 学习使用检索系统的难度。

③ 实际操作检索系统的难度。

④ 其他费用（如交通费、网络费）。

（2）系统检索成本。

① 检出每条相关文献的成本。

② 检出每条新的相关文献的成本。

③ 获得每篇相关文献原文的成本。

（3）系统开发和维护费用。包括系统设备费、研制开发费、数据库建库费用、运营维持费等。

4）影响检索效果的因素。信息检索通常分析检索课题、明确检索目的，选择正确的检索工具及方法，确定检索途径，选择检索标识，构建检索表达式，确定查找程序，实施和调整检索策略，获取全文，检索结果的排序输出。

用户输入检索系统后，系统响应的检索结果有时不一定能满足课题检索的要求，或者检出的篇数过多，而且不相关文献所占比例较大，或者检出的文献数量太少，有时甚至为零，这时就需要调整检索策略，扩大检索范围或缩小检索范围。一般将检索范围设置得太小、命中文献不多、需要扩大检索范围的方法称为扩检，而将检索范围设置得太大、命中文献太多、需要缩小检索范围的方法称为缩检。扩检与缩检是检索时经常面临的问题。在调整检索策略之前，首先要分析造成检索结果不理想的原因。

对于输出篇数过多的情况，应分析是不是由以下原因造成的：选用了多义性的检索词；截词截得过短；输入的检索词太少；应该使用“与（AND）”运算符的时候使用了“或（OR）”运算符；优先运算符“（）”的使用错误。

对于输出篇数过少的情况，应分析是不是由下述原因造成的：检索词拼写错误；遗漏重要的同义词或隐含概念；检索词过于冷僻具体，或选用了不规范的检索词；没有使用截词运算符，或对所选检索词的截词截得太长；位置运算符和字段运算符使用得过多；使用过多的“与（AND）”运算符。

影响检索效果的因素是多方面的，有客观方面的因素，也有主观方面的因素。归纳起来共有以下几点。

（1）检索工具质量。存储文献是否齐全、索引系统是否完善、标引过程中的失误率及标引深度（标引时分析文献所达到的深度）、标引的全面程度等，都对查全率和查准率有着很大的影响。例如，存储文献不全、收录遗漏现象严重、索引的词汇缺乏控制、词表不够完善、词间关系含糊或不正确、标引内容不全、标引前后不一致、标引遗漏了原文的重要概念或用词不当，都会降低查全率。如果标引缺乏专指性，不能精确地描述文献主题，或者组配规则不严密、概念间关系描述不正确、标引过于详尽等也会影响查准率。

（2）检索语言与标引语言的一致性。文献信息检索是将检索标识与文献标识进行匹配比较的过程。为了达到两者的匹配，检索者使用的语言必须与文献标引语言相一致，即必须使用检索工具中所采用的语言，否则，就达不到预期的效果，会增大漏检率。

（3）检索者的熟练程度。文献信息检索专业性很强，检索人员必须熟悉相关专业知识，才能准确地分析课题，制定合适的检索策略，获得良好的检索效果。因此，检索者应该熟悉检索工具和检索方法，了解检索工具的收录范围及提供的检索途径，以便灵活地处理各种情况，提高检索效率。

（4）检索策略。正确的检索策略及检索表达式可以优化检索过程，有助于提高查全率及查准率，取得最佳的检索效果。

用单个词检索时会有较高的查全率和较低的查准率；用几个单词进行组配检索时将会有较高的查准率，但查全率会下降。

在自然语言中存在大量同义词与近义词、学名与俗称、新称与旧称、全称与简称、单数与复数，这类词必须视为与检索词等同的词，才能保证查全率。自然语言中还存在大量的多义词，也会影响查准率。

2. 调整检索策略，提高检索效果

提高检索效果，一是要提高查全率和查准率，二是要降低漏检率和误检率。针对上述影响因素，应该从以下几个方面调整策略。

1）提高检索工具的编辑质量。力求做到收录文献齐全不遗漏，著录内容详细、准确，索引完善、用词恰当，标引前后一致、正确全面。

2）准确使用检索语言。用户使用的检索标识语言必须与检索工具中的检索标识语言一致，才会命中所需文献。因此，用户所用的检索语言应能准确表达信息需求。采用泛指性强的检索概念，如采用上位分类号、上位主题词及相关主题词能提高查全率；采用专指性强的检索概念，如采用下位分类号、下位主题词及经组配后的专指检索词能提高查准率。

如果是属于需要扩大检索范围、提高文献查全率的情况，调整检索策略的方法如下。

（1）减少“与（AND）”运算符，增加同义词或同族相关词，并使用逻辑“或（OR）” 运算符将它们连接起来。

（2）在词干相同的单词后使用截词符“？”。

（3）去除已有的字段限制、位置运算符限制（或者改用限制程度较小的位置运算符）。

如果属于缩小检索范围、提高文献查准率的情况，调整检索策略的方法如下。

（1）减少同义词或同族相关词。

（2）增加限制概念，用逻辑“与（AND）”将它们连接起来。

（3）使用字段限制，限定检索词在指定的基本字段或者指定的辅助字段出现，限制检索结果的文献类型、语种、出版国家、时间等。

（4）使用适当的位置运算符。

（5）使用“非（NOT）”运算符，排除无关概念。

3）提高检索者的水平，制定最优检索策略。首先，要准确、全面地选择检索工具。其次，充分利用计算机检索的优势，并辅以手工检索，将两者结合起来使用。这样既可克服单纯手工检索速度慢的缺陷，提高查全率，又可克服机检在检索标识选择和检索策略上的一些失误，提高查准率。再次，尽量全面、准确地表达检索要求，即为实现检索目标制订出全盘计划和方案，并根据检索的结果相应地调整检索策略。最后，要针对最新发表的文献，扩大检索范围。例如，利用有关学科的核心期刊查找最近的文献，不仅可弥补检索工具的不足，而且可随时参阅原文，以便准确判断所需的相关文献；查找近期的会议文献和学术论文集；利用相关文献的引文检索等。

3. 信息检索评价试验平台 TREC 的应用

文本检索会议（Text REtrieval Conference，TREC）1992 年由美国国家标准与技术局（the National Institute of Standards and Technology，NIST）和国防部高级研究项目计划局（the Defense

Advanced Research Projects Agency，DARPA）共同发起并主办，到 2003 年为止共举办了 12 届，是国际文本检索领域最具权威性的年度评测活动。

TREC 其实并不是一个会议，而是一项致力于对文本信息检索技术进行大规模评价研究的试验活动。

1）TREC 的诞生与发展。

（1）TREC 评价的历史。

① 利用手工系统模拟或实验室方法对检索语言和标引效果的分析、比较。

② 对脱机、联机等各类实用或试验检索系统性能的测试、评价。

③ 对不同信息用户群体教育背景、检索行为与习惯等进行的调查、对照等。

④ 截至 20 世纪 90 年代初期，检索评价研究的范围在不断扩大，评价水平不断提高，评价指标体系也日趋合理和完善。

（2）TREC 诞生之前评价活动的缺陷。

① 检索评价项目多是为了个别的测试计划而设计并分散进行，彼此之间各有不同的测试对象和评价规则。

② 使用的试验数据量较小，其规模及特性与真实的检索环境之间存在着相当大的差异。

③ 评价结果的可比性差，其有效性也受到许多质疑，因而很难证明其实用价值。

（3）TREC 的目标。

① 通过提供大型的语料库、统一的测试程序及系统整理评测的结果数据，来促进信息检索技术的发展。

② 强调检索技术的先进性与实用性的有机结合。

③ 倡导以大规模数据为基础的信息检索研究。

④ 为学术界、工业界、政府部门等提供交流研究思想的公开论坛，促进各部门之间的合作与交流。

⑤ 便于从实验室研究成果到商品化产品的技术转换。

（4）TREC 历届参评信息。从 1992 年开始，随着 TREC 活动的持续进行，不仅可供评价研究的测试项目越来越丰富，而且吸引了越来越多的国家和地区的研究人员及其开发设计的检索系统的积极参与，TREC 在国际检索界的影响力越来越大，并逐步成为集中展示各种最先进信息检索技术的大舞台。历届 TREC 的基本信息如表 3-16 所示。

表 3-16 历届 TREC 的基本信息

年　份	TREC 届次	评测项目数	参与系统数	国家地区数
1992	TREC-1	2	22	*
1993	TREC-2	2	31	*
1994	TREC-3	4	33	*
1995	TREC-4	7	36	*
1996	TREC-5	9	38	9
1997	TREC-6	8	51	6
1998	TREC-7	8	56	*
1999	TREC-8	9	66	16
2000	TREC-9	7	69	17

续表

年 份	TREC 届次	评测项目数	参与系统数	国家地区数
2001	TREC-10	6	87	21
2002	TREC-11	7	93	21
2003	TREC-12	6	93	22

注：

① 表中标有“*”处表示具体数据不详或未统计；

② 2003 年以后的评测基本信息一直没查到。

2）TREC 的组织形式。

（1）活动过程。

每年年初（1～2 月份），美国国家标准与技术局（NIST）会通过各种方式向有关机构、研究部门发出或发布参加新一届 TREC 评价活动的通知或邀请，并开始接受参加者提出的参评申请，确认参加 TREC 活动的会员名单，然后将这些会员增加到“活动参与者”邮件列表中，通过网站向他们发布参与 TREC 活动需要的新密码。

随后，主办者向会员发送参加实验需要使用的标准实验数据和检索提问式，一般通过光盘方式邮寄。收到实验数据后，各参会会员按照实验要求对自己的检索系统进行测试，把使用标准测试语料库和检索式得到的检索结果数据返回给 TREC 主办方。提交测试结果数据的最后期限一般在 8 月份，当然，不同的测试项目也可能会规定不同的截止日期。参加评价的会员如果希望在 TREC 大会上发言，需要在提交结果时向 NIST 说明，或按照 NIST 的要求另行提出申请。

9～10 月份，NIST 邀请、组织联邦政府部门的职业信息分析员对各个检索系统获得的结果数据进行统一的定量分析和评价，并按试验结果进行系统排名，同时将评价结果反馈给每个参与者。

年底（一般在 11 月份），TREC 大会举行，参加评价活动的会员可以根据各自情况，选择会议发言或会下交流等形式，对检索系统涉及的技术、合作、商业化等问题进行讨论与沟通。

至此，一年一度的 TREC 活动宣告结束。

（2）参与资格。

每一个申请参加 TREC 评价活动的研究人员或团队，必须拥有自己开发、设计的检索系统，否则将不接受其申请。

对于符合参与资格的申请者，还需要提供以下四个方面内容的相关资料：个人或团队主要负责人的联系信息，包括通信地址、电话和传真、E-mail 地址等；系统使用的检索方法描述，用一个段落进行说明；参与方式，有两类参与方式可供选择：A 类（全面参与）和 C 类（部分参与）；参与项目列表，说明准备参加的具体项目。

3）TREC 的实验数据集合（或语料库）。目前，TREC 已拥有一个动态更新、来源多样、类型与语种多样的实验用文本数据集合，数据集合的规模也在逐年稳定增长。

TREC 的实验用数据主要包括三个不同部分：测试文档集合、检索问题集合和检索问题的正确答案集合。

（1）测试文档集合。TREC 测试文档集合（Documents）分英语文档集合和非英语文档集合两类，其中以英语类集合为主。具体来说，英语文档集合的资料主要包括以下一些内容。

① the Wall Street Journal（1987—1992，全文文献）。

② Associated Press（1988—1990，全文文献）。

③ the Federal Register（1988，1989，1994，美国联邦法规全文文献）。

④ Ziff-Davis 出版的 Information from the Computer Select disks（1989—1992，全文文献）。

⑤ Department of Energy（DOE）Abstracts（美国能源部的文摘）。

⑥ U.S. Patents（1983—1991，1993）。

⑦ the San Jose Mercury News（1991）。

⑧ the Financial Times（1991—1994）。

⑨ the Congressional Record of 103rd Congress（1993）。

⑩ the Los Angeles Times（1989，1990）。

上述这些文档一般采用 SGML 进行简单标记。大多数文档中提供有“文档编号”(DOCNO)、“文档内容”（TEXT）等类型的通用字段。

TREC 的非英语文档集合涉及汉语、西班牙语、法语、德语、意大利语等语种。汉语文档中有来自《人民日报》和新华社电讯稿的中文全文语料。

TREC 实验数据的特点可以概括为以下三点。

① 全文文献占主导，文摘文献为补充。

② 文献主题包罗万象。

③ 实验数据规模大（GB 级），个别项目的数据规模还达到了 100GB。

（2）检索问题集合。用户的信息需求，同样采用一种简单的、SGML 风格的标签对每个问题都进行标记。

图 3-22 展现了 TREC 中编号为 168 的一个检索问题实例，其中，问题描述具有简单的结构，并具体包含 3 个字段：title（标题）、description（简叙）和 narrative（详叙）。

参加检索实验的系统需要自行把用自然语言描述的“检索问题”转换成符合自己系统要求的检索提问式。目前，检索问题的数量已经累积到 600 个。

<top>

<num>Number：168

<title>Topic：Financing AMTRAK

<desc>Description：

A document will address the role of the Federal Government in financing the operation of the National Railroad Transportation Corporation（AMTRAK）.

<narr>Narrative：A relevant document must provide information on the government's responsibility to make AMTRAK an economically viable entity. It could also discuss the privatization of AMTRAK as an alternative to continuing government subsidies. Documents comparing government subsidies given to air and bus transportation with those provided to AMTRAK would also be relevant.

</top>

图 3-22　TREC 检索问题实例

（3）正确答案集合。TREC 检索实验的判断方式是，如果一篇文献的任何部分或片段（不管这个片段是多么小）与某检索问题相关，那么，这篇文献就被判断为相关文献，并列入该问题的正确答案列表中。

4）TREC 的局限性。

（1）对于搜索引擎这样的信息集，TREC 仍然是小规模的。在 TREC 上用得很好的算法，到了现实情况中可能完全两样。

（2）技术趋同问题，参加评测的系统越来越喜欢采用相同或相似的技术，以取得好成绩，来得到投资者的肯定和进一步资助。这种技术单一化趋势在某种程度上阻碍了技术和方法的创新。

总的来看，早期以 Okapi、Smart、查询扩展、相关反馈为代表的内容分析技术，后来以 Pagerank、HITS 为代表的链接分析技术，以及近年来的语言模型，都曾在信息检索发展过程中掀起研究热潮，但近年来却少有激动人心的新技术出现。2005 年，TREC 在其总结报告中指出现在“信息检索性能已进入平台期”。这表明，与用户无关的传统信息检索技术已相对成熟。这些技术已经被商用搜索引擎广泛应用，并在一定程度上解决了用户在粗粒度（文档级）上的信息获取需求。

（3）虽有共同的测试语料和评测标准，但各个系统开发的工作量、可用的软硬件资源，以及开发者的背景、经验等各不相同，人们还是很难根据评测结果得出一些确定的结论，如哪种方法更优越等。

5）汉语文献测试集。

（1）TREC。1996 年的 TREC-5 和 1997 年的 TREC-6，文档中有来自《人民日报》和新华社电讯稿的中文全文语料。TREC 已不做中文测评，转入 NTCIR。

（2）NTCIR。NTCIR（NII Test Collection for Information Retrieval）由日本国立情报学所（National Institute of Informatics，NII）主办，韩国科学技术情报研究所（Institute of Science and Technology Information）、我国的台湾大学协办。单语种、多语种、跨语言检索，中文测试集来自台湾大学。

（3）863 评测。2003 年，国家 863 计划软硬件主题设立了“中文信息处理和智能人机接口技术评测”专项课题，对包括机器翻译、语音识别、信息检索在内的中文信息处理关键技术进行评测。该课题由中国科学院计算技术研究所承办，2003～2005 年连续举办三届，吸引了国内外众多研究单位参加。

信息检索评测的目的并不仅仅定位为 863 课题验收或资格认证，而是要了解国内在中文信息检索技术领域的研究现状，验证互联网环境下大规模数据的中文信息检索技术的系统有效性，推动技术进步和成果的应用和转化，成为这个领域技术评价和交流的平台。

测试集不大，几千条数据，几十个提问，几兆存储量。

（4）全国搜索引擎和网上信息挖掘学术研讨会（Symposium of Search Engine and WebMining，SEWM）。全国搜索引擎和网上信息挖掘学术研讨会是网络信息应用领域的重要活动。其目的是，促进国内外相关领域科研人员的学术和工作交流，研讨本领域的最新技术进展和发展趋势，以推动搜索引擎和 Web 挖掘技术在中国的发展。

SEWM 会议由中国计算机学会互联网专业委员会主办。会议已经举办十一届，分别于 2003 年 3 月由北京大学、2004 年 11 月由华南理工大学、2005 年 9 月由清华大学、2006 年 7 月由山东大学、2007 年 3 月由海南大学、2008 年 4 月由江西师范大学、2009 年 5 月由大连理工大学、2010 年 5 月由西华大学、2011 年 5 月由河北大学、2012 年 5 月由北京大学，以及 2013 年由山西大学承办。

作为“全国搜索引擎和网上信息挖掘学术研讨会”的传统和特色之一，北大网络实验室负责组织全国范围的搜索引擎和数据分类比赛，会议期间将公布和总结该赛事的成绩。包括“中文 Web 信息检索”“中文网页分类”“垃圾邮件过滤”三个部分，网址：http://www.cwirf.org。

思考题

1. 比较计算机检索与手工检索的优缺点。
2. 计算机信息检索经历了哪几个发展阶段？
3. 计算机检索系统由哪几个部分组成？
4. 简述布尔检索及逻辑组配。
5. 什么是扩检？什么是缩检？如何对检索策略进行调整？

第4章 特种文献检索

特种文献是指出版发行和获取途径比较特殊、类型复杂、收集较难的科技文献。特种文献具有特色鲜明、内容广泛、数量庞大、参考价值高的特点，是当前国内外图书情报界公认的重要情报源之一。

特种文献一般包括专利文献、标准文献、会议文献、学位论文、科技报告、科技档案和政府出版物七大类。本书只对前五大类进行详细讲解。

4.1 专利文献及其检索

4.1.1 专利基础知识

专利是知识产权的一种，是受法律保护的知识创造，具有专有的利益和权利。其包含三层含义：一是指专利法保护的发明——专利的核心部分；二是指专利权；三是指专利说明书等专利文献。

专利受国界与时间的限制。在一个国家授予的专利，只在该国家有效，受法律保护，如果想在其他国家受到保护，需要另行申请并批准；各国法律均规定了知识产权的保护期限，超过保护期限自动失效，可进入公共领域无偿使用。

4.1.2 专利的特征

专利具有三大特征：排他性、地域性、时间性。

1. 排他性

排他性即专利权人对其专利产品的制造、使用、销售所享有的独占或排他权。专利权被授予后，任何个人或组织在法律保护期限内未经专利权人许可，都不能实施其专利，否则就构成专利侵权行为，要负法律责任。

2. 地域性

一般情况下，世界各国普遍遵循的一项准则是专利权的有效范围仅限于专利法管辖的地域范围内。如果专利申请人希望其发明创造在其他国家也获得专利权，就必须依照其他国家专利法的规定提出专利申请。

3. 时间性

时间性即专利权人对其发明创造的专有权在专利法规定的期限内有效，期限届满后，专利权失效，原来享有专利权的发明创造则成为社会公共财富，全体社会成员都可以无偿使用。我国《专利法》第四十二条规定：发明专利权的保护期限为 20 年，实用新型专利权和外观设计专利权的保护期限为 10 年。

4.1.3 专利的类型

各国的专利法不同，专利的种类也不尽相同。美国的专利分为发明专利、外观设计专利和植物专利。中国、日本、德国等国的专利分为发明专利、实用新型专利和外观设计专利。

1. 发明专利

发明专利是指对产品、方法或其改进所提出的国际上公认的新技术方案。发明专利分为产品发明、方法发明和用途发明。按发明权的归属，专利可分为职务发明与非职务发明。发明专利是三种专利中最重要的。

2. 实用新型专利

实用新型专利是指对机器、设备、器械、用具等产品的形状构造或其结合所提出的实用技术方案。实用新型专利主要涉及产品的功能，其审查手续简单，保护期较短，创造水平低于发明专利。因此，人们常把这种类型的专利称为“小发明”或“小专利”。

3. 外观设计专利

外观设计专利是指产品的外形、图案、色彩或其结合做出的富有美感而又适于工业应用的新设计。外观设计是指工业品的外观设计，是对产品的外表设计。

4.1.4 获得专利权的条件

根据我国《专利法》第二十二条的规定，授予专利权的条件是指一项发明创造获得专利权应当具备的实质性条件。一项发明或者实用新型获得专利权的实质条件为新颖性、创造性和实用性。

1. 新颖性

新颖性是指在申请日以前没有同样的发明或实用新型在国内外出版物公开发表过，没有在国内公开使用过或以其他方式为公众所知，也没有同样的发明或实用新型由他人向专利局提出过申请并且记载在申请日以后公布的专利申请文件中。在某些特殊情况下，尽管申请专利的发明或者实用新型在申请日或者优先权日之前公开，但在一定的期限内提出专利申请的，仍然具有新颖性。我国《专利法》规定：申请专利的发明创造在申请日以前 6 个月内，有下列情况之一的，不丧失新颖性。

（1）在中国政府主办或者承办的国际展览会上首次展出的；

（2）在规定的学术会议或者技术会议上首次发表的；

（3）他人未经申请人同意而泄露其内容的。

2. 创造性

创造性是指同申请日以前已有的技术相比，该发明有突出的实质性特点和显著的进步，该实用新型有实质性特点和进步。例如，申请专利的发明解决了人们渴望解决但一直没有解决的技术难题；申请专利的发明克服了技术偏见；申请专利的发明取得了意想不到的技术效果；申请专利的发明在商业上获得成功。一项发明专利是否具有创造性，前提是该项发明是否具有新颖性。

3. 实用性

实用性是指该发明或者实用新型能够制造或者使用，并且能够产生积极的效果，即不造成环境污染，不造成能源或者资源的严重浪费，不会损害人体健康。如果申请专利的发明或者实用新型缺乏技术手段，申请专利的技术方案违背自然规律，或利用独一无二的自然条件所完成的技术方案，则不具有实用性。

我国《专利法》规定：外观设计获得专利权的实质条件为新颖性和美观性。新颖性是指申请专利的外观设计与申请日以前已经在国内外出版物上公开发表的外观设计不相同或者不相近似，与申请日前已在国内公开使用过的外观设计不相同或者不相近似。美观性是指外观设计用在产品上时能使人产生一种美感，增加产品对消费者的吸引力。

4.1.5　专利文献概述

专利文献是实行专利制度的国家及国际性专利组织在审批专利过程中产生的官方文件及其出版物的总称。从狭义上讲，专利文献就是由国务院专利行政部门公布的专利说明书和权利要求书，是专利申请人向专利局递交的说明发明创造内容及指明专利权利要求的书面文件，既是技术性文献，又是法律性文件。从广义上讲，专利文献包括专利说明摘要、专利公报、专利检索工具、专利分类表，以及其他与专利有关的法律文件及诉讼资料等。

4.1.6　专利文献的特点

专利文献具有下列特点。

（1）内容广泛、详尽、新颖、实用、先进。例如，根据专利文献所报道的优先权日期、发明人及专利所有者的名称、研究单位的地址，将技术发展与工业结构联系起来，了解国外工业生产的水平。

（2）统一的出版形式，出版及时迅速，分类标引标准化，文字严谨。按月或半月、旬、周定期出版专利公报、报道新公布（公开、公告、授权等）的专利申请或专利目录、文摘索引。

（3）融技术、法律、经济信息为一体。每一件专利说明书都记载着解决一项技术课题的新方案，包含发明的所有权和权利要求，有效期、地域性等法律信息，以及市场、产品信息。

（4）有一定的局限性。各国专利法几乎都规定一项发明申请一件专利的单一性原则，但单件文献有时只能解决局部问题，如果要了解某项产品或某项技术，就必须查阅该项目涉及的各个环节的专利说明书。

4.1.7　中国专利检索工具与方法

中国专利检索工具有以下三种。一是每周发行的《发明专利公报》《实用新型专利公报》

和《外观设计专利公报》这三种公报。专利公报发行周期短，是检索近期中国专利的最有效的工具。二是每年出版的《分类年度索引》《申请人·专利权人年度索引》，发明专利文摘和实用新型专利文摘；1989 年起根据同一件专利的申请号、公开（告）号不同的特点，出版了《申请号公开（告）号对照表》，从 1991 年起每年出版一册。三是《中国专利数据库》（印刷本，报道 1985—1989 年间的专利信息）和中国专利数据库光盘（1985 年至今）。

1. 中国专利文献的编排结构——专利公报

从 1985 年 9 月 10 日起，中国专利局陆续出版了《发明专利公报》《实用新型专利公报》和《外观设计专利公报》。三种公报的编排结构基本一致，且目前均为文摘型周刊，每种公报均为每年出一卷，某周内容多时则分上、下或上、中、下出版。中国三种专利公报的编排结构如表 4-1 所示。

表 4-1　中国三种专利公报的编排结构

编排项目 / 公报名称	目录	文摘	题录	索引				
		申请公开（告）	审定、授予	专利事务（生效、驳回等）	*申请公开（告）	*审定公告	*授予公告	号码对照表
发明专利公报	√	√	√	√	√	√	√	√
实用新型专利公报	√	**	√	√	**		√	√
外观设计专利公报	√	**	√	√	**		√	√
备注	* 项目，均有 IPC、申请号（专利号）、申请人/专利权人索引 授予公告中自 1993 年起有授权公告索引 ** 项目，1993 年以后撤销，并入审定授予公告栏 号码对照表为《申请号/公开（告）号对照表》，1989 年开始出版；发明专利还有《审定号/申请号对照表》；1993 年后还有《授权公告号/专利号对照表》							

2. 中国专利文献的编排结构——专利索引

《分类年度索引》在 1986 年由专利文献出版社出版，按《国际专利分类表》分类和排序的索引，简称“IPC 索引”，是三种专利全年各期“IPC 索引”的累积本，索引按发明、实用新型、外观设计三种专利的申请公开（告）、审定公告、授予公告分列，是题录型专利文献检索工具。分类年度索引编排结构如表 4-2 所示。

表 4-2　分类年度索引编排结构

编排项目 / 专利名称	申请公开（告）索引			审定公告索引			授予公告索引		
	IPC 索引	申请号索引	申请人索引	IPC 索引	申请号索引	申请人索引	IPC 索引	申请号、专利号索引	专利权人索引
发明专利	√	√	√	√	√	√	√	√	√
实用新型专利*	√	√	√				√	√	√
外观设计专利*	√	√	√				√	√	√
备注	*项目，1993 年后两种专利的申请公告和授予公告合并报道，其索引项也随之变化								

《申请人/专利权人年度索引》是发明、实用新型、外观设计三种专利申请人/专利权人索引的年度累积本，按三种专利依次分列，并以申请人/专利权人字母顺序排列。申请人/专利权人

年度索引编排结构如表 4-3 所示。

表 4-3 申请人/专利权人年度索引编排结构

编排项目 / 专利名称	专利申请公开	专利申请公告	专利申请审定	专利权授予
	申请人索引	申请人索引	申请人索引	专利权人索引
发明专利	√		√	√
实用新型专利		√		√
外观设计专利		√		√

3. 中国专利文献的编排结构——专利分类文摘

专利分类文摘有两个分册——《中国发明专利分类文摘》和《中国实用新型专利分类文摘》，均为年度累积本，以题录加文摘的形式报道。文摘按 IPC 分类号的顺序排列，即先按 IPC 表的“部”分类成册，各册再按 IPC 的五级分类类号大小次序排列，文摘正文前附有 IPC 三级类号简表，文摘后附有索引，其中审定和授权公告索引，是当年公报两种索引的累积，作为当年审定授权的专利，其文摘并不收录在当年的分类文摘本内或当年两种专利公报上，需通过申请号转查才能得到。专利分类文摘是深度检索中国专利信息的重要工具。中国专利分类文摘编排结构如表 4-4 所示。申请号/公开（告）号对照表如表 4-5 所示。

表 4-4 中国专利分类文摘编排结构

编排项目	IPC 简表	文摘	公开（告）号索引	申请号索引	申请人索引	审定公告索引	授权公告索引
发明专利文摘	√	√	√	√	√	√	√
实用新型专利文摘	√	√	√	√	√		

表 4-5 中国专利文献的著录——申请号/公开（告）号对照表

申请号	公开号	卷期号
89107292.6	CN1050559A	7-15
89107297.7	CN1050498A	7-15
89107298.5	CN1050577A	7-15

注：摘自《申请号/公开（告）号对照表（1991）》

若为实用新型和外观设计专利，则将“公开号”替代为“公告号”。专利公报各期所附的对照表，如公开（告）号/申请号对照表、审定号/申请号对照表等，则分别以公开（告）号和审定号排序，“申请号”栏在后，但没有“卷期号”栏。

4.1.8 中国专利文献数据库

有关专利的网站非常多，如国家知识产权局（http://www.sipo.gov.cn）、中国知识产权网（http://www.cnipr.com）、中国专利技术网（http://www.zlfm.com）、中国专利信息网（http://www.patent.com.cn）、中国专利网（http://www.cnpatent.com）等。这些网站中绝大部分只提供题录和文摘，如果需要得到专利说明书必须付费，目前在国家知识产权局的网站上可以免费检索专利说明书的全文。以下仅对国家知识产权局网站进行简介。

国家知识产权局网站收录自1985年9月10日以来公布的全部中国专利信息，包括发明、实用新型和外观设计三种专利的著录项目及摘要，并可浏览到各种说明书全文及外观设计图形。国家知识产权局专利检索窗口如图4-1所示，提供了常规检索、表格检索、药物专题检索、检索历史、文献收藏夹、多功能查询器、批处理管理和批量下载库8项功能检索。其中常规检索和表格检索不需要注册即可查询，其他6项检索需要注册并联系管理员申请菜单访问权限。专利检索类型，包括自动识别、检索要素、申请号、公开（告）号、申请（专利权）人、发明人和发明名称。当用户想要检索专利时，首先选择想要检索的功能，然后选择检索类型，接着用鼠标单击检索文本框，此时会自动出现输入规则提示，如图4-2所示。最后按照输入规则输入检索条件并单击“检索”按钮。

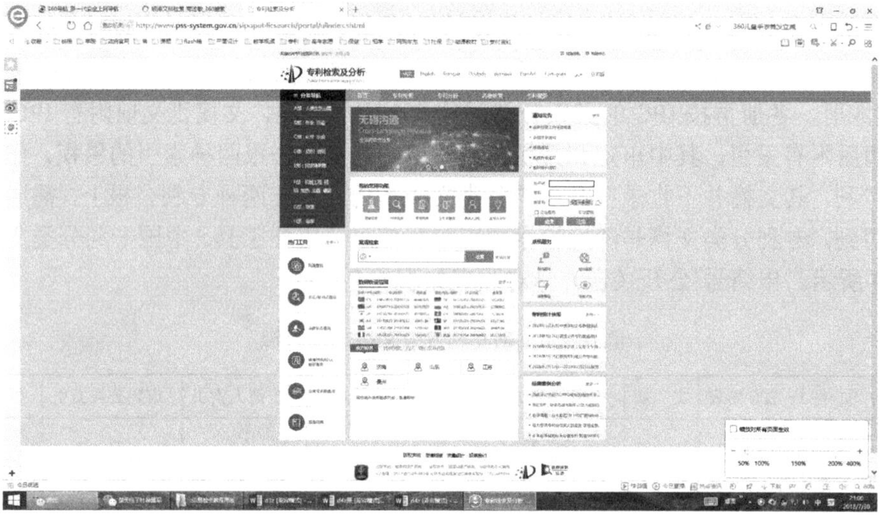

图4-1　国家知识产权局专利检索窗口

图4-2　输入规则提示

4.2 标准文献及其检索

4.2.1 标准文献基础知识

标准文献是指为获得最佳秩序，对活动或其结果规定共同的和重复使用的规则，经公认权威机构（主管机关）批准的一整套在特定范围（领域）内必须执行的规格、规则、技术要求等规范性文献，简称标准。标准就其具体涉及的范围而言，主要是指对工农业产品和工程建设的质量、规格及其检验方法等所做出的技术规定；还包括与标准化工作有关的一切文献，包括标准形成过程中的各种档案，宣传推广标准的手册及其他出版物，揭示报道标准文献信息的目录、索引等。

标准文献的作用是通过标准资料，可以了解和研究国内外工农业产品、工程建设的特点和技术政策水平，对开发新产品、改进老产品有着重要的参考作用。

4.2.2 标准文献的特点

标准文献具有以下特点。

（1）有独立的文献体制，有固定的代号和专门的编辑格式与开发软件。

（2）标准具有一定的法律约束力，要求人们自觉遵守。

（3）具有很强的针对性和时效性，一个标准一般只解决一个问题，新陈代谢频繁，需要不断地修订和补充。

（4）数量多，篇幅小，措辞准确、简练，叙述方法明确专一。

（5）明确的适用范围和用途，不同级别的标准，在不同的范围内执行。

（6）有独立的标准检索系统。

4.2.3 标准文献的分类

我国标准的分级：《中华人民共和国标准化法》规定我国根据标准的适应领域和有效范围，把标准分为四级，即国家标准、行业标准、地方标准和企业标准。

1. 标准的代号、编号

1）国际标准和技术报告的代号、编号。

ISO ××××：××××

国际标准化组织标准代号 国际标准发布顺序号 国际标准发布年代号

ISO/TR ××××：××××

国际标准化组织技术报告代号 发布顺序号 发布年代号

IEC ××××：××××

国际电工委员会标准代号 发布顺序号 发布年代号

ISO/IEC ××××：××××

国际标准化组织和国际电工委员会联合发布的标准

SO/DIS（或 ISO/IEC DIS） ××××：××××

国际标准草案

2）国家标准的代号、编号。国家标准分为强制性标准和推荐性标准。《标准化法》规定：保障人体健康，人身、财产安全的标准和法律、行政法规规定强制执行的标准是强制性标准，其他标准是推荐性标准。强制性国家标准的代号为 GB，推荐性国家标准的代号为 GB/T。

国家标准的编号由国家标准的代号、标准发布顺序号和标准发布代号组成，格式为 GB××××－××××　GB/T××××－××××。

除了 GB、GB/T 之外，尚有军用、卫生标准等给出了专门标准代号。

GB.n　国家内部标准

GB.j　国家工程建议标准

GB.w　国家卫生标准

GJB　国家军用标准

GSB　国家实物标准

3）行业标准的代号、编号。行业标准也分为强制性标准和推荐性标准。

行业标准的编号由行业标准代号、标准发布顺序号和标准发布年代号组成，行业标准的代号由 2 位拼音字母组成。例如，

JY　教育行业

CY　新闻出版行业

WH　文化行业

TY　体育行业

HG　化工行业

行业标准编号组成为

××　××××－××××

××/T　××××－××××

4）地方标准的代号、编号。省、自治区、直辖市标准化行政主管部门制定的工业产品的安全、卫生要求的地方标准，在本行政区域内是强制性标准。例如，

DB 23/T 1560—2014

其中，DB——地方标准代码；

23——黑龙江；

T——推荐性标准；

1560——标准号；

2014——年代号。

5）企业标准代号。企业标准代号以“Q”为分子，以企业名称代码为分母。例如，

Q/TYD—01—2015 表示太阳岛公司 2015 年 01 号标准。

2. 标准文献的分类

标准文献的分类主要依据《中国标准文献分类法》、《国际标准分类法》（ICS）、《国际十进分类法》（UDC）等分类系统进行分类。

《中国标准文献分类法》于 1984 年由国家标准局编制，是目前国内用于标准文献管理的一部工具书。该分类法由 24 个一级大类目组成，用英文字母表示，每个一级类目下分 100 个二级类目，二级类目用 2 位数字表示。一级类目表如表 4-6 所示。

表 4-6　中国标准文献分类法一级类目表

A 综合	N 仪器、仪表
B 农业、林业	P 工程建设
C 医药、卫生、劳动保护	Q 建材
D 矿业	R 公路、水路运输
E 石油	S 铁路
F 能源、核技术	T 车辆
G 化工	U 船舶
H 冶金	V 航空、航天
J 机械	W 纺织
K 电工	X 食品
L 电子元器件与信息技术	Y 轻工、文化与生活用品
M 通信、广播	Z 环境

《国际标准分类法》(ICS)用作国际、区域性和国家及其他标准文献的分类。

国际标准化组织(ISO)发布的标准在 1994 年以前使用《国际十进分类法》(UDC),在 1994 年以后改用《国际标准分类法》(ICS)分类。

我国自 1995 年年底发布的国家标准也将《国际十进分类法》(UDC)改为《国际标准分类法》(ICS)分类。

ICS 分类法由三级类构成。一级类包含标准化领域的 40 个大类,每一大类号以两位数字表示,如 01、03、07。二级类号由一级类号和被一个全隔开的三位数字组成。全部 40 个大类分为 335 个二级类,335 个二级类中的 124 个被进一步分成三级类。三级类号由二级类号和一个被点隔开的两位数组成,如 43.040.02(照明和信号设备)。ICS 一级类目表如表 4-7 所示。

表 4-7　ICS 一级类目表

01 综合,术语,标准化,文献	49 航空与航天工程
03 社会学,服务,公司组织和管理,行政,运输	53 材料储运设备
07 数学,自然科学	55 货物的包装和分发
11 医疗,卫生技术	59 纺织和皮革技术
13 环境和保健,安全	61 服装行业
17 计量学和测量,物理现象	65 农业
19 试验	67 食品技术
21 机械系统和通用部件	71 化工技术
23 流体系统和通用部件	73 采矿和矿产
25 制造工程	75 石油及有关技术
27 能源和传热工程	77 冶金
29 电工技术	79 木材技术
31 电子学	81 玻璃和陶瓷工业
33 电信	83 橡胶和塑料工业

续表

35 信息技术，办公设备	85 造纸技术
37 成像技术	87 涂料和颜料工业
39 精密机械，珠宝	91 建筑材料和建筑物
43 道路车辆工程	93 民用工程
45 铁路工程	95 军事工程
47 造船和船用设备	97 服务性工作，文娱，体育

4.2.4 标准文献检索

1. 手工检索

手工检索的检索工具是各收藏单位的纸质卡片或书本式检索工具。手工检索标准文献主要是利用标准目录。标准目录编排方式大致相同，主要有分类、主题和标准号（顺序号）三种途径。

1）检索我国各类标准的检索工具。

《中华人民共和国国家标准目录及信息总汇》，在 1995 年 2 月由中国标准出版社出版，收录了强制性国家标准、推荐性国家标准和降为行业标准的原国家标准共 19 000 多项，以专业分类顺序编排，书末附有标准顺序号索引。

《中国标准化年鉴》，由国家技术监督局编辑，由中国标准出版社出版。每年出版一卷，主要内容是阐述前一年标准化工作的全面情况，包括标准化事业的发展情况、管理机构、法规建设，以及科学研究工作的现状；一年内发布的新国家标准目录等。所附的国家标准目录分为两种：标准号顺序目录、分类目录。分类目录按《中国标准文献分类法》分类排列，在同一类中按标准顺序号排列。

《中国标准导报》，由中国标准出版社主办，双月刊，于 1992 年 6 月 1 日创刊。导刊除刊载标准化学术论述、报道标准化动态、普及标准化知识外，还提供标准审批、发布、出版等信息，所以读者能及时了解新发布的标准情况。

《中国国家标准汇编》，该汇编自 1983 年起陆续出版，到 1995 年已出版 195 册，在 2010 年进行了修订。

《中华人民共和国工农业产品国家标准和部标准目录》，以及机械、电工等分类标准汇编。

2）检索国际标准的检索工具。

《ISO Catalogue》年刊，每年 2 月份分英、法两种文字出版，报道 ISO 全部现行标准。ISO 目录分为 5 个部分。

（1）分类目录（International Standard List in Technical）。ISO 标准的分类按制定标准的技术委员会（TC）的名称设立类目。分类号由字母加数字组成，如 TC55，这些技术委员会的部分名称和编号如下。

TC1 螺纹

TC2 紧固件

TC10 技术制图、产品定义和相关文献

TC19 优先数

TC29 小工具

TC47 化学

TC83 体育和娱乐器械

TC136 家具

TC145 图形符号

TC146 空气质量

1993 年以后，《ISO Catalogue》使用国际标准分类表 ICS。

（2）主题索引（Subject Index）。该索引采用文中关键词排检。

（3）标准序号目录（List in Numerical Order）。包括标准号、TC 号。

（4）技术委员会序号索引（List in Technical Committee Order）。按 TC 号可检索到标准号和标准在分类目录中的页码。

（5）废弃目录（Withdrawals）。包括废弃的标准号、废弃年及替代标准号。

《国际标准草案目录》（ISO Draft International Standards）。该目录主要用于检索标准草案。

IEC 标准。IEC 标准是由国家电工委员会（International Electrotechnical Commission，IEC）统一制定的。IEC 成立于 1906 年，1947 年曾合并于 ISO，目前 IEC 与 ISO 相互独立工作，并列为两大国际性标准化组织，IEC 专门负责研究和制定电工、电子技术方面的国际性标准，包括综合性基础标准、电工材料、电工设备、日用电器、仪器仪表及工业自动化标准、安全标准等。IEC 设有 19 个技术委员会（TC）和 27 个分委员会（SC）。

3）IEC 标准的手工检索工具。

《国家电工委员会出版物目录》（Catalogue of IEC Publications）。该目录由 IEC 每年年初以英、法对照文本形式编辑出版。其由两大部分组成：标准序号目录（Numerical List of IEC Publications）和主题索引（Subject Index）。在该目录正文之前有目录表，按 TC 顺序排列，TC 号后列出标准名称和页码。利用主题索引可由主题词先查出 IEC 标准号，再利用 IEC 出版物序号表查出标准的名称和内容。《IEC Catalogue》中的核心本是《国际电工标准目录》。

《国际电工委员会年鉴》（IEC Yearbook），该年鉴按 TC 号大小顺序排列，著录项目有标准号与标准名称。

查找国外先进标准，主要是指一些发达国家的标准。例如，美国国家标准（ANSI）、英国国家标准（BSI）、日本工业标准（JIS）。可利用相应的标准目录，如《ANSI Catalogue》《BSI Catalogue》《JIS 标准总目录》和《JIS 标准年鉴》等。

2. 主要数据库检索与标准信息

国内标准信息查询与相关信息查询的网站很多，国家级网站大部分基于国家标准馆数据，省级或地市级网站有自己的标准数据库，并定期从国际标准馆导入最新标准条目，提供在线付费下载标准电子版并打印出售。主要数据库网站如表 4-8 所示。

表 4-8 主要数据库网站

国内标准化网站	网 址
国家标准文献共享服务平台	http://www.cssn.net.cn
万方数据知识服务平台（标准）	http://c.wanfangdata.com.cn/Standard.aspx
中国标准化协会	http://www.china-cas.org
黑龙江省质量技术监督局标准化网	http://www.hljqts.gov.cn/ywzt/bzhc
哈尔滨标准信息网	http://www.hrbsi.com.cn/Index.aspx
美国 IHS 标准数据库	http://www.ihs.com

续表

国内标准化网站	网　　址
美国国家标准学会	http://www.ansi.org
ISO 网站	http://www.iso.org
IEC 网站	http://www.iec.ch

以下只对国家标准文献共享服务平台、万方数据知识服务平台和哈尔滨标准信息网做简要介绍。

1）国家标准文献共享服务平台（http://www.cssn.net.cn）如图 4-3 所示。它是国家级标准信息服务门户网站，是面向全国运行服务的，提供了能满足不同层次用户的检索工具，提供标准动态跟踪、标准文献检索、标准文献全文传递、在线咨询等和标准查新服务功能，可最大限度地帮助用户查全、查准。

图 4-3　国家标准文献共享服务平台

国家标准文献共享服务平台的检索方式包括简单检索、高级检索、专业检索和分类检索。

用户可以根据已知想要查询的标准的具体情况，选择适当的检索方式。例如，已知标准号或标准名，可以选择简单检索；已知标准的关键词、分类、年代号或状态等，可以选择高级检索，如图 4-4 所示；已知如图 4-5 所示的检索条件，可以选择专业检索；已知标准种类和分类，可以选择分类检索，如图 4-6 所示。

2）万方数据知识服务平台（标准）（http://www.wanfangdata.com.cn/Standard.aspx）。万方数据资源系统，由北京万方数据股份有限公司开发研制，1997 年 8 月在 Internet 上推出，是 Internet 上一个大型综合权威的信息资源系统。万方数据资源系统中的“中外标准数据库”由国家质量技术监督局等单位提供数据。

图 4-4　国家标准文献共享服务平台高级检索功能

图 4-5　国家标准文献共享服务平台专业检索功能

标准方面主要包括中国国家标准、中国行业标准、中国建材标准、中国建设标准、国际标准化组织标准、国际电工委员会标准、欧洲标准、英国标准学会标准、法国标准学会标准、德国标准学会标准、日本工业标准调查会标准、美国国家标准和美国行业标准等国内外各种标准，共计 16 个数据库，22 万多条记录，每个季度更新一次。万方标准检索总页面如图 4-7 所示。

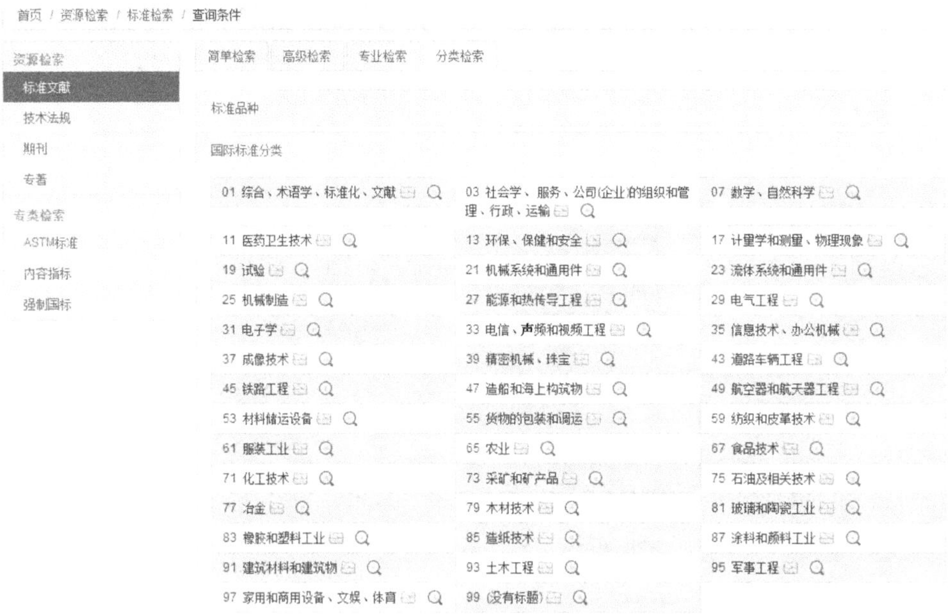

图 4-6　国家标准文献共享服务平台分类检索功能

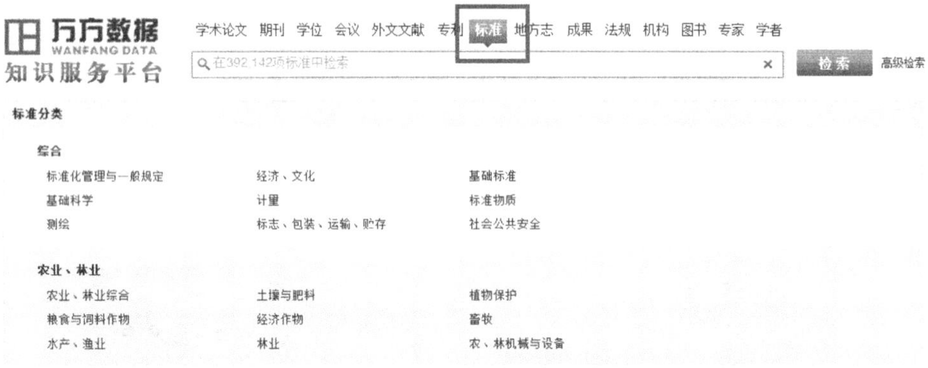

图 4-7　万方标准检索总页面

万方标准检索主要包括高级检索和专业检索，提供精确的和模糊的查询方式。万方标准数据库高级检索页面如图 4-8 所示。

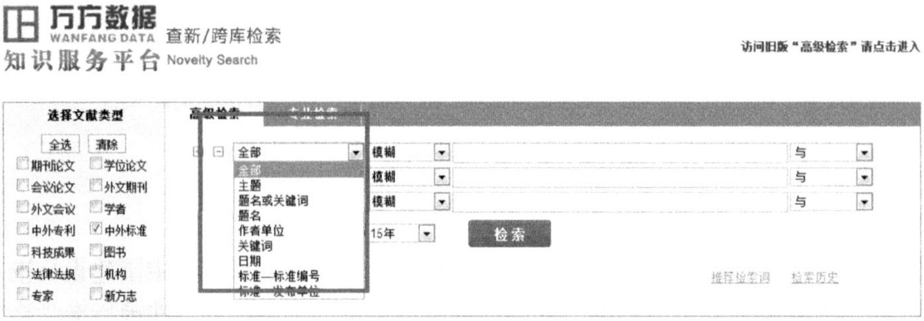

图 4-8　万方标准数据库高级检索页面

检索内容包括以下几个方面。

工业：通信、电子、自动化、电工、化工、轻工、机械、仪表、冶金、金属学、矿业、石油、建筑、建材、动力、原子能、水利、其他。

农业：农业、园艺、林业、畜牧、水产。

医药：预防医学、中国医学、基础医学、临床医学、药学、其他。

其他：生物、交通、宇航、环保、基础科学、社会科学。

检索步骤如下。

（1）首先选择主类目：在 35 个类目中选择检索范围，单击该类目名。

（2）再选定资源类别：包括科技文献、会议论文、学位论文、中外标准、成果专利、政策法规、科技名人、科教机构 8 个类别。

（3）进一步确定检索范围：在所选定的子类中进一步确定检索范围。例如，在“通信”子类目下又划分出 15 个子类可供选择。如果在类目的后面写有“再细分”字样，说明该类目有下一级分类，单击类目旁选择方框，表明该类目被选中，可同时选择多个类目执行检索；确定上述检索范围，输入关键词检索。

3）哈尔滨标准信息网（http://www.hrbsi.com.cn/Index.aspx）。哈尔滨标准信息网是哈尔滨市市场监督管理局（原哈尔滨市质量技术监督局）下属事业单位哈尔滨市标准化研究院创办的网站，该网站提供标准文献动态、标准知识普及，以及企业标准化研究等，同时还提供商品条码和组织机构代码等服务。标准文献信息如图 4-9 所示。

图 4-9 哈尔滨标准信息网标准文献信息

4.3 会议文献及其检索

4.3.1 会议文献基础知识

会议文献是指在各种会议上宣读提交的论文、产生的记录及发言、论述、总结等形式的文献。许多学科中的新发现、新进展、新成就，以及提出的新研究课题和新设想，都是以会议论文的形式向公众首次发布的。

会议文献的特点是传递情报的时效性较强，内容新颖，专业性和针对性强，数量庞大，内容丰富，出版形式多种多样。它是科技文献的重要组成部分，一般是经过挑选的，质量较高，能及时反映科学技术中的新发现、新成果、新成就，以及学科发展趋向，是一种重要的情报源。许多重要会议的组织常将有关文献整理编辑成图书、期刊特刊等形式正式出版。会议文献有许多不同的名称：会议录（Proceeding）、会议论文集（Symposium）、学术论文集（Colloquium）、会议论文汇编（Transactions）、会议记录（Records）、会议报告集（Reports）、会议出版物（Publications）和会议纪要（Digest）等。

4.3.2 国内会议文献检索

1. 《中国学术会议论文全文数据库》

《中国学术会议论文全文数据库》由万方数据股份有限公司制作出版，主要收录自 1998 年以来国家级学会、协会、研究会组织召开的全国性学术会议论文，每年涉及 600 余个重要的学术会议，每年增补论文 1.5 万余篇。数据范围覆盖自然科学、工程技术、农林、医学等领域，是了解国内学术动态必不可少的帮手。

《中国学术会议论文全文数据库》依照《中国图书资料分类法》将所收会议论文分为 24 个大类。其检索方法既可以从会议信息中查找，也可以从论文信息中进行查找，包括会议地点、会议名称、会议时间、主办单位、论文题名、著者、关键词和文摘等字段。其检索方法见万方数据资源系统。

2. 《中国重要会议论文集全文数据库》

《中国重要会议论文集全文数据库》是由中国学术期刊（光盘版）电子杂志社编辑出版的国家级连续电子出版物专辑，也是由国内外会议主办单位或论文汇编单位书面授权并推荐出版的重要会议论文，该库主要收录我国各级政府职能部门、高等院校、科研院所、学术机构等单位的论文集，内容覆盖理工、农业、医药卫生、文史哲、经济政治法律、教育与社会科学综合等领域。

3. 《国内专业学术会议资料数据库》

《国内专业学术会议资料数据库》由上海数字图书馆提供，现提供自 1986 年至今约 20 万件资料，提供篇名免费检索服务。读者可按篇名、作者、会议名称、会议地点、会议时间等进行检索，可根据查到会议文献的索引号和篇名向上海图书馆请求原文复制服务。

4.3.3 国外会议文献检索

检索国外会议文献的工具有美国《科学技术会议录索引》（Index to Scientific and Technology

Proceedings，ISTP)、《社会科学及人文科学会议录索引》(Index to Social Science and Humanities Proceedings，ISSHP）和美国《会议论文索引》(Conference Papers Index，CPI)。

1. 《ISI Proceedings》

《ISI Proceedings》创刊于 1978 年 1 月，由美国科学信息研究所（ISI）编辑出版，是一种多学科会议文献检索工具。1994 年，该刊报道的会议达 4200 余个，论文近 17 万篇。据统计，全世界有 70%～90%的重要科技会议文献被该刊收录，涉及的学科包括生命科学、临床医学、工程科学、应用科学、物理和化学、生物学、环境及能源科学等。该刊为月刊，并出版年度累积索引。ISTP 不仅报道会议记录的出版情况，也报道会议记录中各篇论文的题录。由于报道及时，学科覆盖面广，辅助索引完善，所以该刊是查找科技会议文献权威的工具，也是衡量科研人员或机构的学术成果的重要工具。

《ISI Proceedings》数据库通过 ISI Web of Knowledge 平台提供检索，每周更新。在 ISI Web of Knowledge 平台的支持下，《ISI Proceedings》建立了许多文献资源的链接，如 ISI Web of Science、INSPEC、BIOSIS Previews、CAB Abstracts，以及其他出版机构的全文数据库、图书馆馆藏的 OPAC 系统等。《ISI Proceedings》还提供了论文所引用的参考文献，以及与 ISI Web of Science 整合的参考文献链接与浏览。

《ISI Proceedings》提供了简单检索（Search）和高级检索（Advanced Search）两种方式。

2. 《CSA-Conference Papers Index》

《CSA-Conference Papers Index》数据库是由美国 Cambridge Scientific Abstracts（剑桥科学文摘社）提供的世界范围内的主要科学会议论文、引文和会议预告。自 1995 年以来，其重点为生命科学、环境科学和水生科学，同时也包括物理学、工程学和材料科学。该数据库记录包括完整的订购信息（包括论文题名和论文的著者资料），以便得到预印本、文摘、会议记录，以及来自会议的其他出版物。该数据库收录了自 1982 年至今的数据，每两个月更新一次。该数据库通过 CSA Illumina 平台提供检索，有简单检索和高级检索两种方式。

4.4 学位论文及其检索

4.4.1 学位论文基础知识

学位论文是伴随着世界上学位制度的实施而产生的，也是高等学校或科研单位的本科生、研究生为获取学位资格而撰写并向学校或研究单位递交的学术性研究论文。

学位论文是在参考大量资料、进行反复实践调查和精确实验的基础上，通过推理和分析综合，提出独到见解和新颖结论的书面形式的研究成果，其中博士学位论文应是含有综合性的理论概括和解决比较重大学术问题的独立研究著作。学位论文均附有引用文献和参考文献，有的还对相关文献进行综合评述，这些对科学研究和社会实践都有重大参考价值，是被科研人员广为关注的重要信息资源。世界各国情报机构、图书馆都很重视学位论文的收藏与利用。

学位论文除了在本单位被收藏以外，一般还在国家指定单位专门进行收藏，不公开出版，只在授予学位的院校或研究机构的图书馆和按国家规定接受呈缴本的图书馆保存副本。美国对学位论文比较重视，20 世纪 30 年代后期即成立了专门收藏学位论文的单位——美国大学缩微公司（University Microfilms Inc.，UMI；现更名为 ProQuest Information and Learning)，收集美国和加拿大的学位论文。自 20 世纪 90 年代起，UMI 公司又收藏了其他国家的学位论文（主要为欧洲学位论文）。国内收藏硕士、博士学位论文的指定单位是中国科学院技术信息研究所和国家图书馆，其次是颁发学位的院校研究生部或图书馆。但随着科学技术的不断发展，很多公司或单位广泛收集、整理学位论文，并制成了数据库，我们一般可以通过数据库的检索获取相关的学位论文。

4.4.2 国内学位论文检索数据库

目前，有许多公司、高校和科研单位都在开发学位论文数据资源，在此主要介绍以下几种具有代表性的学位论文数据库。

1. 《中国学位论文全文数据库》（http://www.wanfangdata.com.cn）

1）概述。该数据库由万方数据股份有限公司制作，其数据主要来自各高等院校、研究生院及研究所向中国科技信息研究所送交的我国自然科学领域的硕士、博士和博士后的论文。该数据库共收录了自 1980 年以来我国自然科学领域学位论文全文 60 万余篇，每年稳定新增 15 万余篇。

万方学位论文检索页面（http://www.wanfangdata.com.cn/Thesis.aspx）如图 4-10 所示。

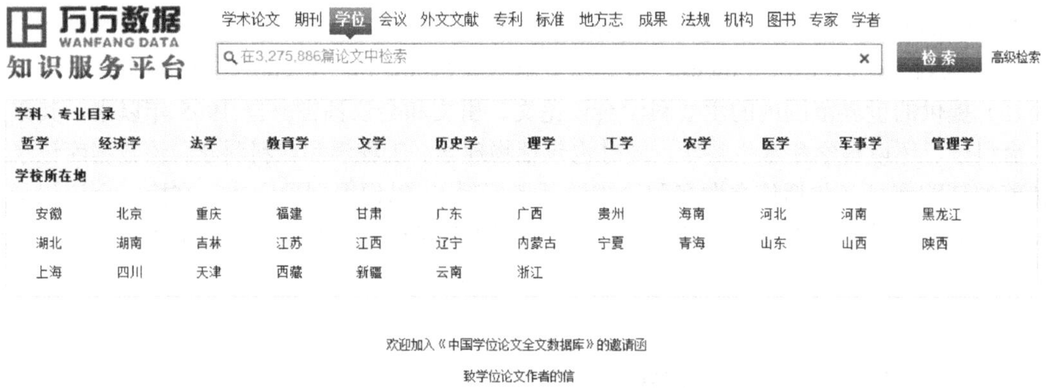

图 4-10 万方学位论文检索页面

2）检索方法。

（1）个性化检索：个性化检索针对数据库的特点，提供给用户直观方便的组配检索框，输入很少的检索词就可以组配出比较复杂的检索表达式，用户只需要通过下拉菜单进行选择。

（2）分类检索：中国学位论文全文数据库分类检索数据库将所收藏的学位论文按学科、专业目录分为哲学、经济学、法学、教育学、文学、历史学、理学、工学和农学 9 个大类别，每个大类下又分若干个二级类目。在检索时直接单击所需检索学科的二级类目，即可获得相应检索结果的课题与目录信息。

（3）二次检索：在个性化检索与分类检索的检索结果上方都提供了二次检索，进而逐步缩小检索范围，优化检索结果，其检索方法与万方其他子系统的二次检索方法相同。

2. 《中国博士学位论文全文数据库》《中国优秀硕士论文全文数据库》

1）概述。《中国博士学位论文全文数据库》《中国优秀硕士论文全文数据库》是由中国学术期刊电子杂志社和清华同方光盘股份有限公司出版的，分别是 CNKI 中国知网系列产品之一，收录了全国 420 家博士培养单位和 652 家硕士培养单位的博士、优秀硕士学位论文。所有学位论文均分为十大专辑：理工 A、理工 B、理工 C、农业、医药卫生、文史哲、政治军事与法律、教育与社会科学综合、电子技术与信息科学和经济与管理。十大专辑下又分为 168 个专题文献数据库。

中国知网学位论文检索页面（http://epub.cnki.net/grid2008/index/ZKZRKX.htm）如图 4-11 所示。

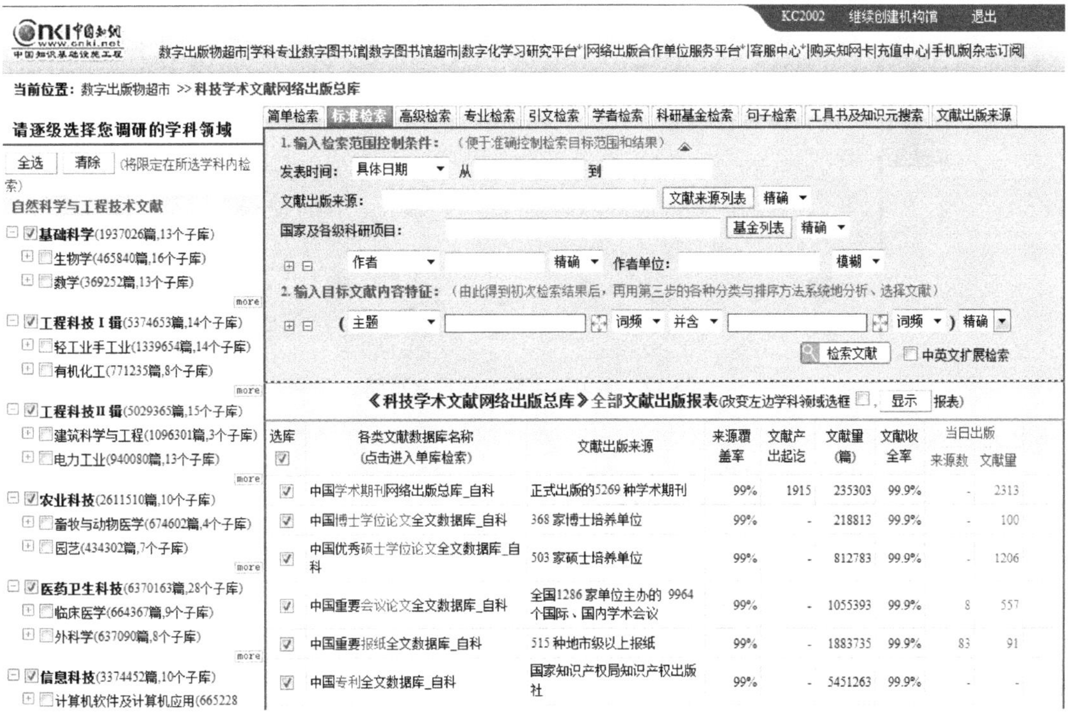

图 4-11 中国知网学位论文检索页面

2）检索方法。

（1）单库检索：直接单击“中国博士学位论文全文数据库”或“中国优秀硕士学位论文全文数据库”，对该库的学位论文进行检索。

（2）跨库检索：同时选择这两个数据库进行检索。

单库检索和跨库检索又分为简单检索、标准检索、高级检索和专业检索等形式的检索，在选择了数据库之后分别单击相应的按钮进入其检索页面。其具体检索方法与 CNKI 中“中国期刊全文数据库”的检索方法相似。

4.4.3 中国国家图书馆学位论文数据库

中国国家图书馆是教育部指定收藏全国博士论文、博士后研究报告和海外留学生学位论文的机构，作为全国学位学术论文收藏中心，迄今已收藏自 1981 年实施学位制以来的博士论文（包括所有博士授予单位及其专业）8 万余种，收藏率达 98%；还收藏了近年来硕士论文和博士后研究报告 1 万余种。此外，自 1992 年至今，已向海外征集到中国留学生的博士论文 1000 余种。

中国国家图书馆检索页面（http://www.nlc.gov.cn）如图 4-12 所示。

图 4-12　中国国家图书馆检索页面

4.4.4　CALIS 高校学位论文数据库

CALIS 高校学位论文数据库是由 CALIS 全国工程文献中心（清华大学图书馆）牵头组织全国近 100 所高校合作建设的数据库，是在“九五”期间建设的博士、硕士学位论文文摘数据库基础上，建立的一个集中检索、分布式全文获取服务的 CALIS 高校博士、硕士学位论文文摘与全文数据库，内容涵盖自然科学、社会科学、医学等各个学科领域。参建高校均可通过“IP 登录”的方式进行免费检索。该数据库提供有简单检索和高级检索两种检索方式，可以分别从题名、论文作者、导师、作者专业、作者单位、摘要、分类号、主题和全字段等不同角度进行检索。在输入检索词时可以使用通配符“*”和“？”，同时还可使用逻辑与、逻辑或、逻辑非等确定多条件间的逻辑组配关系进行检索。

CALIS 数据库高级检索页面（http://opac.calis.edu.cn/advanceSearch.do）如图 4-13 所示。

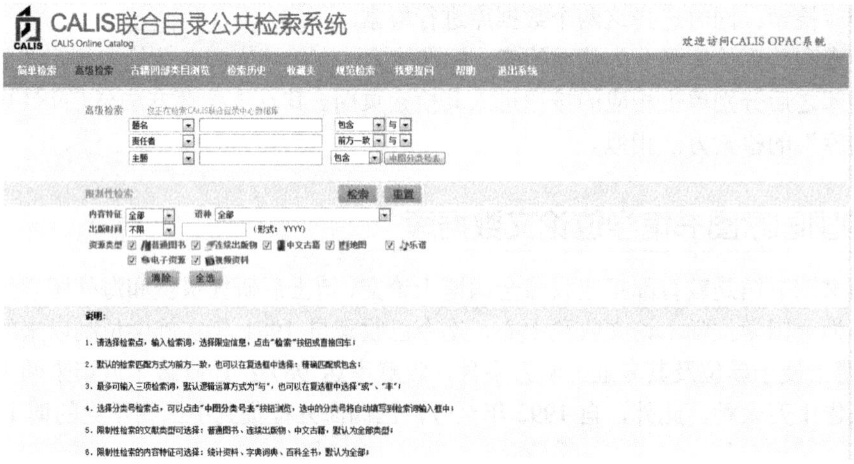

图 4-13　CALIS 数据库高级检索页面

4.4.5 国外学位论文检索数据库

国外学位论文在我国收藏较少，国家图书馆有少部分收藏，并编有《国外博士学位论文目录（1982—1992）》，收录了 1982—1992 年间北京图书馆所收藏的国外博士学位论文的书目信息。国外学位论文的印刷型检索工具主要为《国际学位论文摘要》，网上资源主要有 PQDT 网络数据库等。在此以 PQDT 网络数据库为例简要介绍国外学位论文检索。

1. 《ProQuest 学位论文全文数据库》

1）概述。《ProQuest 学位论文全文数据库》是 ProQuest Dissertaions & Theses（PQDT）库中的部分国外学位论文全文。PQDT 是由 ProQuest 公司制作的，收录了全世界近一千多所北美地区及部分欧、亚、大洋洲地区著名大学的人文社会科学和理工科博、硕士学位论文全文，学科覆盖了人文、哲学、社会科学、文学、艺术、数学、物理、化学、农业、生物、商业、经济、工程和计算机科学等广泛领域，是目前世界上最大和使用最广泛的国际性学位论文数据库。目前共收录了 240 万篇学位论文记录，每周进行更新。

直接访问 PQDT 的费用是十分昂贵的，为了满足我国国内博士、硕士论文全文的广泛需求，中科公司协助国内学术研究单位、高等院校和公共图书馆进行集中采购，以优惠的价格，便捷的手段提供 ProQuest 学位论文 PDF 全文数据库网络共享，组织建立 ProQuest 博士、硕士论文中国集团联盟站点，以期达到为加入联盟的成员馆提供更好地共享数字资源服务和增值服务的目的。此联盟的加盟模式是，凡参加联盟的成员馆可共享成员馆订购的资源；中科公司负责查重工作，尽可能做到各成员馆所订购的资源不重复；一馆订购，全国受益；且随时间的推移，加盟馆的增多，共享资源数量也会不断增加。目前，ProQuest 学位论文数据库主要收录的是在 2001 年以后授予学位的博士论文，每年新增的论文将超过一万篇。该库通过设在上海交通大学镜像的站点、CALIS 中心的镜像站点、中国科学技术信息研究所镜像站点等提供服务，并可以下载博士论文的 PDF 全文。

2）检索方法。

PQDT 库分为分类浏览、基本检索和高级检索三种检索方式。

（1）分类浏览检索：按学位论文所属学科进行逐级缩小范围查询所需的论文文献。

分类浏览有两种浏览方式。第一种是在检索界面上单击“浏览”按钮，然后按学科浏览。第二种是在“高级检索”下设两个按钮：一是“主题树”（Subject Tree），浏览方式同上述主题浏览；二是使用“School Index”，按学校校名浏览论文。

（2）基本检索：可以进行字段检索，同时运用布尔逻辑算符、截词检索、位置算符、嵌套检索等检索技术。

（3）高级检索：在基本检索功能的基础上，增加了组配检索，将每个检索结果给出一个批号（set#），然后再将批号组配检索，如“#3 and ab（coldwar）”。

3）检索技术。

（1）布尔逻辑运算符（Boolean）：AND，OR，NOT。

（2）截词检索（Truncation）：只有右截断，截词符为“?”，如“econom?”。

（3）位置算符（Proximity）：与第 3 章 3.2 节相同。

（4）嵌套检索（Nesting）：用多层括号表示检索的先后顺序，如 it（(information retrieval) and（information technology)），表示先检索“information retrieval”，再将结果与“information technology”组配检索。

（5）二次检索（Refine Search）：允许在上一次检索的结果中，进一步修改策略和检索。

2. 国外学位论文其他网上资源

1）OCLC 中的 Dissertation Abstracts Online。

2）DIALOG 国际联机检索系统第 35 号文档 Dissertation Abstracts Online。

3）大英图书馆文献供应中心（the British Library Document Supply Centre，BLDSC，网址为 http://blpc.bl.uk），提供美国、加拿大、英国（自 1970 年起）的博士论文。

4）国际博、硕士论文数字图书馆（ETD Digital Library Networked Digital Library of Theses and Dissertations，NDLTD），网址为 http://www.theses.org，是一个整合国际论文资源的电子图书馆。通过 Federated Search 可以检索到 24 个单位的论文。其有 152 个会员，共包含 132 所大学和 20 个学会。

4.5 科技报告及其检索

4.5.1 科技报告基础知识

科技报告是记录科学、技术研究结果的报告或研究进展情况的一种技术文献。科学技术报告是信息源中极为重要的一种文献，在内容上具有专、深、新、详等特点，是科技人员用得比较多的文献，是各国政府之间、国内各科研机构之间、政府和企业集团之间进行科技成果的公开交流和内部交流的重要媒介。它可以是科研成果的总结，也可以是科研进展情况的详细记录。许多最新的研究成果，尤其是尖端学科的最新探索往往出现在科技报告中。同时，由于科技报告往往涉及军事和科学技术的最新研究课题，为了国家安全和保护技术专有，科技报告的流通范围总是受到严格控制，多数报告属于保密和控制发行，外部不能查阅，这为科技报告的利用带来了一定的困难。

4.5.2 科技报告的类型

1. 按内容（研究阶段）划分

1）初期报告（Primary Report），这是进行项目研究前的计划性报告。

2）进展报告（Progress Report），报道某项研究课题或某研究机构的工作进展情况，包括定期和不定期两种。

3）中间报告（Interim Report），报道某一阶段的研究工作小结及下一阶段工作的建议等。

4）总结报告或最终报告（Summary Report or Final Report），这是研究工作完成后写成的总体研究报告。

2. 按出版类型划分

1）技术报告（Technical Report），一般是公开出版物，内容比较详细，大部分是科研成果的技术总结。

2）技术札记（Technical Notes），一般是公开出版物，是科技人员编写的专业技术文件，内容不够完善，往往是编写报告的素材，有时报道一些新科技成果、新工艺和新材料等。

3）技术备忘录（Technical Memorandum），这是一种内部使用、限制发行的出版物，内容包括原始试验报告、数据资料及一些保密文献、会议文献等。

4）技术论文（Technical Papers），大多数是准备在会议上或期刊上发表的报告，一般以单篇形式发表。

5）还有合同户报告、技术译文、会议出版物、教学出版物、专利申请说明书及统计资料等。

3. 按发生的密级划分

1）保密报告（Classified），又分为绝密、机密和秘密三级，一般只供少数有关人员参阅。

2）非密限制发行报告（Restricted/Limited Report），这是仅在规定范围内发行并限定数量的报告。

3）非密公开报告（Unclassified），这是公开发行的报告。

4）解密报告（Declassified），保密报告经过一定期限后，通过审查解密就成为公开发行的文件。

4.5.3 国内科技报告检索

我国从 1963 年起正式开展全国科技成果的统一登记及报道工作。取得科研成果的单位按照规定进行上报登记，经国家科委调查核实后，发出科研成果公报和出版《科学技术研究报告》。自 1977 年 11 月起，由中国科技信息所出版的《中国科技成果数据库》（CSTAD），1986 年创建网络版。中国科技信息所是我国收录国内外科技报告的主要单位。

1. 《中国科技成果数据库》（CSTAD）网络版

1）概述

CSTAD 是由中国科学技术信息研究所万方数据中心制作的，始建于 1986 年，收录了自 1964 年以来的历年各省市部委鉴定后上报国家科委（科技部）的成果及星火科技成果。该数据库是国家科技部指定的新技术、新成果查新数据库，收录范围包括新技术、新产品、新工艺、新材料、新设计等技术成果项目，内容涉及自然科学各个学科领域及部分社会科学领域。

中国科技成果数据库检索页面（http://www.wanfangdata.com.cn/Cstad.aspx）如图 4-14 所示。

2）检索方法

《中国科技成果数据库》（CSTAD）包含于万方数据资源的"科技子系统"中。首先登录万方数据资源系统主页（http://www.wanfangdata.com.cn），单击"科技信息子系统"→"中国科技成果数据库"菜单，进入到 CSTAD 的检索界面。在该检索界面上检索科技报告的方法和检索结果的处理方法。

2. 国家科技成果网

国家科技成果网（NAST）是由国家科学技术部创建的以科技成果查询为主的大型权威性创新科技的服务平台。其旨在加快促进全国科技成果进入市场的步伐，促进科技成果的应用与转化，促进科研人员、技术需求方的交流与沟通，避免低水平的重复研究，提高科学研究的起点和技术创新能力。它所拥有的全国科技成果数据库的特点是内容丰富、权威性高，已收录全国各地区、各行业经省（市）、部（委）认定的科技成果约 30 万项，库容量以每年 3 万～5 万项的数量增加，充分保证了成果的时效性；同时提供方便、快捷的免费上网查询，还可进行全国科研单位、科技网站查询，发布科技成果供求信息等。

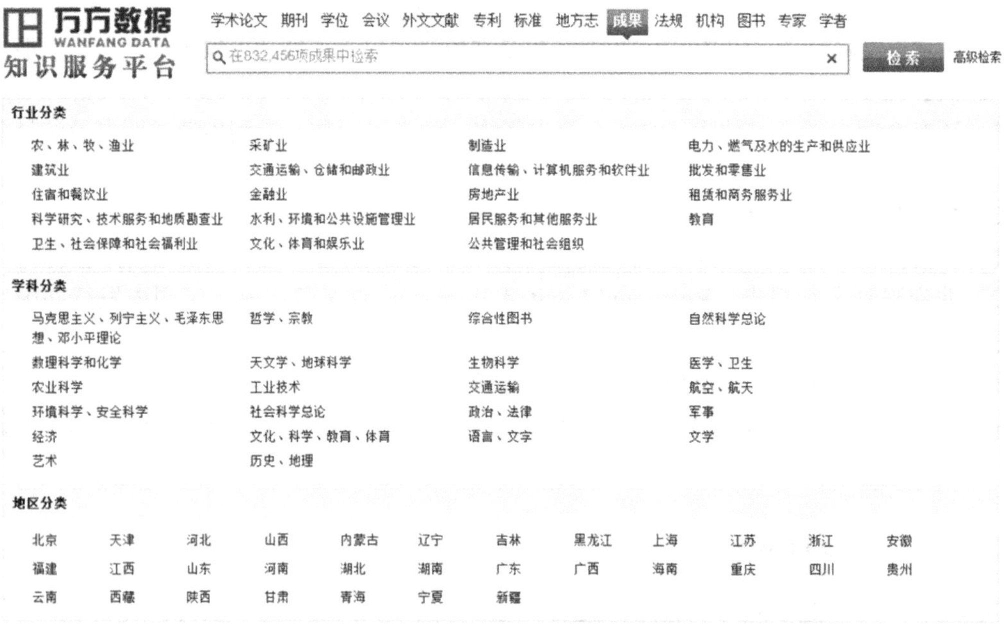

图 4-14　中国科技成果数据库检索页面

国家科技成果网检索页面（http://www.nast.org.cn）如图 4-15 所示。

图 4-15　国家科技成果网检索页面

4.5.4 美国四大报告检索

目前，许多国家都出版了自己的科技报告。例如，著名的美国政府四大报告、英国航空委员会的 ARC 报告、欧洲空间组织的 ESRO 报告、法国航空委员会的 RNEAR 报告和法国原子能委员会的 CEA 报告等。其中，以美国的科技报告数量最大，约占 80%，而且质量也比较高。

世人最为瞩目的科技报告就是美国四大报告，即“PB 报告”“AD 报告”“NASA 报告”和“DOE 报告”。四大报告是美国科技文献中的一个重要组成部分，历史悠久，报道量较大，占全美科技报告的 80%以上。四大报告是由美国政府机构收集、整理、编辑出版的其所属科研单位和与之订有合同的工业、企业，以及高等院校所发表的科研报告组成的。其内容涉及数学与计算机科学、物理与化学、天文与地球科学、工业技术、生物与医学、交通运输、宇航、环境、军工、能源及有关社会科学等各个领域。下面简单介绍美国的四大报告。

1. PB 报告

PB 报告由美国商务部国家技术信息服务处负责收集和整理。早期报告来源于第二次世界大战中战败国的秘密科技资料，在收集整理时依次编号，并在前面冠以 PB 代号，故称此类报告为 PB 报告。1950 年以后主要收集美国国内各科研机构的科技报告。报告内容包括科研理论、工业技术、环境、生物、医学等。PB 报告的编号原来采用 PB 代码+流水号，即报告构成格式为 PB+年代+顺序号，如 PB-05-519252。

2. AD 报告

AD 报告由美国武装部技术情报局出版发行。报告主要来源于美国陆、海、空三军科研机构、院校和企业研究机构及国外科研机构，其主要内容包括军事、航空航天、地球、物理、材料和工程技术等领域。报告构成格式为 AD 后面加一个字母，以区分密级，如 AD-B296620。

3. NASA 报告

NASA 报告是美国国家航空航天局（National Aeronautics and Space Administration，NASA）的报告。报告来源于本部门各研究所、实验室、合同机构及国外一些航空航天科研机构。报告内容包括航空航天、物理化学、机械仪表、电子和材料等领域。报告构成格式为 NASA+报告类型代码+流水号，如 NASA-O-24675。

4. DOE 报告

DOE 报告是美国能源部（Department of Energy，DOE）的报告。前身为 1946 年由美国原子能委员会出版的 AEC 报告，1976 年改由能源研究与发展署出版，称为 ERDA 报告，1977 年以后才改由能源部出版，现在称为 DOE 报告。该报告主要来源于直属机构及合同户。报告内容主要包括原子能及其应用、能源及各相关学科。DOE 报告构成格式不同于 PB、AD 和 NASA 报告，它不用 DOE 代码，而是下属机构代码+数字号，如 ORNJ-TM-3500。

4.6 政府出版物检索及其利用

政府出版物是指各国政府及其所属机构所发表和出版的文献，包括图书、期刊、小册子、影片、磁带及其他声像资料等。

政府出版物分行政性文献和科技性文献两大类，前者包括政府报告、会议记录、法令、条约、决议、规章制度、调查统计资料等；后者包括科研报告、科普资料、科技政策、技术法规等。其中科技文献占整个政府出版物的30%～40%。

政府出版物主要产生于政府及组织机构的工作过程中，包含了大量的原始资料和数据。它集中反映了政府机构的活动，反映出政府各部门对有关工作的观点、方针和政策。这对于了解一个国家的政策水平及科学技术和经济发展现状，有着重要的参考价值。政府出版物中大部分是政府在决策和工作过程中产生的文献，是完成某一任务的报告，或者是研究某一地区、某一国家或某一问题的成果。这些文件往往提供原始的资料数据，也是宣传政策、报道科研进展、普及知识的有用资料。

政府出版物从基础科学、应用科学到人文社会科学，内容广泛、翔实，具有权威性、准确性、可靠性和及时性等特点。它是了解各国科技发展水平、政治经济状况及各项政策的权威性官方文献，是重要的情报源之一。由于其中大部分资源可以通过支付少量费用甚至免费获得，因而深受研究者、信息单位及情报部门的青睐。

4.7 数据与事实型信息的检索及其利用

4.7.1 年鉴与统计资料的检索

1. 年鉴的类型

目前比较通行的做法是将年鉴归纳为四大类型。

1）综合性年鉴，包括国际年鉴（如《世界知识年鉴》）、国家年鉴（如《中国年鉴》）和百科全书年鉴（如《中国百科年鉴》）。综合性年鉴多由权威机构编纂，并受到政府高度重视，质量高，能全面反映国际或国内的年度发展状况，是单位和个人最常备的年鉴。

2）地方性年鉴，包括省（如《广东年鉴》）、市（如《广州年鉴》）、县（如《萧山年鉴》）三级年鉴。

3）科学性年鉴，包括学科年鉴、部门年鉴、产业年鉴、专门年鉴和单位年鉴。学科年鉴（如《中国经济科学年鉴》），是反映某一学科年度进展的、学术性较强的年鉴，多由学术机构或专家组成的编辑部编纂；部门年鉴（如《中国经济年鉴》），多由相应的政府主管部门组织编纂，内容多为概况性和统计性的资料，准确可靠；产业年鉴（如《中国食品工业年鉴》），反映国内经济各个产业的发展成就，多由各部委组织编纂；专门年鉴（如《中国人物年鉴》），以具体事物为收录范围；单位年鉴（如《中央财经大学年鉴》），其中包括工矿企业年鉴、事业机构年鉴、学术团体年鉴等。

4）统计性年鉴，包括综合性统计年鉴、地方性统计年鉴和专科性统计年鉴。综合性统计年鉴（如《中国统计年鉴》），反映全国年度统计资料；地方性统计年鉴（如《上海统计年鉴》）；专科性统计年鉴（如《中国特价统计年鉴》），是以某一行业、某一部门的统计资料为收录对象而编制的年鉴（我国现有专科性统计年鉴内容涉及城市、人口、农村、工业经济、教育、能源、旅游八个方面）。

2. 统计资料的检索

1）利用年鉴

年鉴以年为限，逐年出版，汇集上一年度的社会、经济概况和统计资料，是检索统计资料的首选工具书。它包括用统计数字来说明各个方面进展情况的统计性年鉴，如《中国统计年鉴》《国际统计年鉴》《联合国统计年鉴》等；反映各行业、各学科统计资料的专科性年鉴，如《中国经济年鉴》《中国金融年鉴》《中国会计年鉴》《中国财政年鉴》等；反映包括经济在内的各方面材料的综合性年鉴，如《中国年鉴》。

2）利用资料汇编

汇编中的统计资料系统完整，专题性强。特别是在新中国成立 50 年前后，各出版社都先后出版了许多反映各部门、各行业的专题资料汇编，如中国统计出版社出版的《新中国五十年统计资料汇编》等。

3）利用报刊

虽然年鉴和资料汇编所反映的统计资料系统完整，但由于出版等原因，资料不够及时。要查找最新统计数字，还必须使用报刊。如每年发布的《中华人民共和国国家统计局关于国民经济计划执行公报》（简称《国发经济统计提要》），首先就发表在《人民日报》等报纸上，利用《人民日报索引》，即可查到发表在何月何日第几版。《中国统计信息报》《经济日报》《金融时报》和《中国证券报》等经济类报纸，也登载了大量的由国家统计局或其他政府机构发布的某些定期或一次性统计资料。

4）利用网上数据库

《中国国家经济信息网》《中国经济电讯》等数据库，24 小时更新，更是获取最强经济数据信息的重要工具。

4.7.2 百科全书、名词术语的检索

1. 百科全书概述

百科全书是汇集各学科的专门术语、重要名词，以方式分条立目，加以全面、系统而又客观简明的论述，注重反映最新研究成果的大型工具书。它包罗万象，在各种类型的工具书中，被誉为“工具书之王”。人们称它为“没有围墙的大学”“精简的图书馆”，它能为人们提供人类各种知识的基本资料，是学习和工作中最常用的工具书之一。

1）百科全书的类型与结构

（1）百科全书按部头大小可分为：大百科全书（20 卷以上）、中小百科全书（20 卷以下），单卷本百科全书（又称案头百科全书）。

（2）按选收范围可分为：综合性百科全书，收录多学科或多门类的知识，如《不列颠百科全书》；专科性百科全书，收录某一学科或某一领域知识的百科全书，其专业范围相对而言有宽有窄，如《中国大百科全书》（经济学卷）范围十分广泛，而《会计百科全书》则只限于一个专科。

2）《中国大百科全书》

《中国大百科全书》是我国第一部大型现代综合性百科全书，它具有以下特点。

（1）卷帙浩繁，信息广泛。全书共 74 卷，分 66 个学科，收 77 859 个条目，总字数 1.2 亿，图表 5 万余幅，是我国出版史上编纂的最大的工具书。以卷数而言，仅少于西班牙的《欧美大百科全书》（总共百余卷），但多于当代各国百科全书。

（2）权威执笔。全书的编委会由各个领域的权威人士组成，代表了全国各个领域最高学术水平。并且，组织者按照“最合适的人撰写最合适的条目”的原则组织特色撰稿人，撰稿人均为各个领域的饱学之士。

（3）注重中国内容。世界许多著名的百科全书虽也提供有关中国的内容，但数量有限，有的还夹带偏见。介绍中国，只有中国自己才最有权威。反映中国内容有两种方式，一是编纯中国内容的学科卷，如《中国文学》《中国历史》《传统医学》；二是在一个学科内着重介绍中国事物，如《考古学》卷以 3/4 的条目介绍中国考古成果。

（4）客观。条目释文和语气比较客观，力求尊重历史事实，如《军事》卷中的“林彪”、《哲学》卷中的“陈独秀”和《中国文学》卷中的“胡适”等。条目不使用“伟大的”“英明的”等词。

（5）完整的检索系统。《中国大百科全书》的检索系统可以说是我国出版的工具书中最为完备的。它共有九种检索方式。

① 音序检索。全书各卷条目按汉语拼音字母顺序排列。

② 笔画检索。各卷均有“条目汉字笔画索引”，供不熟悉汉语拼音或不熟悉个别汉字读音的读者使用，并且附有“繁体字和简化字对照表”，供不熟悉简化字的读者使用。

③ 分类检索。各卷正文前均有“条目分类目录”，供读者从中了解学科的知识框架，找到自己所要阅读的条目和相关条目。

①②③三种检索方式有全部条目，是检索的主渠道。

④ 内容检索。全书各卷书末附有“内容索引”。它除了列有全部条目外，还列有条目释文中隐含的知识主题，主题词相当于条目数的 4～7 倍。人名附有生卒年，外国人名附有原文，是全书最详尽的综合检索渠道。

⑤ 外文检索。除纯中国内容的学科卷外，其他卷都附有“条目外文索引”（中国内容条目，外文无定译的条目未列）供熟悉外文的读者使用。

⑥ 时序检索。大部分卷刊有该学科的“大事年表”。凡年表所未提到的人、事、物条目的词均排成楷体字，循此可以检索有关条目。

⑦ 图片检索。各卷均有“彩图插页目录”作为检索彩色插图之用。

⑤⑥⑦三种检索方式为辅助性检索手段。

⑧ 参见检索。它是用楷体字排印的“参见词”构成的。参见词把不同条目连缀起来，互相沟通，从一个条目释文可以得知本书所收的其他各种相关条目。

⑨ 书目检索。全书的重点条目列有“参考书目”，向读者提供进一步研究条目所述知识线索。它是百科全书通向书海的桥梁。

如利用《中国大百科全书》检索财经资料主要使用【经济学】卷和【财政、税收、金融、价格】卷。现在《中国大百科全书》已出版了电子版，其检索方式更为便捷。

3）《新不列颠百科全书》（The New Encyclopaedia Britannica，EB）

它是西方百科全书的佼佼者，被认为是最有权威的大型综合性百科全书，是著名的“ABC 三大百科全书”之“B”。该书已有 220 多年历史，1768—1774 年在苏格兰的爱丁堡出版，共 3 卷。后来平均每隔 10 年再版一次，1929 年因经济困难将版权卖给了美国人，开始出第 14 版，被认为是现代大型综合性百科全书的范本。以后每版修订多次，先后重印 41 次。1974 年经过重新设计，出版了全新的第 15 版。

2. 名词术语的检索

1）查现代汉语语词（现代口语普通话和书面白话）。《现代汉语词典》是记录普通语汇为主的中型词典，词典共收条目包括字、词、词组、熟语和成语等约 56 000 条。后又出版《现代汉语词典》（补编），补收条目 2 万条。

2）查古代汉语语词。《辞源》（修订本）是一部大型的古汉语词典，以语词为主，兼收百科，收词目约 10 万条，侧重收录 1840 年以前的古籍词语，着重解决查阅古籍时所遇到的有关语词、成语、典故和古代文物典章制度等知识性疑难问题。

3）查难字。难字就是平时所说的冷僻字和偏僻字，是与常用字相对而言的。阅读古籍的时候，就常常遇到许多“死字”和冷僻字。查难字，主要使用《汉语大字典》（共 8 册）。

4）查古今汉语语词。《汉语大词典》（正文十二卷，检索表及附录 I 卷）共收词目 37 万条，其中单字条目 2.2 万条，总字数约 5000 万。此书遵循“古今兼收、源流并重”的编辑方针，着重从语词的历史演变过程加以全面阐述，收词范围包括古今语词、熟语、成语、典故，以及已进入语汇范围和比较常见的专科语汇。全书单字按 200 个部首排列，同部首按笔画多少排列，笔画数相同按起笔横、竖、撇、点、折排列。其他检字法如音序、笔画等列为附录。

5）查英语语词。可用来查英语语词的工具书有《新英汉词典》、《英汉大词典》、《远东英汉大词典》、《牛津英语大词典》（The Oxford English Dictionary on Historical Principles）、《韦氏三版新国家英语词典》（Webster's Third New International Dicionary of the English Language Unabrided）、《韦氏大学词典（新九版）》（Webster's Nine Collegiate Dicionary）和《韦氏新世界美语词典》（Webster's New World Dicionary of the American Language）等。

4.7.3 人名、地名、机构的检索

1. 人名录

人名录收录某一时间、某一范围或某一地域的知名人物的简历，其内容通常包括姓名、生卒年月、学历、主要成就及论著、通信地址等，常以人名为标目，按字母顺序编排，如《国际名人录》《科学家传记辞典》《近代农业名人录》等。

2. 地名录

地名录收录经审定后规范化的地名，常按字母顺序编排，可以和地名词典、地名索引、地名译名手册和地图配合使用，如《中国地名录——中华人民共和国地图集地名索引》《中国名胜索引》和《世界地名录》等。

3. 机构名录

机构名录主要介绍各种组织概括，包括各种组织机构的名称（全称和缩写）、性质、宗旨、历史、成员、活动、出版物、地址、电话号码等资料，如《中国科研单位名录》《中国技术咨询服务机构名录》《中国企事业名录大全》《中国科学研究与技术开发机构要览》《国际研究中心指南》和《欧洲协会指南》等。

4.7.4 事实型和数据型数据库

1. 事实型数据库

1）中国科学技术成果数序库（CDTAD）

中国科学技术成果数序库原名《中国适用技术成果数据库（CDTAD）》，由中国科技信息所万方数据中心研制，是国家科委指定的新技术、新成果查新数据库。数据库录收录 1984 年以来，各省市、部委科技管理部门鉴定后上报国家科委的科技成果，以及星火技术成果。条目内容有项目名称、研制单位、研制人、通信方式、鉴定时间及主持部门、技术水平、技术转让条件等。

2）中国科技名人数据库（WHO'S WHO）

中国科技名人数据库是我国第一部以光盘形式出版的科技名人录，由中国科技信息所万方

数据库中心研建，收集中国国内知名科学家和工程专家，以及从事管理和政策制定的科技负责人的全面信息。条目内容有姓名、职称、个人情况、科学研究或管理成就、专著、论文和受奖情况等。它有中英文两种光盘。

3）中国科研机构数据库（CSI）

中国科研机构数据库由中国科技信息所万方数据中心研制，收录我国近 1 万个主要科研单位的详细资料，包括机构名称、负责人、通信方式、成立年代、科研人员数、科研成果、研究范围、产品信息、出版等信息。它是了解我国科研单位的发展状况和科研成就的重要工具。

4）中国科技经济新闻数据库

中国科技经济新闻数据库由中国科技所重庆分所研制，收录我国 1992 年以来，省部、市级以上报纸 13 种及数千种科技期刊，主要报道我国新产品及新技术开发、企业生产管理动态、行业发展动向、产品市场趋势和政策法规等方面的信息，在科研立项、成果查新、寻求技术伙伴或合作伙伴、掌握科研及生产动向方面有重要参考作用。

2. 数据型数据库

1）工业生产资料价格行情数据库

工业生产资料价格行情数据库由国家信息中心价格信息部研建，收集我国所有直辖市、计划单列市、省会城市的各类工业生产资料成交价格，信息采集日为每月的 5 日、15 日、25 日，信息来源于全国各类工业生产资料市场，从中可了解和分析重要工业生产资料价格行情的变化。

2）国家宏观经济数据库

国家宏观经济数据库由包头市经济信息中心研建，信息包括 1980 年以来《中国统计年鉴》的内容和 1993 年以来国家及各省、市、自治区、中心城市的月度宏观经济指标，信息来源于《中国统计年鉴》及联合信息网。

3）国际化工业产品价格数据库

国际化工业产品价格数据库由中国化工信息中心研建，收录美国、日本、法国、印度等国家和中国香港及台湾地区化工市场有关刊物上发表的重要化工产品的价格、规格、包装、交货方式等信息。

4）中国机电产品价格信息数据库

中国机电产品价格信息数据库由原机械工业部科技信息研究院研建，由全国工厂和企业提供信息，收录机床、汽车、工程机械、农业机械、超重运输、建筑工程机械、拖拉机、电机、仪器、仪表、计算机和电子产品自动化设备等产品的价格。

思考题

1. 什么是专利？
2. 简述我国标准文献的主要含义。
3. 我国标准文献检索的主要数据库有哪些？
4. 什么是学位论文？目前有哪些资源系统可以检索国内学位论文？
5. 科技报告的类型有哪些？
6. 美国四大检索报告是什么？
7. 科技报告按内容划分为几类？
8. 年鉴有哪四类？

第5章 中文电子图书数据库

本章主要介绍中文电子图书数据库的基本知识，以及常用中外文数据库的基本情况，重点讲述各数据库收录文献的特点及使用方法，包括CNKI、维普、万方、书生之家、超星、EBSCO、SpringerLink、北京银符等级过关考试平台、CSSCI和CSCD等。

5.1 概述

随着社会的不断进步，人们越来越依赖计算机电子技术加工、存储、查找信息资源，而数据库成为开发信息资源的一个重点得到了迅速发展，各发达国家为此颁布了各种法规，并提供了充足的资金支持，使数据库的发展迈上了一个又一个新的台阶。例如，美国政府在1985年颁布了《美国联邦信息资源管理政策》，即A130号文件；1987年发表了《电子信息收集的政策指南》；1993年9月，克林顿政府制订、颁布了NII计划（简称信息高速公路计划），随后提出了NJII行政计划，这些政策和计划都将重点放在数据库资源的建设上，以数据库建设促进现代信息资源的开发。美国目前经过注册的数据库有3万多个，而且它们有共同的特点——规模大、信息容量大、功能齐全、更新较快、商业化程度较高。

5.1.1 数据库及其相关概念

按照国际标准化组织标准ISO/DIS5127的规定，数据库（Database）是指至少由一种文档（File）组成，能满足特定目的或特定功能数据处理系统需要的数据集合。数据库可以直观地理解为存放数据的仓库，只不过这个仓库是计算机的大容量存储器，如硬盘就是一种最常用的计算机大容量存储设备，而且数据必须按一定的格式存放。

下面介绍一些与数据库相关的概念。

1. 文档

文档是文献或数据记录的集合。一个数据库至少包括顺排和倒排两种文档。顺排文档

（Linear File）也称主文档，是按记录存取号的大小排序排列而成的文档。一篇文献为一条记录单元，一个存取号对应一条记录，文献信息越新，记录存入文档的时间越晚，记录的顺序号就越大。顺排文档存入了数据库的全部记录，存储了记录的最完整的信息。如果在顺排文档中进行检索，计算机就要对每个检索提问式逐一扫描数据库中的每条记录，存储的记录越多，扫描的时间越长，这样检索效率就会越低。倒排文档（Inverted File）也称索引文档，是将全部记录中的某一文献或数据特征标识（不包括存取号），即把主文档中的可检字段（如主题词、著者）抽出，按一定的顺序（字母或数字顺序）排列而成的特征标识文档。不同的字段组织成不同的倒排文档（如主题词倒排文档、著者倒排文档等）。在书目数据库中，著者是最常见的文献或数据特征标识之一，如果以它为标准生成倒排文档，实际上是以著者为依据，将不同的著者姓名按字母顺序生成著者索引。倒排文档类似于检索工具中的辅助索引，大大加快了数据库的检索速度。在数据中，建立倒排文档的字段越多，相应地检索途径越丰富，检索效率越高。倒排文档只有抽取字段的文献特征标识、文献篇数及文献存取号。因此，在实施检索时，必须和顺排文档配合使用，先在数据库的倒排文档中查得文献篇数及其记录存取号，再根据存取号从顺排文档中调出文献完整的记录。

2. 记录（Record）

记录是有关文献或数据的整体描述，是构成数据或文档的基本单元。在全文数据库中，一条记录相当于一篇文章，而在书目数据库中，一条记录相当于一条题录。如果与传统图书馆作比，传统图书馆采用手工借阅，利用的是卡片式目录，数据库的记录则对应一张卡片。

3. 字段（Field）

字段是记录的基本单元，它是对实体的具体属性进行描述的结果。在书目数据库中，记录中含有的字段主要有题名、著者、出版年、文摘、ISBN 等。字段由字段名和字段内容构成。如果有些字段内容较多，还可以进一步划分为若干子字段。

在书目数据库中，一条完整的记录由若干字段及内容构成，反映了一种图书比较全面的信息，许多记录按照不同的方式排列，又组成顺排文档或不同的倒排文档。

实际上，数据库是长期存储在计算机内、结构化、可共享的数据集合。它具有较小的冗余度、较高的独立性、较强的易扩展性等优点，可以说是现实社会存储信息的主要形式。例如，进行数据库查询是根据大用户提供的限制查询语句返回一个数据子集，这就像问数据库一个问题，然后由数据库给你想要的答案一样。对数据库的操作，如打开、存储、组织、维护等由数据库管理系统（DBMS）统一完成，SQL Server、Oracle 等都是常用的数据库管理系统。

5.1.2 数据库的类型

按照数据库反映文献的类型的不同，可将数据库分为以下三类。

1. 参考数据库（Reference Database）

参考数据库即主要针对印刷型出版物开发的，指引用户能够快速、全面地鉴别和找到相关信息的数据库。也就是说，参考型数据库提供文献信息的基本特征和属性，以供用户参考，同时提供相关来源信息使用户可以找到原始文献。参考数据库有时又称文献型数据库。参考数据库主要包括书目数据库、文摘数据库和索引数据库。书目数据库主要是针对图书进行报道与揭示，如各图书馆的馆藏机读目录数据库；文摘和索引数据库则针对期刊论文、会议论文、学位论文等进行内容和属性的加工，如工程索引数据库 Ei Compendex、化学文摘光盘数据库 CA ON

CD、中国科技期刊篇名数据库等。

2. 全文数据库（Full-text Database）

全文数据库即收录有原始文献全文的数据库，以期刊论文、会议论文、政府出版物、研究报告、法律条文和案例、商业信息等为主。全文数据库免去了文献标引著录等加工环节，减少了数据组织中的人为因素，因此数据更新速度快，检索结果查准率更高；同时由于直接提供全文，省去了找到原文的麻烦，因此深受用户喜爱。全文数据库的数量扶摇直上，当前，全文数据库的数量与书目数据库的比例大约已达到 2∶1，而且数量仍然呈上升趋势。

3. 事实数据库（Factual Database）

事实数据库即包含大量数据、事实，直接提供原始资料的数据库。其又分为数值数据库、指南数据库、术语数据库等，相当于印刷型文献中的参考工具书，如百科全书、手册、年鉴、名录等。数值数据库是一种以自然数值形式表示、计算机可读的数据集合，如统计数据库、化学反应数据库等；指南数据库包括各种机构名录数据库、人物传记数据库、软件数据库、产品数据库等，如公司名录、产品目录等；术语数据库即专门存储名词术语信息、词语信息等的数据库，如电子版百科全书。

5.2 中国知网

5.2.1 概况及数据库简介

1. 概况

中国知识基础设施工程（China National Knowledge Infrastructure，CNKI，网址：http://www.cnki.net），又称中国知识资源总库、中国学术文献网络出版总库，是以实现全社会知识信息化为重点的工程，被国家科技部等五部委确定为“国家级重点新产品重中之重”项目。CNKI 由清华大学、清华同方发起，始建于 1999 年 6 月。CNKI 工程集团经过多年的努力，采用自主开发并具有国际领先水平的数字图书馆技术，建成了世界上全文信息量规模最大的“CNKI 数字图书馆”，涵盖了我国自然科学、工程技术、人文与社会科学期刊、博硕士论文、报纸、图书、会议论文等公共知识信息资源；用户遍及全国和欧美、东南亚、澳洲等各个国家和地区，实现了我国知识信息资源在互联网条件下的社会化共享与国际化传播，使我国教育、科研、政府、企业、医院等各行各业获取与交流知识信息的能力达到了国际先进水平。

在拥有大量资源的基础上，CNKI 工程研究中心组织各学科专家对文献中的知识进行提炼，建成“知识元数据库”，并通过知识元素链接、引文链接等技术，将文献间的知识关联起来，使所有知识资源形成了具有内在联系的知识网格的整体，再加以先进的数字图书馆管理技术，正在全力以赴地建设《中国知识资源总库》。《中国知识资源总库》（简称《总库》）是具有完备知识体系和规范知识管理功能的、由海量知识信息资源构成的学习系统和知识挖掘系统，由同方知网技术产业集团精心打造。同方知网技术产业集团（TTKN Group）是同方股份有限公司全资境外子公司——同方（美国）公司通过其境外全资子公司 KNOW CHINA 在北京设立的全资子公司，由同方知网（北京）技术有限公司（TTKN）、中国学术期刊（光盘版）电子杂志社（CAJPH）与同方光盘股份有限公司（TTOD）组成，拥有员工 1300 多名。TTKN Group 是中国互联网出版与信息服务产业的领导厂商，主要从事各类知识文化信息资源的整合传播、互联网出版与相关技术服务，以向全社会提供高层次知识服务为主要价值取向，依靠自主开发、不断创新的全文数据库管理、知识挖掘与数字出版等先进技术，与社会各界通力合作，坚持打造高度集成、深度利用的《中国知识资源总库》，其网站首页如图 5-1 所示。

图 5-1 《中国知识资源总库》网站首页

1）同方知网（北京）技术有限公司（TTKN）。TTKN 具有雄厚的资金实力，强大的技术研发能力、市场营销能力和一流的管理运营能力，是同方知网技术产业集团的核心产业，根据中国和国际互联网出版与信息服务市场的需要，投资中国学术期刊（光盘版）电子杂志社，不断开发各类适应中国和国际市场需要的数据库及信息服务技术产品，以独家代理和风险投资等方式致力于建立最优知识传播和增值信息服务国际品牌。

2）中国学术期刊（光盘版）电子杂志社（CAJPH）。CAJPH 是中国新闻出版总署批准成立的首批互联网出版机构之一，由教育部主管、清华大学主办，是目前中国规模最大、历史最久、最具权威的专业互联网与电子出版机构，是同方知网技术产业集团的成员之一。主要从事信息资源组织与采集、资源产品策划与设计、内容编辑与产品出版，拥有 CNKI 系列数据库的总体和内容编辑版权。

3）同方光盘股份有限公司（TTOD）。TTOD 是中国目前规模最大的全文数据库与网络出版文献标准化生产加工厂家，受 CAJPH 委托，承担 CNKI 系列数据库产品的信息加工生产任务。公司拥有高效的生产调度体系与严格的产品质量控制体系，以及自主开发的全文本智能版面排版技术、多媒体数据制作技术、全文本与多媒体数据库建库技术、引文自动链接与各种超文本数据库建库技术、高分辨率图文信息智能识别处理技术、自动标引技术、信息加工质量控制技术等全系列国际先进的数据信息加工技术，构成各类信息资源的专业化大规模信息加工生产线。全文文献数据的年产能力达 400 万篇，年信息处理能力达 5 亿条，数据平均吞吐速度达到 7 天，严格保证了 CNKI 系列数据库的出版质量与出版周期。

4）同方知网知识传播工程技术研究院。同方知网知识传播工程技术研究院是 TTKN 的技术研发机构，主要从事 CNKI 系列资源的整合开发、知识挖掘、知识传播与知识增值服务研究，涉及数字化加工技术、智能文档技术、电子出版技术、检索技术、自然语言处理技术、人工智能技术、内容管理技术、软件工程、超大数据库、图书馆学、情报技术、信息管理、知识挖掘、知识工程、传播工程、媒体出版、电子商务等诸多方面。同方知网知识传播工程技术研究院的成立，将全面提升 CNKI 系列产品的内在技术品质，进一步确保 CNKI 产品的技术先进性，为用户提供一流的资源与技术产品。

2. 数据库简介

“CNKI 系列数据库”产品为一系列大规模集成整合传播我国期刊、博硕士学位论文、工具书、会议论文、报纸、年鉴、专利、标准、科技成果、古籍、哈佛商业评论数据库等各类文献资源的大型全文数据库和二次文献数据库，以及由文献内容挖掘产生的知识元数据库。全文数据库分为源数据库和知识仓库两大类型。

目前，源数据库有《中国学术期刊网络出版总库》等 14 种，知识仓库有《中国医院知识仓库》等 12 种。其中，各全文数据库产品是自 1996 年以来原国家新闻出版总署陆续批准正式出版、面向海内外发行的国家级电子与互联网期刊，各期刊以互联网和光盘两种传播载体，按“中心网站版”“镜像数据库版”“光盘版” 3 种版本定期连续出版。

其中，“中心网站版”的数据每工作日出版，累积发布在“中国知网”（www.cnki.net）；“镜像数据库版”的数据每月（或季）用光盘（DVD-ROM 或 CD-ROM）或每日通过互联网向机构用户提供，在机构用户内部网上累积发布使用。另外，机构用户还可以选择“托管”服务模式，登录“中国知网”使用“中心网站版”的数据，对所订阅的 CNKI 数据库当年更新的内容拥有永久使用权，该数据库可安装到本地。

1）《中国学术期刊网络出版总库》（CAJD）。《中国学术期刊网络出版总库》基本上完整地收录了我国的全部学术期刊，是国家学术期刊最具权威性的文献检索工具和唯一的网络出版平台。该总库是“十一五”国家重大网络出版工程——《中国学术文献网络出版总库》的子项目。鉴于该总库具有收录范围广、文献总量大、期刊文献收录完整率高、出版时效和更新频率快、服务质量好等优点，2008 年该总库荣获国家最高出版荣誉奖——首届中国出版政府奖——网络出版物奖。

该总库共分十大专辑出版光盘版和网络版，均有正式出版号，其收录范围为我国公开出版发行的学术期刊（含英文版）全文文献，包括基础与应用基础研究、工程技术、高级科普、政策指导、行业指导、实用技术、职业指导类期刊，截至 2011 年年底共收录 7708 种期刊，文献量 2870 多万篇。其中，独家收录期刊 1380 多种，占所有期刊刊种的 18%；独家核心期刊 960 多种，占所有核心期刊刊种的 53.3%。收录年限为 1994 年至今（部分期刊收录回溯至创刊）。

优先数字出版是将印刷版期刊审定的文稿在印刷前，单篇或整期以数字出版方式即时出版，这种新的出版方式将逐渐成为国内外学术期刊出版的主流模式和发展趋势。2010 年 10 月，中国知网率先在全国启动期刊优先数字出版，得到了原国家新闻出版总署和期刊编辑部的大力支持。截至 2011 年年底，“中国知网”优先数字出版期刊已经签约合作 860 余种，优先数字出版文献近 4 万余篇。

2)《中国学术期刊网络出版总库》(精品期刊典藏卷)。《中国学术期刊网络出版总库》(精品期刊典藏卷)，即“世纪期刊工程”，是考虑核心期刊和行业重要性，结合引用分析数据，依据科学标准遴选出具有馆藏价值和至今仍具有参考价值的重要期刊，将其自创刊以来的全部文献进行回溯收录加工所形成的全文数据库。《中国学术期刊网络出版总库》(精品期刊典藏卷)与《中国学术期刊网络出版总库》(1994 年至今)可以合成统一的数据库使用，构成了中国学术期刊的权威文献检索工具。

收录范围为自创刊至 1993 年的重要学术期刊，收录了 3573 种期刊，文献量达 531 万篇，收录年限为 1915—1993 年。收录原则是由中国科学文献计量评价研究中心通过研究期刊的总被引频次及其引文年代分布规律，建立重点回溯期刊遴选的量化标准，分别确定了重点回溯期刊、适合回溯期刊和不入选期刊的范围。首先，基于对 2000—2005 年全国期刊、图书、博硕士论文等文献引用 1993 年以前期刊文献的分析，遴选出引文频次高的重要期刊；其次，根据 1994—2000 年各类文献引用 1993 年以前期刊文献情况，遴选出引文频次高的期刊。

3)《中国博士学位论文全文数据库》(CDFD)。《中国博士学位论文全文数据库》是国内资源内容最完备、质量最高、出版周期最短、数据最规范的博士学位论文全文数据库，是国务院学位委员会指定的唯一博士学位点评估依据数据库。收录范围为具有博士学位授予权的学科点的全部博士学位论文(涉及国家保密的论文除外)。截至 2011 年年底共收录博士论文 17.1 万余篇。其中，145 家培养单位与 CNKI 独家合作：包括“985 工程”院校 16 家，“211 工程”院校 52 家，分别占“985、211 工程院校”总数的 41%和 45%。已签约向 CDFD 投稿的博士培养单位有 403 家(涉及国家保密的单位除外)，占我国博士学位培养单位的 98%。211 院校学位论文覆盖率达到 100%。2010 年、2011 年博士论文出版数量占全国当年毕业且可公开出版的博士学位论文总量的 90%以上。收录年限从 2000 年至今(部分回溯收录至 1984 年)。大多数论文出版不晚于授予学位之后两个月。

4)《中国优秀硕士学位论文全文数据库》(CMFD)。《中国优秀硕士学位论文全文数据库》是国内资源内容最完备、质量最高、出版周期最短、数据最规范的优秀硕士学位论文全文数据库，是国务院学位委员会指定的唯一硕士学位点评估依据数据库。收录范围为具有博士学位授予权单位的优秀硕士学位论文，以及全国无博士学位授予权单位的优秀硕士学位论文(涉及国家保密的论文除外)。以优先保证文献质量为基本原则。截至 2011 年年底共收录优秀硕士论文 140 万余篇。其中，271 家培养单位与 CNKI 独家合作：包括“985 工程”院校 16 家，“211 工程”院校 52 家，分别占“985、211 工程院校”总数的 41%和 45%。已签约向 CMFD 投稿的硕士培养单位有 618 家(涉及国家保密的单位除外)。211 院校学位论文覆盖率达到 100%。2010 年、2011 年硕士论文出版数量占全国当年毕业且可公开出版的硕士学位论文总量的 90%以上。收录年限从 2000 年至今(部分回溯收录至 1984 年)。大多数论文出版不晚于授予学位之后两个月。

5)《国际会议论文全文数据库》(IPFD)。《国际会议论文全文数据库》汇集了国内外千余家重要会议主办单位产出的学术会议文献，多数为自然科学领域，是目前国内唯一实现国际会议文献整合出版的大型数据库。

文献来源为国际组织在境内外主办的科技类学术会议，高校重点实验室、研究中心及院系主办的学术会议，全国学会及其分会、专业委员会主办的国际会议。首先，该数据库定位高端，之所以受国际会议认可，是因为其在短时间内汇集了世界各地知名学者对某一热点问题的观点和最新成果，将此类高端文献集中整合出版，可以使读者了解国际最新成果，拓宽视野；其次，该数据库具有知识关联的特点，通过跨库检索、知网节功能与其他文献结合，实现与不同类型文献重新整合。该数据库收录了由国内外 800 余家授权单位推荐的 2800 多次国际学术会议的论文，截至 2011 年年底收录国际会议论文 32 万余篇，收录年限从 1981 年至今，国内机构主办的国际会议收录完整率达 80%，当年会议结束之后两个月内出版会议论文网络版。

6)《中国重要会议论文全文数据库》(CPCD)。《中国重要会议论文全文数据库》汇集了国内外 8000 余家重要会议主办单位产出的学术会议文献，基本囊括了我国各学科重要会议论文，是我国最完备的中国重要会议论文全文数据库，也是我国第一个连续出版重要会议论文的全文数据库。文献来源为高校重点实验室、研究中心及院系主办的学术会议，全国性学会及其分会、专业委员会主办的学术会议或论文评选，全国性行业协会及其分会主办的行业活动或发布的行业报告，地方性学会/协会主办的特色会议（选择性收录）。首先，该数据库出版系列化，学术组织举办的重要会议具有固定的周期且连续性召开的特点，系列化出版完整体现了该学科领域最新的研究成果，同时便于读者进行追溯研究，到目前为止，60%的重要会议文献已实现系列化收录，可以为读者提供完整的系列化调研资料；其次，该数据库出版系统化，通过跨库检索、知网节功能与其他文献结合，实现与不同类型文献重新整合。该数据库收录了由国内外 2100 家授权单位推荐的 18 000 多个重要学术会议的论文，收录完整率达 85%以上，截至 2011 年年底收录论文 165 万余篇，收录年限从 1953 年至今，国家一级学会/协会召开的会议产出的论文收全率占 96%以上，当年会议结束之后两个月内出版会议论文网络版。

7)《中国重要报纸全文数据库》(CCND)。《中国重要报纸全文数据库》是我国第一个以重要报纸刊载的学术性、资料性文献为收录对象的连续动态更新的报纸全文数据库。收录范围为中央级、全国性报纸和发行量大、有一定影响力的地方性报纸及特色报纸，截至 2012 年年底收录不少于 500 种中央及地方重要报纸，文献量约 1100 万余篇。该数据库收录内容为重要新闻和学术文献资料，收录方式是摘录全文，收录年限为 2000 年至今。报纸网络出版平均滞后于报纸印刷出版 5 天。其中当天更新报纸不少于 100 种。

8)《中国年鉴网络出版总库》(CYBD)。《中国年鉴网络出版总库》是我国第一部拥有国家标准刊号连续出版的年鉴全文数据库型电子期刊，是目前国内年鉴数据库市场上最完整、最权威的产品。在先进的专业检索、知识挖掘、数字化学习与研究等系统功能支持下，它既能全面展示我国纸质年鉴资源的原貌，又运用国内最先进的数图开发技术，深度开发利用了纸质年鉴中的信息资源，将 2300 多种年鉴内容以条目为基本单位，重新整合、标注、归类入库，进而形成一个涵盖全面、系统反映国情资讯的信息资源库。截至 2011 年年底已收录各种年鉴及相关资料 2381 种，占我国已公开连续出版年鉴的 96%，遥居业内第一。该数据库收录年鉴 18 245 册 1500 万余条，收录年限从 1912 年至今。2000 余种年鉴“零缺期”，册数和文献条目数的完整率为 99%，多种年鉴册数完整性已远超国家图书馆和 CALIS。CYBD 收录年鉴中，1625 种为独家网络使用，且多为优质年鉴，资源的独特性和完整性遥遥领先。中心网站版每周更新内容，镜像站点按月更新。纸质年鉴现刊出版后，最快 40 天即可上网。

9)《中国经济社会发展统计数据库》(CSYD)。《中国经济社会发展统计数据库》是一个集统计数据资源整合、数据深度挖掘分析及多维度统计指标快捷检索等功能于一身的汇集中国国民经济与社会发展统计数据的大型统计资料数据库，文献资源覆盖了我国经济社会发展的 18 个领域/行业，囊括了我国所有中央级、省级及其主要地市级统计年鉴和各类统计资料（如普查资料、调查资料、历史统计资料汇编等）。

《中国经济社会发展统计数据库》通过与中国统计出版社及各统计年鉴编辑单位合作，依托同方知网的网络出版平台，将中国境内的权威统计年鉴（资料）进行大规模数字化整合出版，不仅集成了普通电子数据库的主要优点，还通过对每个统计图表提供 Excel 格式，让统计数据的利用发挥到最大的效益；更重要的是，它贴近社科类（尤其是经济类）用户的实际使用需求，基于数据挖掘分析技术（Intelligent Data Mining and Extracting，IDMET），针对用户的研究和决策课题，提供了方便、快捷的一站式数据分析服务。收录统计年鉴共 305 种 3577 册，普查资料 124 种 290 册，调查资料 84 种 150 册，统计资料汇编 164 种 276 册，以及其他统计资料 31 种 138 册，资源总数共计 708 种 4431 册。其中，中央级统计资料收全率达 99%，统计资料内容涵盖了国民经济与社会发展各领域；收录了国家统计局实时发布的各种经济运行进度数据累计达 840 万余条，弥补了统计年鉴资源出版滞后性的缺点，为科研决策人员全力奉献最新、最权威、最有价值的社会经济热点数据。收录年限从 1949 年至今，各统计年鉴资料收录卷册完整率为 97.8%，中央级统计年鉴收录卷册完整率为 99.3%。中心网站版每双周更新内容，镜像版、光盘版每月 10 日更新内容。

10）《中国工具书网络出版总库》（CRFD）。《中国工具书网络出版总库》是全球最大的在线工具书全文数据库，荣获第二届中国出版政府奖——网络出版物奖，被列为“十一五”国家重大网络出版项目、“十一五”国家重点电子出版物规划选题，填补了市场空白。

CRFD 是纸本工具书的数字化整合，通过先进的网络出版技术和数据库检索系统的支持，为广大读者提供字、词、句、专业术语、事实、数据、人名、地名、翻译等百科知识检索服务，使读者全方位地了解各学科知识，并向其深度和广度进展的桥梁和阶梯。

CRFD 收录了 200 多家知名出版社近 6000 部工具书，类型包括汉语字典、双语词典、专科辞典、百科全书、图谱年表、手册、名录、语录、传记等，内容涵盖自然科学、工程技术、农业、医学、哲学与人文科学、社会科学、经济管理等各学科领域。按中图分类法分为 10 个专辑，168 个学科专题，共 32.6 亿个汉字，约 1500 万个词条，80 万张图片。只要所收录书目有新版本时，内容都将得到相应更新，同时每季都有新的工具书加入。

其独特优势在于内容方面，近 6000 部工具书成就了全球最大规模的在线工具书检索平台，特别是完整地收录了专科辞典和百科全书这样具有稀缺性的资源，为读者全面、深入、系统地学习、查考提供了便捷途径；功能方面，通过先进的技术将工具书的检索性发挥到了极致，不仅常规功能，如简单检索、高级检索、书目索引、拼音索引、笔画索引、检索结果排序、选书检索等好用、实用、易用；特色功能，如输入助手、通配符、同音提示、词条收藏、工具书定制等也设计得细致、周到、体贴。

这是我国唯一的、彻底解决了版权问题的工具书检索服务平台，其中 65%的工具书取得了独家授权。除了作为检索工具外，CRFD 的各条目还可以与期刊文献、博硕士论文等建立链接关系，即读者在阅读过程中如遇到了生僻字、术语、专有名词等疑难问题，可直接单击鼠标，通过划词链接或屏幕取词的方式进入工具书条目中，扫除学习的障碍，也提升了原有文献的价值和图书馆的知识服务能力。

（1）检索版：检索版是集成、方便、快捷的检索系统，用 IE 网页的形式呈现。

（2）链接版：链接版是将工具书与 CNKI 的文献建立链接关系，为用户随时解决文献阅读过程中所产生的疑问。链接工具书的方式有两种：一是选词链接，读者在 CNKI 文献中单击“选词链接”按钮后，用鼠标选择需要链接的字、词、句，得到工具书相关的词条；二是屏幕取词，单击“屏幕取词”按钮，鼠标在词语下停留，会自动弹出对话框提示工具书的解释。

（3）桌面版：桌面版是一款小巧的终端软件，只有 945KB，下载、安装到计算机桌面，不需要登录网站即可检索到几千部工具书。

（4）手机版：手机版让用户不管在何时何地，一旦遇到疑难问题，只要身边有一部手机，即可登录到 CRFD，查阅数千部工具书获得精确、权威的解答。

11）《中国大百科全书》全文数据库（局域网版）。《中国大百科全书》全文数据库收录纸质《中国大百科全书》第一版和第二版的全部内容。本库共计逾 14 万条目，近 100 万知识点，1.86 亿文字量，并配近万张高清图片、地图，数据容量超过 10GB。内容以网页的形式呈现，使用 IE 浏览器即可检索阅读。数据库采用先进的中文检索平台，提供完善的检索手段，体系结构先进，是对《中国大百科全书》第一版和第二版的传承、创新和超越，是具有权威性、系统性、准确性和完整性的知识集成型资源数据库产品。

其独特优势为代表国家最高科学文化水平的权威工具书，国家“九五”“十五”“十一五”重点出版工程；有十余年的编纂历程；自然科学与社会科学比例适中；收条重综合、阐释精要。

12）其他数据库。此外，“CNKI 系列数据库”还包括《建设工程预算造价与规范数据库》、《“文革”期间中草药实用手册全文数据库》、《公元集成教学图片数据库》、《中国规范术语：全国科学技术名词审定委员会公布名词》、《中国专利数据库》（SCPD）、《国外专利数据库》（SOPD）、《国家科技成果数据库》（SNAD）、《中国国家标准全文数据库》（SCSF）、《国内外标准题录摘要数据库》（SCSD、SOSD）、《中国行业标准全文数据库》（SCHF）、《国学宝典数据库》（GXBD）、《哈佛商业评论数据库》（HBRD）、《中国党建期刊文献总库》（CJFX）、《中国政报公报期刊文献总库》（CJFZ）、《中国经济信息期刊文献总库》（CJFY）、《中国精品科普期刊文献库》（CJFT）、《中国精品文艺期刊文献库》（CJFV）、《中国精品文化期刊文献库》（CJFU）、《中国高等教育文献总库》（CJFR）、《中国法律知识资源总库》（CLKD）和《CNKI 科研管理系统》等。

13）托管产品增值服务介绍。

（1）CNKI 数字出版平台。CNKI 数字出版平台是中国知识资源总库的统一管理平台。数字出版平台提出了全新的资源使用理念、文献检索模式和信息服务体系，构建了以总库资源超市理念为框架，以统一导航、统一元数据、统一检索方式和统一知网节为基础的资源出版平台。

（2）专业数字图书馆。专业数字图书馆是将中国学术文献网络出版总库中的资源分类汇编，形成 168 个一级学科专业数字图书馆，3000 多个子专业数字图书馆，涵盖全部学科范围。各学科专业数字图书馆均是该学科专业的学术文献总库，为专业用户提供专业文献检索和调研服务的平台。

- 文献出版统计功能：提供专业内各种文献（包括获奖文献、基金支持论文、高引用文献、高下载文献、新概念源文献）的出版情况，提供专业内重要作者、重要机构的数量及增长情况。
- 学科国家级、省部级课题：显示学科的国家级、省部级课题的项目名称、发布单位、涉及学科、项目发布时间、申请截止日期、资助经费等信息，提供课题相关文献、相关科研机构、相关研究人员等信息参考服务。
- 一年内产出的重要学术成果：显示一年内有影响力的学术成果，提供专业内的重要科技成果、专利、标准、期刊文献、会议论文、博士论文、硕士论文、外文期刊、外文会议论文等。

- 学术会议信息：提供专业内或相关的国际和国内学术会议信息。
- 全国某学科院士：显示学科内有影响力的学科院士，可查看院士发表的文献。
- 全国某学科博导：显示学科内有影响力的学科博导，可查看博导发表的文献。
- 学科互联网上学术论坛：推荐本馆相关的学术论坛中最近发表的精华帖子，可查看帖子并参与讨论。

（3）机构数字图书馆。CNKI 机构数字图书馆是机构用户在 CNKI 数字图书馆平台上建立的为本机构服务的数字图书馆，可与中国知网的数字出版平台无缝对接，并支持用户将其他资源纳入该平台之下，进行统一管理。在此基础上用户可利用 CNKI 机构数字图书馆构建各种增值服务系统。

CNKI 机构数字图书馆平台的服务项目包括四大类。

第一类是资源类服务项目，包括以下几个小类。

- 学科文献馆：各单位可以根据实际需要选择学科资源总库，构建服务于本单位的文献检索系统。
- 原版文献馆：可以配置期刊、工具书、报纸、年鉴等原版资源。系统自动将最新一期的文献推送给读者。
- 主题文献馆：对于一些前沿研究领域的、跨学科的热点问题，可以配置自建主题文献馆，按需定制检索式，将符合要求的文献资源自动聚类，形成本单位专有的资料馆。
- 对于本单位自建、外购的特色馆藏资源，可以配置本单位已有资源跨库检索项目，发布到机构数字图书馆中，与“中国知网”上的数据库进行跨库检索。

第二类是学术情报类服务项目，包括以下几个小类。

- 学术热点揣测：通过深度分析学科过去、现在的科研投入、科研成果产出，以及传播应用情况，揣测学科发展未来，自动发现和跟踪学术热点。
- 国内外学术会议播报：根据所关注的研究领域，系统将自动推送该领域的国际、国内学术会议及相关信息。
- 学术组织圈动态：通过选择与单位同研究领域的科研机构，组成学术组织圈，系统将自动跟踪和推送这些机构的研究动态与成果。
- 学者圈动态及影响力评估：选择所关注的学者或同行，组成学者圈，实时跟踪这些学者的学术成果。
- 学术趋势搜索：按学科对重要的学术概念、关键术语等研究内容的起源、发展趋势，以及发展过程中相关的重要学术成果进行搜索和跟踪，系统揭示学术研究的发展趋势。
- 学术圈公开论坛：方便单位研究人员参与网上学术论坛的学术交流。

第三类是国家科研项目申报服务项目，包括以下几个小类。

- 最新国家科研项目申报：根据单位的学科领域和研究特长，系统自动推送相关的国家各级科研项目最新申报信息，方便单位及时组织申报和跟踪。
- 国家各级科研项目跟踪：选择关注的在研或已完成的科研项目，系统自动跟踪这些项目最新的科研成果和推广应用情况。
- 国家科研投入分学科按年度统计：分学科按年度统计国家各级科研投入情况，自动推送某一年某个学科有多少项目及国家的投资金额，对科研决策和科研管理提供信息。

第四类是本单位科研评价服务项目，包括以下几个小类。

- 本单位科研能力全国对比排名：根据本单位承担的科研项目、成果产出情况、参与的研究人员数等，与全国范围内同行、同类机构的科研能力进行对比，给出单位科研能力在全国的对比统计报告。
- 本单位承担的科研项目统计分析：自动搜集和分类管理本单位承担的科研项目，跟踪项目研究进展，实时对比同行、同类项目的成果产出情况。可以按下级部门、项目来源进行统计。
- 本单位发表文献跟踪：根据单位名称及曾用名称，自动推送学术文献总库中收录的本单位作者发表的所有文献，可按不同文献资源类型分类。
- 本单位学者动态及影响力评估：自动推送本单位在学术文献总库中发文的所有学者，并对其发表的文献和被引用、下载情况进行统计分析。还可根据单位具体情况修改本单位的学者情况。

每个机构都可以在本单位机构馆下建立下级部门的二级子馆，也可以建立本单位特色主题资源馆。

（4）个人数字图书馆。CNKI 个人数字图书馆是个人用户在 CNKI 数字图书馆平台上建立的满足本人个性化需求的数字图书馆。在 CNKI 数字图书馆平台上，任何人都可以免费创建自己的个人数字图书馆。个人馆是个性化的情报服务系统和知识管理系统，围绕个人的学习和工作，将个人的知识空间和机构的知识资源进行结合，形成个人的知识体系。

个人馆可以配置上述机构馆的各个服务项目，除此之外，还可以配置下列几个个性化的服务项目。

- 本人学术影响力测评：系统将根据创建个人馆时填写的真实姓名及工作单位，自动推送发表的文献，并给出这些文献被引用、下载的统计报告，并可链接引用文献。
- 本人承担的科研项目：可以将个人承担的科研项目添加到个人馆中，系统将提供与科研项目相关的同行情况和相关成果，以便及时跟踪国内同行的研究进展情况。
- “我的”机构馆：每个个人馆都可以加入本单位的机构馆中，经过机构馆管理员批准后就可以免费使用机构馆中定制的各种资源和服务。

5.2.2 CNKI 的检索方法及使用

目前，任何用户均可通过 CNKI 主页（http://www.cnki.net/index.htm）免费访问“CNKI 系列数据库”中的题录和文摘信息，但如需下载全文，则要按页付费或授权使用。其主要服务模式是在集团内部网中建立镜像站点，通过集团主页上的相关栏目链接，无须注册登录（一般为授权 IP 范围内）即可直接检索并下载全文；也可通过网上包库或个人用户购买“检索阅读卡”，在 CNKI 的主页界面上，输入相应的账户、密码进行登录后，方可检索并下载全文。在“CNKI 系列数据库”中，尤以中国期刊全文数据库最具特色，已经成为国内外文献信息用户检索中文文献不可或缺的重要数据库之一。因此，这里以中国期刊全文数据库为例，重点介绍其使用方法，其他数据库的使用方法与其基本相似。

1. 登录方式

目前多数高校图书馆采用“镜像站点”方式，一般是从本校图书馆主页上的 CNKI 相关栏目链接到 CNKI 镜像站点，如某大学图书馆主页—正式数据库—CNKI 中文期刊（本地镜像），如图 5-2 所示。单击“访问 CNKI 中文期刊（本地镜像）”，进入系统默认的检索界面，如图 5-3 所示，此为 CNKI 的初级检索界面。

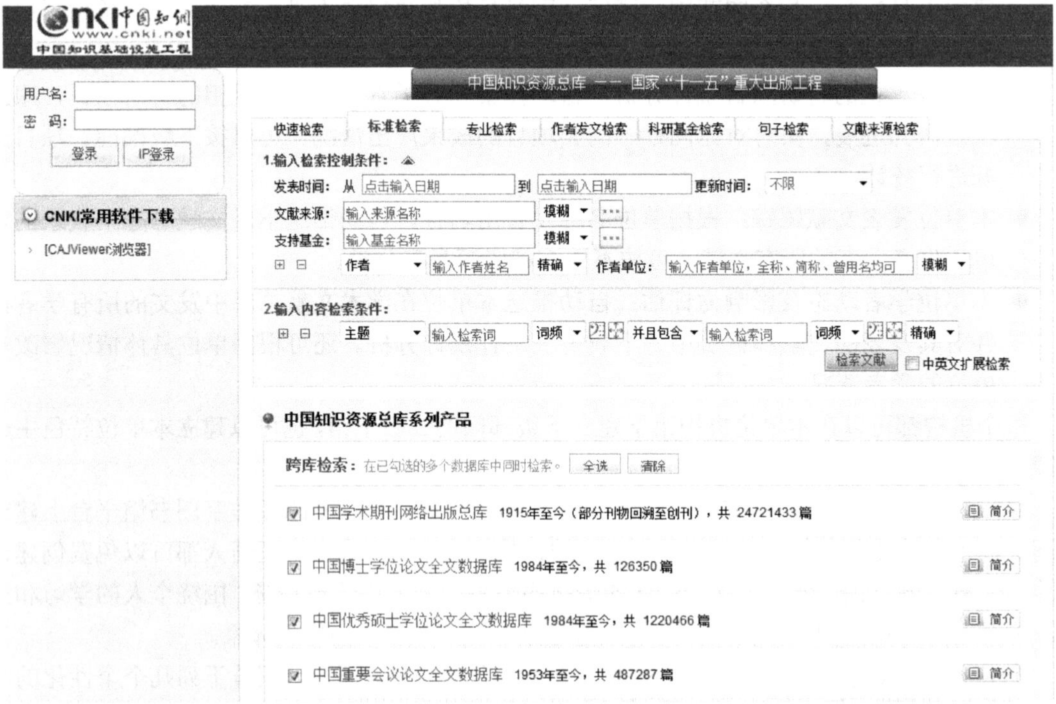

图 5-2 CNKI 中文期刊（本地镜像）

图 5-3 CNKI 初级检索界面

2. 功能介绍

CNKI 检索界面主要由检索条件区、导航区、检索结果概览区和检索结果细览区 4 个部分组成，如图 5-4 所示。

图 5-4　CNKI 全文数据库检索界面

1）检索条件区。

（1）检索项：共有 16 个检索字段可选，包括主题、篇名、关键词、摘要、作者、第一作者、单位、刊名、参考文献、全文、年、期、基金、中图分类号、ISSN、统一刊号。

其中“主题”是一个复合检索项，由篇名、关键词、摘要 3 个检索项组合而成。“第一作者”是指文章发表时，多个作者中排列于首位的作者。“参考文献”是在文章后所列的综合检索，而不是按条目、题名、作者分别检索。“期”是指文章在某一期刊发表时所在的刊期，以 2 位字符表示，2 位阿拉伯数字表示规则的刊期，如 01 表示第 1 期；增刊以 S 表示，如 Sl 表示增刊 1；合刊以 Z 表示，如 Zl 表示某刊在某年度的第一次合刊。

提示：只有很好地理解各个检索项（检索字段）所代表的含义，以及所包含的范围，才能正确地加以运用。

（2）检索词：表达检索对象的概念，可以是词或词组，也可以是检索式。

（3）扩展词：在输入检索词的情况下，单击检索项右侧的“～”图标，显示以输入词为中心的相关词。提供主题、篇名、摘要、作者、第一作者、单位、参考文献、全文、基金 9 个字段的扩展词。

（4）匹配模式：分为两种，即“模糊匹配”和“精确匹配”。“模糊匹配”是指只要一个记录的指定字段中含有此检索词，便认为该记录符合检索要求。“精确匹配”则要求字段的取值与检索词完全相同。例如，检索“作者”是“王明”的所有刊物时，“精确匹配”只会检索出“王明”的全部作品，而“模糊匹配”还会将“王晓明”“*王明*”等作者的作品也包括其中，这就是二者的区别所在。“模糊匹配”的结果范围通常情况下会比“精确匹配”的结果范围大一些，因此如果检索的是一个生僻词，则最好使用“模糊匹配”检索。

（5）范围：指的是想要检索的作品的来源，有 4 个项目可供选择，即全部期刊、EI 来源期刊、SCI 来源期刊及核心期刊。

（6）更新：以一定时间范围为条件，提供既定时间范围内网络出版的文献数据。有全部数据、最近一周、最近一个月、最近三个月和最近半年等项可选。

（7）时间：可以选择在一段时间内进行检索（如选择 1995—2005 年）。

（8）排序：指检索结果输出时的顺序，包括“无”“相关度”“时间”3 个选项。“无”即按文献入库时间顺序输出；“相关度”即按词频、位置的相关程度从高到低顺序输出；“时间”即按文献入库时间逆序输出，数据更新的日期越新，越靠前。

（9）中英扩展：根据所输入的中文（英文）检索词，自动扩展相应检索项的英文（中文）语词的一项检索控制功能。前提条件是该检索项中同时以中、英文两种文字形式提供内容。仅在选择“匹配”中的“精确”时，“中英扩展”功能才可使用。

（10）每页：检索结果页面所要显示的记录条数，有 10、20、30、40、50 这 5 种值可选。最后，单击“检索”按钮，可进行数据检索。

2）导航区。以学科分类为基础，兼顾用户对文献的使用习惯，将数据库中的文献分为 10 个专辑（理工 A、理工 B、理工 C、农业、医药卫生、文史哲、政治军事与法律、教育与社会科学综合、电子技术与信息科学和经济与管理），每个专辑下分为若干个专题，共计 168 个专题，专题下又细分为近 3600 个子栏目，可供用户对检索对象的学科范围进行限定。在检索的时候可以单击“全选”按钮选中所有复选框，或选择多个专辑或选择多个下位的子栏目。检索导航主要是为控制检索范围而设，同时也为不熟悉检索技术的用户提供了从主题类目检索浏览某一方面所有文献的方式。

3）检索结果概览区。

（1）检索结果报告区：显示符合检索要求的记录数，如显示“共有记录 387 607 条”。

（2）分页显示导航区：可通过上下翻页或直接输入数字跳转至相应页面。

（3）结果列表区：列出了符合检索要求的文献的 4 个属性供用户参考，分别为篇名、作者、刊名和年/期。如果想进一步获得某篇文献更详细的信息内容，可单击“篇名”文字链接，在细览区处查看。

（4）相似词：显示与检索词相似的词，单击其中的词语，将以当前所选的检索项进行该词的检索，帮助用户查找到更多、更合适的文献。

4）检索结果细览区。

（1）CAJ 下载、PDF 下载：在当前位置打开原文或将原文保存到磁盘中。

（2）详细信息：可链接进入知网节，进一步查看与当前文章有关的各种文献信息。

（3）读者推荐：可链接进入知网节，查看根据日志分析和读者反馈获得的与源文献最相关的文献信息。

（4）相似文献：可链接进入知网节，查看与当前文章主题相近或内容相似的文献。

（5）相关研究机构：根据文献主题内容的相似程度而聚集的一组研究机构。单击某一相关机构链接，可以直接查到该机构被“总库”收录的文献信息。

（6）相关文献作者：根据文献主题内容的相似程度而聚集的一组作者名称。单击某一相关作者链接，可以直接查到该作者被“总库”收录的文献信息。

（7）文献分类导航：可链接进入知网节，在当前数据库中，获取主题文献所在“中图法”类目及其上级类目的全部文献信息。

（8）属性显示区：分别列出当前文章的篇名、作者、关键词、摘要、刊名等属性，有些属性设有相关的链接，用户可根据需要进一步单击查看与之相关的内容。

3. 检索方式

中国期刊全文数据库为用户设定了 3 种基本检索方式：初级检索、高级检索、专业检索。同时，还辅以二次检索、分类检索和期刊导航等检索方式。基本检索方式间遵循“向下兼容”原则，即高级检索兼有初级检索的功能，专业检索兼有高级检索的功能。同时，检索功能又随检索方式的操作复杂性递增，即高级检索方式的使用复杂性要高于初级检索方式，而其所拥有的检索功能也比较强。高级检索的功能多于初级检索，专业检索的功能又多于高级检索。

1）初级检索。初级检索的功能是在指定的范围内，按单一的检索项检索，适用于不熟悉多条件组合查询或 SQL 语句查询的用户，它为用户提供了详细的导航、最大范围的选择空间，对于一些简单查询，建议使用该检索方法。其特点是方便快捷、效率高，但查询结果有很大的冗余。进入初级检索界面的方法有两个：一是首次登录成功后的默认界面；二是在其他情况下通过单击页面右上角的“初级检索”标签进入界面，如图 5-5 所示。

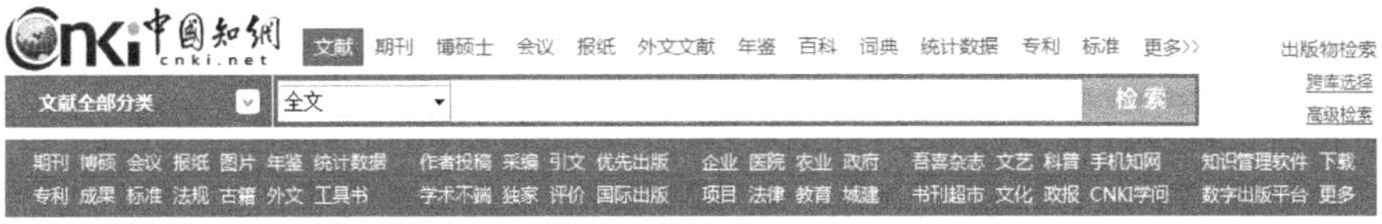

图 5-5　CNKI 初级检索界面

其检索步骤具体如下。

第一步：控制检索范围。在专辑导航区，单击一个类目名称，展开下一级子栏目，以此类推，直到出现可选检索范围。选中类目前的复选框，可限制在一个类或多个类中进行检索。例如，单击“理工 A”，出现“数学”“力学”等选项；单击“数学”，出现相关的下一级目录；单击其中的“数学概论”，出现“数学史与数学范畴”“数学理论”“计算工具”3 个底层目录。要直接检索该类目下的全部文献，可双击类目名称或单击其后的图标自动进行检索，也可选中相应类目复选框，然后单击上方的“检索”按钮进行查询。单击“全选”按钮，可一次性选择当前层次的所有导航类目；单击“清除”按钮，可一次性清除全部所选导航类目，系统默认为“全选”。

第二步：选择检索项。在“检索项”下拉列表框中进行选择，有 16 个检索项可选。

第三步：输入检索词。输入检索词的方式有两种：一是直接在“检索词”文本框中输入；二是在已有检索词的情况下，通过单击“检索项”右侧的图标“Fr%”从“扩展词”列表中返回一个相关词。相关词可以通过选中自动增加，也可以单击所需要的相关词取代原输入词，如图 5-6 所示。

第四步：匹配模式选择，系统默认为“模糊”。

第五步：范围选择，系统默认为“全部期刊”。

第六步：更新选择，系统默认为“全部数据”。

第七步：限定时间，根据需要设定所要检索刊物的时间范围。

第八步：选择显示记录排序和记录数，记录数和排序两个选择项是针对检索结果显示检索者可以自定义选择设定每页显示多少条记录，以及按什么方式对检索结果进行排序。该系统提供的每页显示记录条数最多为 50 条。

图 5-6　CNKI 扩展词列表

第九步：检索，单击“检索”按钮，系统将检索结果返回至右侧上部的窗口中，如图 5-7 所示。还可以在此基础上进行“在结果中检索”（通常所说的“二次检索”），以缩小检索范围，达到精确检索结果的目的。

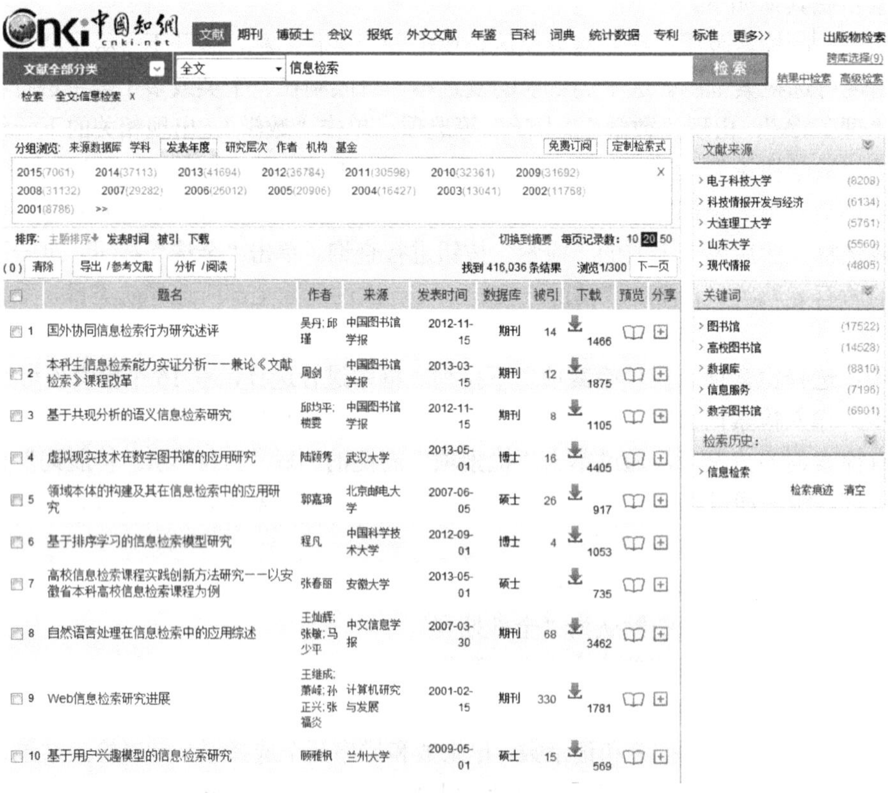

图 5-7　CNKI 检索结果页面

第十步：结果处理。

（1）页码选择：检索后，会在页面的概览区列出满足检索条件的所有记录，但由于检索结果往往很多，因此如果想看后面的记录，则可利用页面上的“首页”“上页”“下页”及“末页”这些翻页功能进入相应页面，如图 5-7 所示。也可直接在“末页”功能后的文本框中输入一个整数，然后单击“转页”按钮即可进入指定页面。输入的页码数不能为负数、非整数、字母或其他符号；如果输入的页码数大于总的页码数，则跳转到最后一页；如果输入的页码数为负数或其他“不合法”的符号，则会自动跳转到第一页。系统默认每页显示 10 条记录。

（2）查看及保存全文：可通过两种方式查看及保存全文。第一种是在概览区的检索结果列表中单击“篇名”文字链接，在列表下方会生成一个细览区的滚动窗口，单击篇名下面的“CAJ 下载”或“PDF 下载”链接，会弹出对话框；第二种是在检索结果列表中直接单击篇名前的浅蓝色按钮，也会弹出对话框。最后单击“打开”或“保存”按钮，可以在当前位置打开文件或将该文件保存到磁盘上。

（3）保存题录：如果不想立即查看检索到的结果，而是想以后查看，或者是想同时看到多篇文献的题录信息，可以通过有选择地暂时存储检索结果记录来实现。操作步骤非常简单：直接在想要保存的列表记录“篇名”前打钩，或单击列表结果页面右上角的“全选”按钮（全选当前页的所有记录）即可选中想要保存的记录，然后单击“存盘”按钮进行题录保存的设置。这里共提供了 4 种输出字段的方式：简单、详细、引文格式和自定义。在不同的输出方式中，会显示不同的记录属性，用户还可以根据自己的需求进行选择，并可将题录打印下来。

提示：保存题录中最大的保存记录数为 50 条。

2）高级检索。高级检索的功能是在指定的范围内，按一个以上（含一个）检索项表达式检索，这一功能可以实现多表达式的逻辑组配检索。其优点是查询结果冗余少，命中率高。对于命中率要求较高的查询，建议使用该检索方法。

通过单击页面右上角的“高级检索”标签即可进入高级检索界面，如图 5-8 所示。高级检索中各项条件的含义与初级检索基本一致，最大的不同在于高级检索可以同时选择多个检索入口，并进行一定的逻辑组合检索。

图 5-8　CNKI 高级检索界面

逻辑组合检索是指可选择多个检索项，通过单击“逻辑”下方的“B”按钮增加一个逻辑检索行，并为每个检索项输入一个检索词，但最多只能有 5 个逻辑检索行；每一检索项之间可使用并且（逻辑与）、或者（逻辑或）、不包含（逻辑非）进行各项检索词的组合，系统默认为“并且”。当然，也可单击“-”按钮减少一个逻辑检索行。

提示：系统执行高级检索时是按输入顺序由上往下依次执行，而不是按逻辑运算符的优先级进行。因此，检索项最好不要跳着填写，以保证用户能得到正确的检索结果。在图 5-8 中输入表达式（计算机 OR 电脑）AND 维护，而不是计算机 OR（电脑 AND 维护）。前者的含义是检索关于计算机维护方面或者电脑维护方面的文章，而后者的含义是检索关于计算机方面或者电脑维护方面的文章，因此检索结果也会不同。

3）专业检索。专业检索是指用户按照自己的需求来组合逻辑表达式，以便进行更精确检索的功能入口。专业检索比高级检索具有更多的功能，如前方一致检索、字距/词距检索、序位检索等功能，需要检索人员根据系统的检索语法编制检索式进行检索，适用于熟练掌握检索技术的专业检索人员。

通过单击页面右上角的“专业检索”标签即可进入专业检索条件界面，如图 5-9 所示。由于检索表达式对符号的使用有严格的要求，因此可通过单击页面的“检索表达式语法”，即可弹出“操作指南”页面，可查看“专业检索表达式语法”。在填写检索条件时，只需根据填写框上方的“可检索字段”所示的检索项的中文或英文拼写，进行检索表达式的构造，如检索“篇名”包括“计算机”或“计算机数控”的所有刊物，检索条件可拼写为题名=计算机 OR 题名=计算机数控。

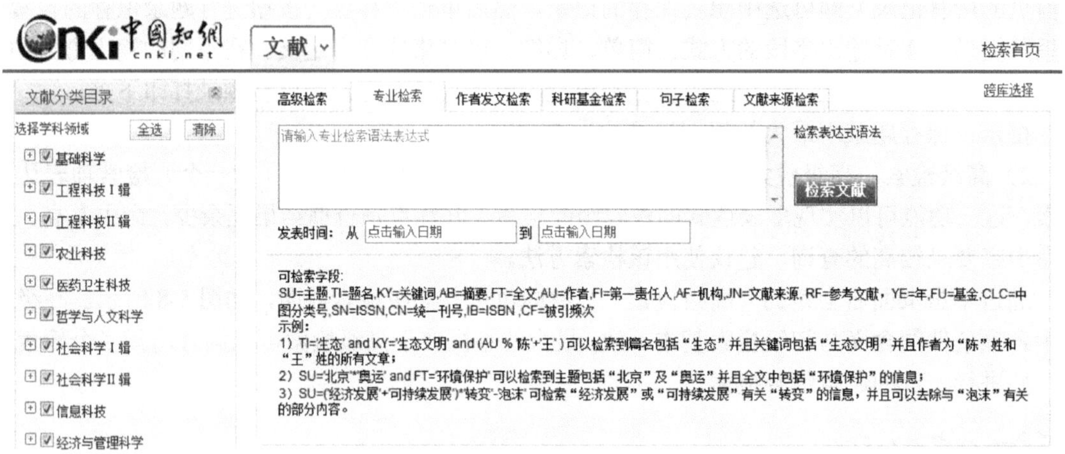

图 5-9　CNKI 专业检索界面

注意：要使用“()”前的检索项名称，而不是“()”括起来的名称。“()”内的名称是在初级检索、高级检索中出现的检索项名称。例如，中文刊名&英文刊名（刊名），代表的含义是检索项“刊名”在检索中使用的检索字段实际为两个字段，即“中文刊名”或者“英文刊名”。读者使用初级检索“刊名”为“南京社会科学”时，可等同于使用专业检索：中文刊名=南京社会科学 OR 英文刊名=南京社会科学。

此外，检索项的检索表达式使用 AND、OR、NOT 进行组合，且前后要空一个字节；3 种逻辑运算符中，AND 优先级最高，OR 和 NOT 优先级相同（二者按输入顺序依次执行）；如要改变组合的顺序，可使用英文半角圆括号“()”将条件括起；所有符号和英文字母，都必须使用英文半角字符。检索式输入有语法错误时，检索后会返回“对不起，服务器执行检索出错”的提示，看到此提示后，应重新输入正确的检索表达式。

4）期刊导航检索。选择期刊导航，实际就是选择整刊检索，这是一种以期刊名称为检索途径来查找其上面所登载的论文情况的方式。通过单击页面右上角的“期刊导航”标签进入其界面，如图 5-10 所示。根据期刊的文献特征，设置专辑导航、数据库刊源导航、刊期导航、出版地导航、主办单位导航、发行系统导航、期刊荣誉榜导航、世纪期刊导航、核心期刊导航和首字母导航等 10 种方式浏览各刊所载。同时在“首字母导航”之下设置 3 个检索项，即刊名、ISSN、 CN（统一刊号），便于用户根据需要查找特定期刊。

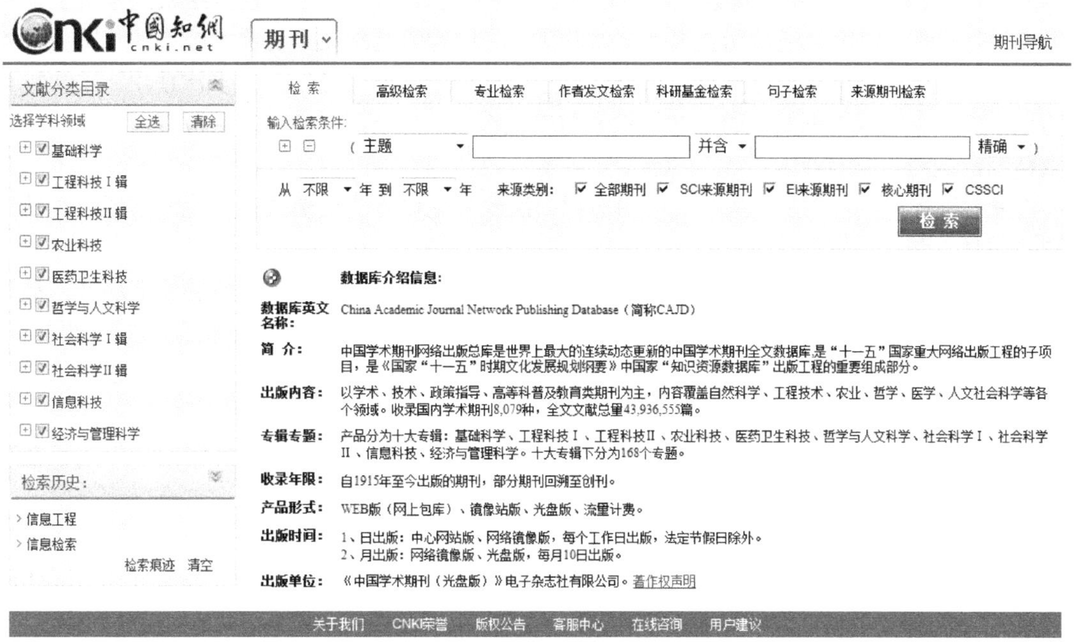

图 5-10 CNKI 期刊导航检索界面

（1）专辑导航：按照期刊知识内容进行所有期刊分类，分为 10 个专辑、74 个专栏。按专辑导航浏览期刊，实际是按学科领域、专业门类来查看有关期刊论文。

（2）数据库刊源导航：反映在本数据库中已经收录的同时又被国内外其他著名数据库收录的期刊情况，如 CA、SCI、EI 等。

（3）刊期导航：按出版周期划分所有期刊，如年刊、季刊、月刊、周刊等。通过此途径可以迅速地了解某刊每年出版的频率，便于了解最新出版动态，以及选择投稿的刊物。

（4）出版地导航：按期刊出版地区对所有期刊进行归类。从该途径检索可以满足按地区了解期刊出版情况的需求。

（5）主办单位导航：按期刊主办单位对所有期刊分类，如出版社、大学、研究所等。从此途径检索，在一定程度上方便了选择查阅具有某编辑出版背景的刊物。

（6）发行系统导航：按期刊发行方式分类，如邮发期刊、国际发行期刊等。从此途径检索，主要方便图书馆等文献收藏单位对订购纸本刊物的需要。

（7）期刊荣誉榜导航：按期刊获奖情况分类。从此途径检索，对用户了解和判断检索对象（期刊）的质量有参考价值。

（8）世纪期刊导航：回溯 1994 年之前出版的期刊。这对查找早期的期刊论文提供了方便。

（9）核心期刊导航：将中国期刊全文数据库收录的且 2004 年被“中文核心期刊要目总览”收录的期刊，按核心期刊表进行分类排序，不仅有利于图书馆选订纸本刊物，也对用户检索高质量的论文及确定发表论文的刊物有很大帮助。

（10）首字母导航：可单击刊名的首字母（A～Z），查看该刊物的相关信息。

单击某一期刊名后，显示的是该期刊的相关信息，包括刊名、主办、刊期等信息。“本刊检索”功能为用户提供在该期刊内检索的服务。“刊期”功能列出的是该期刊所有已收录的各个年份期刊，单击其中一期即可查看到该期的全部文献资料。

5）二次检索。通过初级检索、高级检索及专业检索之后，在这些检索结果的基础上还可以继续进行操作，这就是通常所提及的二次检索。二次检索是指在当前检索结果的范围内继续进行检索，通过逐步缩小检索范围，最终找到所需的信息，并且可以反复多次使用。二次检索还简化了检索表达式的书写。通过初级检索与二次检索，完全可以满足复杂检索表达式达到的检索精度，这对于非专业人士尤为重要。

注意：进行二次检索后，系统会自动地把二次检索选项处的逻辑关系与检索项还原为默认设置“并且”和“主题”。

6）分类检索。分类检索有两条途径：一是在初级检索中按照专辑导航层往下展开，最后得到检索结果；二是在检索结果的某篇文献细览区中，单击“文献分类导航”，进入知网节，即可检出该文献所在类目或上层类目的全部文献。

4. 检索实例

检索课题：检索 1999—2008 年，北京大学以外的师生发表的有关“经济发展”的且在写作时参考了厉以宁所写文章的文章。

第一步：分析检索课题的内容，确定所在专辑为“经济与管理”。

第二步：选择检索字段。此课题可采用篇名、参考文献、单位等检索项，检索词分别为“经济发展”“厉以宁”“北京大学”。

第三步：根据课题要求，明确检索方式。不管是采取初级检索，还是高级检索、专业检索，只要所选的检索条件完全一致，得到的检索结果应该是相同的。

1）初级检索。首先在初级检索界面中，选择专辑范围“经济与管理”，选择检索项“篇名”，在“检索词”文本框中输入“经济发展”，时间选择从 1999 年到 2008 年，其他条件采用系统默认设置，单击“检索”按钮，检索结果页面中显示共有记录 72858 条。

然后在初级检索结果页面的概览区顶部的“此搜索结果”后的下拉列表框中，选择逻辑运算“并且”，选择检索项“参考文献”，在“检索词”文本框中输入“厉以宁”，其他条件采用系统默认设置，单击“在结果中检索”按钮，检索结果页面中显示共有记录 243 条。

最后在二次检索结果界面中，继续进行二次检索，选择逻辑运算“不包含”，选择检索项“单位”，在“检索词”文本框中输入“北京大学”，其他条件采用系统默认设置，单击“在结果中检索”按钮，检索结果，共有记录 240 条。

提示：进行二次检索后，系统会自动地把二次检索选项处的逻辑关系与检索项还原为默认设置“并且”和“主题”。

2）高级检索。进入高级检索界面后，先选择专辑范围“经济与管理”；然后分别选择检索项为“篇名”“参考文献”“单位”，在“检索词”文本框中输入“经济发展”“厉以宁”“北京大学”，确定词间的逻辑关系为“并且”“不包含”；最后时间选择为 1999 年到 2008 年，其他条件采用系统默认设置，单击“检索”按钮，共有记录 240 条。

3）专业检索。进入专业检索界面后，先选择专辑范围“经济与管理”；然后在检索条件填写框中输入检索式：“题名%经济发展 AND 引文%厉以宁 NOT 机构%北京大学”；最后时间选择为 1999 年到 2008 年，其他条件采用系统默认设置，单击“检索”按钮，共有记录 240 条。

注意：专业检索中没有匹配模式的选择，而初级检索、二次检索和高级检索均默认为模糊匹配，所以根据专业检索语法表的规定，用“%”表示模糊且给相应字段赋值（用“=”表示精确且给相应字段赋值）。

第四步：检索结果处理，保存题录或全文。

5.2.3 CAJ 阅读器常用功能介绍

要查看文献的全文内容，必须下载安装相应文件格式的阅读器。CNKI 的所有文献都同时提供 CAJ 和 PDF 两种文件格式的下载，用户可自行选择。其中 CAJViewer 全文浏览器是中国期刊网的专用全文格式阅读器，专门用于 CAJ 格式的文档，推荐使用。CAJViewer 全文浏览器是一个具有智能功能的浏览器，如阅读处理不同格式的文献、行文内检索定位、图文摘录编辑、分类管理常用文献、文档标注、相关文献调用、知识元链接和远程信息传递交流讨论等功能，而且速度更快，针对学术文献的各种扩展功能更强。为了扩大数据库的使用范围，也支持通用的 PDF 格式。PDF 文件格式是电子发行文档的事实上的标准，Adobe Acrobat Reader 是一个免费查看、阅读和打印 PDF 文件的工具。

1. 安装

CAJ 和 PDF 两种文件格式的阅读器都可以在 CNKI 主页面或镜像站点页面的相关链接处下载。通过链接，进入下载界面，单击下载 CAJViewer 全文浏览器。下载后的 CAJ 全文浏览器文件为压缩文件，其文件名为 CAJViewer.zip，需要通过解压缩软件 WinZIP 进行解压后，再执行 setup.exe 安装程序，根据安装提示向导，最后桌面上会自动生成 CAJ 浏览器的快捷方式，单击它即可打开 CAJ 浏览器。这里以 CAJViewer 7.0 版为例介绍其使用。

2. 常用功能介绍

1）文档阅读。单击工具栏上的“手形工具”按钮，当前页面上的指针变成手的形状，可以随意拖曳页面或单击打开页面中的相关链接；也可以利用鼠标的滚动球滚动浏览。在页面下方的状态栏处，可进行页面显示比例的设置。

2）翻页阅读。单击工具栏上的“第一页”按钮、“上一页”按钮、“下一页”按钮、“最后一页”按钮，或者是在页面下方的状态栏处进行设置，都可以跳转至指定页面继续浏览。

3）选择文本。单击工具栏上的“选择文本”按钮，当前页面上的指针变成文本选择“I”形光标，单击鼠标左键按行选择文本，再利用复制、粘贴或者快捷菜单中的其他操作选项进行文字摘录。

部分文章为扫描版，单击“选择文本”按钮后，指针形状将变为，表示不可用。要将扫描处理的内容转换为文本内容，需先利用“选择图像”工具框选相应内容，同时“文字识别”按钮也将由灰色（表示不可选）变为亮色（表示可选），此时再单击“文字识别”按钮，弹出识别结果窗口即可将框选的扫描文字内容转换为文本进行编辑处理。

（1）选择图像。单击工具栏上的“选择图像”按钮，当前页面上的指针变成选择图像的形状，单击鼠标左键选择一块区域后，再单击鼠标右键，在弹出的快捷菜单中选择“复制”或“发送图像到 Word”命令，此时所选区域将以图像的形式进行处理。

（2）标注功能。标注包括直线、曲线、矩形、椭圆、文本注释、高亮文本、下画线文本、删除线文本、知识元链接（自定义的）、链接和书签等项目内容。设置标注可对重点内容进行醒目显示，便于快速查看。

单击“书签”按钮，可在当前页面上插入书签，通过书签便于进行快速浏览；单击“注释”按钮，当前页面指针变成注释文本的形状，单击鼠标左键，可在弹出的对话框中输入注释文本；单击“直线工具”按钮、“曲线工具”按钮、“矩形工具”按钮，“椭圆工具”按钮，当前页面指针变成相应工具的形状，拖曳鼠标左键即可在页面上画直线、曲线、矩形或椭圆形；单击“高亮”按钮、“删除线”按钮、“下画线”按钮，当前选中的文本将被高亮显示、画上删除线或画上下画线；单击“添加知识元链接”按钮，当前选中的文本将被当作一个自定义的知识元进行设置；单击“添加为链接”按钮，当前选中的文本可以进行各种位置的链接设置；单击“标注”按钮，显示或隐藏文档中的所有标注；单击“知识元链接”按钮，显示或者隐藏文档中所有系统定义的知识元，方便调用阅读相应的知识。

注意： 当“标注”按钮为隐藏功能时，以上项目的设置在文档中将不可见，此时可通过主页面左侧的标注区选择查看项目。进行了各种标注项目的设置后，想再次进行调整修改，可单击“选择对象”按钮，当前页面上的指针变成选择对象的形状，将鼠标指向待修改项目，双击即可弹出编辑框。使用“添加知识元链接”或“添加为链接”按钮进行设置后，可利用手形按钮回到浏览状态，当鼠标指向设定处即可单击打开链接内容。

5.2.4 知识元搜索

所谓知识元，是指不可再分割的具有完备知识表达的知识单位。从类型上分，包括概念知识元、事实知识元和数值型知识元等。从知识元的定义中可以归纳出知识元的如下特性。

（1）知识元是显性知识（Explicit Knowledge）的最小可控单位。所谓显性知识，是相对于存在于人脑中的隐性知识（Tacit Knowledge）而言的，能用文字和数字表达出来，容易以硬数据的形式交流和共享，并且经编辑整理的知识。显性知识是以一定的形式记载在一定的载体上，如文献等。显性知识载体上的内容是诸多知识元的组合。

（2）知识元是完备的，即一个知识元在逻辑上是完整的，能表达一个完整的事实、原理、方法、技巧等。

（3）知识元是有一定结构的，而且这种结构性导致了知识表达的一系列方法仍对表达知识元适用。所以，也可以说知识元是可以表达的。

（4）众多的知识元通过一定的语义连接在一起，可以导致知识价值的增值，甚至可以催生新的知识。通过知识元的链接来发掘各种知识元间的相关联系，是知识元服务的重要手段和目的，以此来揭示知识元之间的各种关联，得以创造新的知识。

数据仓库和数据挖掘等原理和技术仍适用于对知识元的存储和利用。“中国知网”正是基于对知识元的理解，利用数据挖掘技术，对各数据库文献中的知识元进行整理分析，提供各种类型的知识元搜索服务。目前提供的知识元搜索服务主要包括工具书搜索、翻译助手、学术趋势搜索、表格搜索、图形搜索、概念搜索、数字搜索和中国宏观数据挖掘系统等。

1. 工具书搜索

网址：http://gongjushu.cnki.net

《中国工具书网络出版总库》是精准、权威、可信且持续更新的百科知识库，简称“知网工具书库”“CNKI 工具书馆”或者“CNKI 工具书库”。“知网工具书库”由中国学术期刊（光盘版）电子杂志社网络出版、同方知网（北京）技术有限公司研制发行，是中国知识资源总库的重要组成部分，为“十一五”国家重大网络出版项目，“十一五”国家重点电子出版物规划选题。从 2006 年 3 月立项至今，“知网工具书库”的用户已遍布全球，日均检索量达 70 万次，成为全球华人释疑解惑的重要工具，也是海外学者研究中国问题、了解中华文化的快捷通道。“知网工具书库”集成了近 200 家知名出版社的 4000 余部工具书，类型包括语文词典、双语词典、专科辞典、百科全书、图录、表谱、传记、语录和手册等，约 1500 万个条目 70 万张图片，所有条目均由专业人士撰写，内容涵盖哲学、文学艺术、社会科学、文化教育、自然科学、工程技术、医学等各个领域。按学科分十大专辑 168 个专题，不但保留了纸本工具书的科学性、权威性和内容特色，而且配置了强大的全文检索系统，大大突破了传统工具书在检索方面的局限性，同时通过超文本技术建立了知识之间的链接和相关条目之间的跳转阅读，使读者在一个平台上能够非常方便地获取分散在不同工具书里的、具有相关性的知识信息。“知网工具书库”除了实现了库内知识条目之间的关联外，每一个条目后面还链接了相关的学术期刊文献、博士硕士学位论文、会议论文、报纸、年鉴、专利、知识元等，帮助人们了解最新进展，发现新知识，开阔新视野。“知网工具书库”首页如图 5-11 所示。

图 5-11 “知网工具书库”首页

1）典型书目。

（1）字典类：《汉字源流字典》《简明古汉语字典》《古汉语通假大字典》《中国篆刻大字典》。

（2）词典类：《当代汉语词典》《中华多功能成语大词典》《古代谚语大词典》《汉语方言大词典》。

（3）双语类：《汉英大词典》《汉字英释大字典》《英汉农业大词典》《英汉房地产词典》《高阶英汉双解词典》。

（4）专科辞典类：《中国文学大辞典》《中国历史大辞典》《数学辞海》《中华金融辞库》《中国昆剧大辞典》《中国诗学大辞典》。

（5）百科全书类：《心理咨询大百科全书》《中学教学百科全书》《中国农业百科全书》《美国社会历史百科全书》。

（6）图谱（鉴）类：《世界名贝鉴赏图谱》《中国鸟类图鉴》《列宁邮票全集》《世界名蝶鉴赏图谱》《明清青花瓷画》《近代碑帖大观》。

（7）医学图谱类：《本草纲目彩色图谱》《颅底外科临床应用解剖学图谱》《人体系统解剖学实物图谱》《甲真菌病诊治彩色图谱》。

（8）手册类：《中华人民共和国资料手册》《五金手册》《电工手册》《常用临床药物手册》《香港手册》《中国典当手册》。

（9）传记类：《外国历史名人传》《中国当代文化艺术名人大辞典》《中国帝王大全》《浙江省人物志》。

（10）年表类：《二十世纪中国大事全书》《中国现代史大事记》《中国历史人物生卒年表》《中华五千年长历》。

（11）语录类：《世界名言大辞典》《中国格言大辞典》《新课标小学生古诗词名言名句辞典》。

（12）名录类：《中国社会团体大全》《中国出入境检验检疫实验室名录》《外国在华工商企业辞典》。

（13）索引类：《明代版刻综录》《浙江文史资料目录》《中国文史工具资料书举要》《中国民族史料汇编》。

2）检索方法。“知网工具书库”提供一般检索、高级检索、工具书分类浏览、学科分类浏览 4 种检索方式。

3）检索项释义。

（1）词条：词条又称条目，指工具书的正文部分。包括词目和释文两部分。释文指工具书中对词目（或词头、条头）所作的注释，释文都有一定的程式。释文程式要视辞书的性质、类型、规模、读者对象及条目特点而定，如一般语文词典的释文通常包括注音、释义、引例、考释等，而以释义为主。

（2）词目：词目又称词头、条头，指工具书中所汇集的每一个被注释的对象。充当词目的主要是词、固定词组、句子、术语、人名、地名、事件、事实等。

（3）辅文：书籍或文章中，附属于正文的文字，如序言、编辑说明、注释、附录、年表、图例、目录等，其作用是帮助读者理解或查考正文。

（4）书名、出版社、作者：指工具书的书名、出版社、编撰者。

2. 翻译助手

网址：http://dict.cnki.net

不同于一般的英汉互译工具，CNKI 翻译助手是以 CNKI 总库所有文献数据为依据（如中文文献的英文标题、英文关键词、英文摘要等）的，它不仅为用户提供英汉词语、短语的翻译检索，还可以提供句子的翻译检索；不但对翻译需求中的每个词给出准确翻译和解释，还给出大量与翻译请求在结构上相似、内容上相关的例句，方便用户参考后得到最恰当的翻译结果。CNKI 翻译助手汇集从 CNKI 系列数据库中挖掘整理出的 800 余万常用词汇、专业术语、成语、俚语、固定用法和词组等中英文词条，以及 1500 余万双语例句、500 余万双语文摘，形成海量中英在线词典和双语平行语料库。数据实时更新，内容涵盖自然科学和社会科学的各个领域。

CNKI 翻译助手首页如图 5-12 所示。在首页中输入检索词汇，单击“搜索”按钮查询，检索结果如图 5-13 所示，提供词典翻译、双语例句、单语例句、文摘、全部内容及相关查询等。

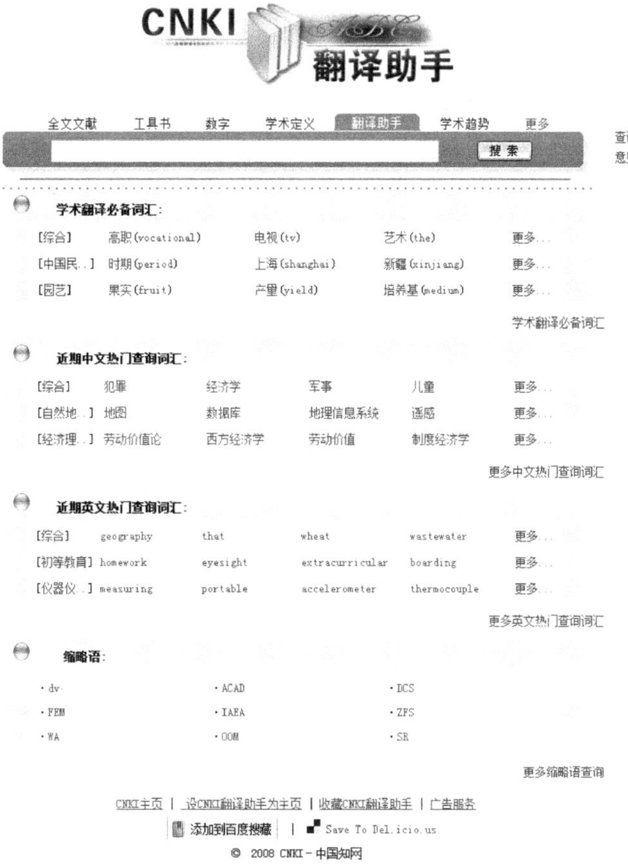

图 5-12　CNKI 翻译助手首页

图 5-13　CNKI 翻译助手检索结果页面

3. 学术趋势搜索

网址：http://trend.cnki.net

CNKI 学术趋势是依托于《CNKI 中国知识资源总库》中的海量文献和千万用户的使用情况提供的学术趋势分析服务。通过关键词在过去一段时间里的“学术关注指数”，用户可以知道：其所在的研究领域随着时间的变化被学术界所关注的情况，又有哪些经典文章在影响着学术发展的潮流；通过关键词在过去一段时间内的“用户关注指数”，用户可以知道在相关领域不同时间段内哪些重要文献被最多的同行所研读。

在 CNKI 学术趋势首页输入检索词，进入如图 5-14 所示的检索结果页面，结果页面解读如下。

图 5-14　CNKI 学术趋势检索结果页面

1）学术趋势检索指搜索的有效关键词。

2）学术趋势检索指学术关注指数折线图，学术关注度是以《CNKI 知识资源总库》中与关键词最相关的文献数量为基础，统计关键词作为文献主题出现的次数，形成的学术界对某一学术领域关注度的量化表示。

3）学术趋势检索指用户关注指数折线图，用户关注指数是以用户在 CNKI 系列数据库中所下载文章的数量为基础，统计关键词作为主题的文章被下载的次数，形成的用户对某一学术领域关注度的量化表示。

4）学术趋势检索指学术关注指数图中的热点，代表高频被引文章的热点年份。

5）学术趋势检索指用户关注指数图中的热点，代表知网节被高频浏览的热点月份。

6）单击“更多”超链接，会显示同一热点中更多的信息。

提示：在多个关键词当中，用逗号将不同的关键词隔开，可以实现关键词数据的比较查询，并且曲线图上会用不同颜色的曲线加以区分。例如，可以同时检索“信息检索，搜索引擎”。目前，CNKI 趋势最多支持 5 个关键词的比较检索。

4. 表格搜索

网址：http://table.cnki.net

CNKI 表格搜索旨在为用户提供各个行业的专业表格数据，它不同于一般意义上的文字、网页或是图表搜索，所有的表格数据都出自 CNKI 全文库收录的优秀的期刊、论文、报纸等，所以搜索结果更加专业、权威。CNKI 表格查询库内容涵盖了文、史、哲、经济、数理科学、航天、建筑、工业技术和计算机等所有学科和行业。用户只需要简单地输入和进行单击操作，就可以得到想要查询的相关表格，并且可直接查询表格出处。CNKI 表格搜索现阶段只提供初级搜索，用户只需要输入想要查询的表格数据的相关信息即可。

5. 图片搜索

网址：http://image.cnki.net

CNKI 图片搜索为用户提供各个行业的图片数据，CNKI 图片搜索库中所有的图片数据都出自 CNKI 全文库收录的优秀的期刊、论文、报纸等。CNKI 图片搜索库内容涵盖了文、史、哲、经济、数理科学、航天、建筑、工业技术、计算机等所有学科和行业。搜索方法和表格搜索相似，现阶段也只提供初级搜索。

6. 概念搜索

网址：http://define.cnki.net

CNKI 概念搜索分为人文与社科概念搜索（http://define.cnki.net/social）和科技概念搜索（http://define.cnki.net/science）。

CNKI 概念数据库是一部不断更新完善的 CNKI 知识元数据库词典，力求为用户提供最权威、最准确的 CNKI 知识元概念。CNKI 概念数据库的内容全部来源于 CNKI 全文库，涵盖了文、史、哲、经济、数理科学、航天、建筑、工业技术、计算机等所有学科和行业。用户只需在检索框内输入检索词，就可以得到准确的定义，并且可直接查询定义出处，现阶段只提供初级搜索。除了提供一般检索外，还提供分类浏览检索。

7. 数字搜索

网址：http://number.cnki.net

CNKI 数字搜索向用户提供数字知识和统计数据搜索服务，以数值知识元、统计图片/表格和统计文献作为基本的搜索单元。数值知识元是描述客观事物或者事件数值属性（如时间、长度、高度、重量、百分比、销售额和利润等）的知识单元（如 2006 年全国高考人数、中国经济总量、QQ 用户数、三峡大坝高度、公务员报考人数、深圳移动用户数、2005 年外资投资额、头发重量和重庆农业人口等）。CNKI 数字搜索覆盖各学科领域，从科学知识到财经资讯，从大政方针到生活常识均包括。除了来自 CNKI 五大全文数据库外，CNKI 数字搜索还实时采集中央与各地方统计网站和中央各部委网站，每条搜索结果均有权威出处。

CNKI 数字搜索首页既可以按关键字搜索，也可以按分地区分主题浏览。

8. 中国宏观数据挖掘系统

网址：http://number.cnki.net/tablemeta

中国宏观数据挖掘系统是在数字搜索的基础上进行深度挖掘的数据分析系统。该系统首先对用户的数据表达提供了直接的通道：一是对用户特定数据的“搜索”，可以限定年份和地域，也可限定指标的匹配方式；二是“导航”功能，一方面提供了查找全国 34 个省、市、自治区及其下属地级、县级等 3200 个地域的导航，另一方面以 29 个行业为基础实现各行各业的指标导航；三是“数据定制与分析”功能，提供具体领域与主题的指标数据定制与分析。

细节说明如下：“地域”默认为“全部地区”，如果要选择其他地域，可以在下拉列表框中选择“输入省级以下地区”，然后在“其他地区”文本框中输入地名。匹配方式有“模糊匹配”和“精确匹配”两种，“模糊匹配”是指只要用户输入的关键词出现在库中已有指标中，则该指标为搜索命中指标，如搜索“生产总值”，则“地区生产总值”为命中指标；“精确匹配”是用户输入关键词与库中指标 100%严格匹配，如只有输入“地区生产总值”才能精确搜索出该指标本身的数据，“各地区生产总值”不属于命中指标。数据导航分为“按地区导航”和“按行业及指标导航”，可以选择从某一地区或某一行业开始进行数据指标的查找。

5.3 维普期刊资源整合服务平台

5.3.1 系统简介

期刊是学术传播的重要工具，登载的大多数内容反映的是最新的学术成果和学科研究的前沿动态，汇集了各种不同的观点和思想，70%～80%的情报、信息均来源于期刊。

《中文科技期刊数据库》是国内读者使用时间最长、使用群体最广泛的期刊信息服务产品。维普公司 20 年来一直向用户提供中文期刊资源的信息挖掘及服务，具备数据分析、挖掘经验，致力于为客户提供最经济、实用的期刊资源整合服务，以用户为中心，最大限度地为期刊信息的开发利用服务。

维普期刊资源整合服务系统（CSTJ），是中文科技期刊资源一站式检索及提供深度服务的平台，是一个由单纯提供原始文献信息服务过渡延伸到提供深层次知识服务的整合服务系统。其包括但不限于以下功能：中刊检索、文献查新、期刊导航、检索历史、引文检索、引用追踪、H 指数、影响因子、排除自引、索引分析、排名分析、学科评估、顶尖论文和搜索引擎服务等。

维普期刊资源整合服务系统是维普公司集合所有期刊资源从一次文献保障到二次文献分析再到三次文献情报加工的专业化信息服务整合平台，兼具为机构服务功能在搜索引擎的有效拓展方面提供支持工具。

维普期刊资源整合服务系统（平台）包含 5 个功能模块，如图 5-15 所示。

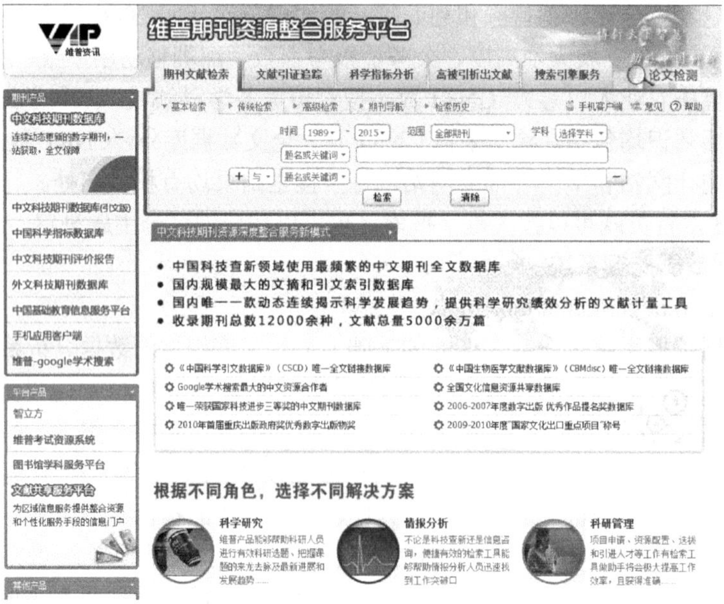

图 5-15　维普期刊资源整合服务系统（平台）首页

（1）“期刊文献检索”模块。“期刊文献检索”模块有效继承原《中文科技期刊数据库》检索查新及全文保障功能，并进行检索流程梳理和功能优化，新增文献传递、检索历史、参考文献、基金资助、期刊被知名国内外数据库收录的最新情况查询、查询主题学科选择、在线阅读、全文快照和相似文献展示等功能。

（2）“文献引证追踪”模块。“文献引证追踪”模块是维普期刊资源整合服务系统的重要组成部分，是目前国内规模最大的文摘和引文索引型数据库。该产品采用科学计量学中的引文分析方法，对文献之间的引证关系进行深度数据挖掘，除提供基本的引文检索功能外，还提供基于作者、机构、期刊的引用统计分析功能，可广泛用于课题调研、科技查新、项目评估、成果申报、人才选拔、科研管理和期刊投稿等用途。

该功能模块现包含维普所有的中文科技期刊数据，引文数据回溯加工至 2000 年，除帮助客户实现强大的引文分析功能外，还采用数据链接机制实现到维普资讯系列产品的功能对接，极大地提高了资源利用的效率。

（3）“科学指标分析”模块。“科学指标分析”模块是目前国内规模最大的动态连续分析型事实数据库，提供三次文献情报加工的知识服务，通过引文数据分析揭示国内近 200 个细分学科的科学发展趋势、衡量国内科学研究绩效，有助于显著提高用户的学习研究效率。

该功能模块是运用科学计量学有关方法，以维普中文科技期刊数据库近 10 年的千万篇文献为计算基础，对我国近年来科技论文的产出和影响力及其分布情况进行客观描述和统计。从宏观到微观，逐层展开，分析了省市地区、高等院校、科研院所、医疗机构、各学科专家学者等的论文产出和影响力，并以学科领域为引导，展示我国最近 10 年各学科领域最受关注的研究成果，揭示不同学科领域中研究机构的分布状态及重要文献产出，是致力于为用户提供具有高端分析价值的精细化产品，专门为辅助科研管理部门、科研研究人员等了解我国的科技发展动态而倾力打造，适用于课题调研、科技查新、项目评估、成果申报等用途。

该功能模块同样采用数据链接机制实现到维普资讯系列产品的功能对接及定位，显著提高资源利用的效率。

（4）“高被引析出文献”模块。高被引析出文献库（Highly Cited Database）是一个基于期刊参考文献筛选出的一次文献资源产品模块。从国内出版的 12000 多本期刊，近 20 年的 9000 余万条参考文献中，解析出 800 万篇各个领域中高被引量的文献资源，并提供这些文献的全文资源保障。其包括学位论文、会议论文、标准、专利、图书等，以帮助用户更便捷地利用这些被其他研究者高度关注的析出文献资源。

（5）“搜索引擎服务”模块。“搜索引擎服务”模块是机构用户基于谷歌和百度搜索引擎面向读者提供服务的有效拓展支持工具，既是灵活的资源使用模式，也是图书馆服务的有力交互推广渠道。通过开通该服务，图书馆服务推广到读者环境中去，即“读者在哪里，图书馆的服务就在哪里”，让图书馆服务无处不在。图书馆可以通过维普公司授权的后台对该单位的信息进行定期更换。

5.3.2 期刊资源整合服务系统功能模块之一——“期刊文献检索”模块

1. 登录方式

目前，多数高校图书馆采用“镜像安装”方式，一般是从本校图书馆主页上的维普相关栏目链接进入数据库。例如，某大学图书馆主页—正式数据库—维普期刊资源整合服务系统（本地镜像）—访问维普期刊资源整合服务系统—选择“期刊文献检索”模块。

2. 检索方式

“期刊文献检索”模块提供基本检索、传统检索、高级检索、期刊导航和检索历史 5 种检索方式，如图 5-16 所示。

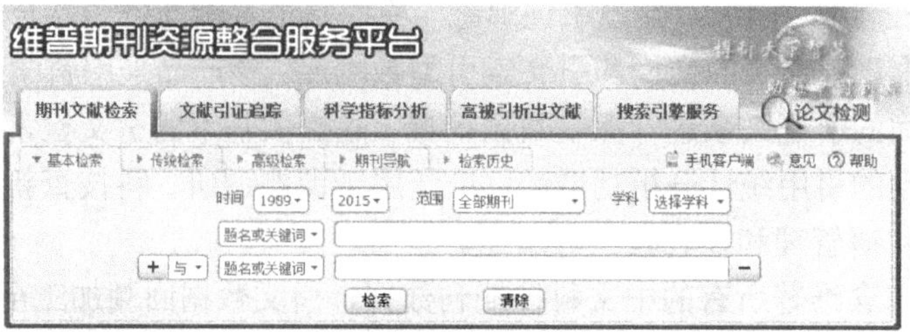

图 5-16　5 种检索方式

1）基本检索。基本检索是“期刊文献检索”模块默认的检索方式，检索方便快捷。基本检索步骤如下。

（1）登录期刊资源整合服务系统。登录系统后，默认功能模块为“期刊文献检索”，默认检索方式为“基本检索”。

（2）检索条件限定。在基本检索首页中按时间、期刊、学科等限定检索条件。

- 时间范围限定：从下拉列表框中选择，时间范围是 1989—2013 年。
- 期刊范围限定：可选全部期刊、核心期刊、EI 来源期刊、CA 来源期刊、CSCD 来源期刊、CSSCI 来源期刊。
- 学科范围限定：包括管理学、经济学、图书情报学等 45 个学科，选中复选框可进行多个学科的限定。
- 选择检索入口：包括任意字段、题名或关键词、题名、关键词、文摘、作者、第一作者、机构、刊名、分类号、参考文献、作者简介、基金资助和栏目信息 14 个检索入口。
- 逻辑组配：检索框默认为两行，点“+”“-”可增加或减少检索框，进行任意检索入口“与、或、非”的逻辑组配检索。
- 检索：单击“检索”按钮进行检索或单击“清除”按钮清除输入，进入检索结果页面。

（3）选择检索入口，输入检索词。选择检索入口，输入题名、关键词、作者和刊名等检索内容条件。

（4）进行检索。单击“检索”按钮进入检索结果页面，查看检索结果题录列表，反复修正检索策略得到最终检索结果。结果内容如下。

- 显示信息：检索式、检索结果记录数、检索结果的题名、作者、出处、基金和摘要，其中“出处”字段增加期刊被国内外知名数据库收录最新情况的提示标识，与“基金”字段一起判断文献的重要性。
- 按时间筛选：限定筛选一个月内、三个月内、半年内、一年内、当年内发表的文献。
- 导出题录：选中检索结果题录列表前的复选框，单击“导出”按钮，可以将选中的文献题录以文本、参考文献、XML、NoteExpress、RefWorks、EndNote 的格式导出。
- 查看细览：单击文献题名进入文献细览页，查看该文献的详细信息和知识节点链接。
- 获取全文：单击“下载全文”“文献传递”“在线阅读”按钮，将感兴趣的文献下载保存到本地磁盘中或在线进行全文阅读，其中新增原文传递的全文服务支持，对不能直接下载全文的数据，通过委托第三方社会公益服务机构提供快捷的原文传递服务。

- 检索：可以进行重新检索，也可以在第一次检索结果的基础上进行二次检索（包括在结果中检索、在结果中添加、在结果中去除这 3 种方式），实现按需缩小或扩大检索范围、精简检索结果。
- 页面间跳转：检索结果每页显示 20 条，如果想在页面间进行跳转，可以单击页面间跳转一行的相应链接，如首页、数字页、下 10 页等。
- 整合服务：切换选项卡到“被引期刊论文”等，链接“文献引证追踪”功能，快速检索到最有影响力的相关研究论文。

（5）检索结果操作。根据题录信息判断文献相关性，可筛选导出文献题录，也可单击题名进入文献细览页查看详细信息和知识节点链接。结果内容如下。

- 显示信息：题名、作者、机构地区、出处、基金、摘要、关键词、分类号、全文快照、参考文献和相似文献。
- 路径导航：显示并定位到该文献的刊期。
- 获取全文：同样在文献细览页也可单击“下载全文”“文献传递”“在线阅读”按钮，将感兴趣的文献下载、保存到本地磁盘中或在线进行全文阅读，其中新增原文传递的全文服务支持，对不能直接下载全文的数据，通过委托第三方社会公益服务机构提供快捷的原文传递服务。
- 节点链接：通过作者、机构地区、出处、关键词、分类号、参考文献和相似文献提供的链接可检索相关知识点的信息。
- 整合服务：“高影响力作者”“高影响力机构”“高影响力期刊”“高被引论文”按钮链接“科学指标分析”模块的相应页面。

（6）获取全文。在检索结果页面或文献细览页面都可以通过单击“下载全文”“文献传递”“在线阅读”按钮获取全文。

2）传统检索。传统检索是原网站的《中文科技期刊数据库》检索模式，经常使用本网站的老用户可以单击此链接进入检索界面进行检索操作，进行中刊文章题录文摘浏览、下载及全文下载，如图 5-17 所示。

图 5-17 传统检索页面

3）高级检索。高级检索提供向导式检索和直接输入检索式检索两种方式。运用逻辑组配关系，查找同时满足几个检索条件的中刊文章，如图 5-18 所示。

图 5-18　高级检索页面

（1）向导式检索。向导式检索为读者提供分栏式检索词输入方法。除可选择逻辑运算、检索项、匹配度外，还可进行相应字段扩展信息的限定，最大限度地提高检准率。

向导式检索的检索操作严格按照由上到下的顺序进行，用户在检索时可根据检索需求进行检索字段的选择。

注意：逻辑运算符对照表如表 5-1 所示。在检索表达式中，以上运算符不能作为检索词进行检索，如果检索需求中含有以上逻辑运算符，请调整检索表达式，用多字段或多检索词的限制条件来替换掉逻辑运算符号。例如，要检索 C++，可组织检索式（M=程序设计*尺=面向对象）*K=C 以得到相关结果。检索字段代码对照表如表 5-2 所示。

表 5-1　逻辑运算符对照表

逻辑运算符	*	并且、与、AND
	+	或者、OR
	-	不包含、非、NOT

表 5-2　检索字段代码对照表

代　码	字　段	代　码	字　段
U	任意字段	S	机构
M	题名或关键词	J	刊名
K	关键词	F	第一作者
A	作者	T	题名
C	分类号	R	文摘

扩展功能如图 5-19 所示，图中所有按钮均可实现相对应的功能。读者只需要在前面的文本框中输入需要查看的信息，再单击相对应的按钮即可得到系统给出的提示信息。主要内容如下。

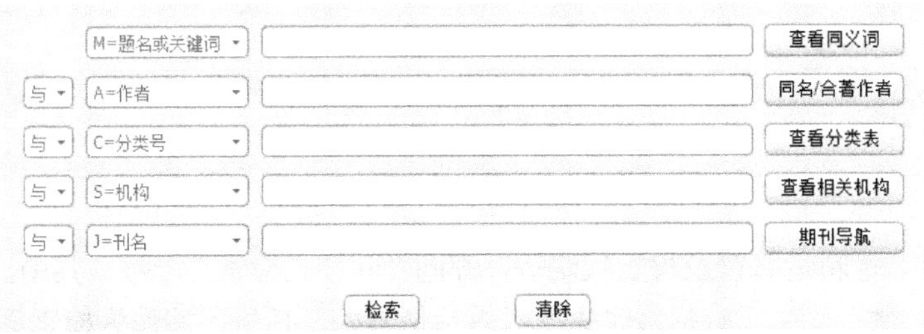

图 5-19　扩展功能

- 查看同义词：如用户输入“土豆”，单击“查看同义词”按钮即可检索出“土豆”的同义词：春马铃薯、马铃薯、洋芋等，用户可以全选，以扩大搜索范围。
- 同名/合著作者：如用户输入“张三”，单击“同名/合著作者”按钮即可以列表的形式显示不同单位同名作者，用户可以选择作者单位来进一步限制同名作者范围。为了保证检索操作的正常进行，系统对该项进行了一定的限制：勾选数据最多不超过 5 个。
- 查看分类表：读者可以直接单击该按钮，会弹出分类表页，操作方法同分类检索。
- 查看相关机构：如用户输入“中华医学会”，单击“查看相关机构”按钮即可显示以中华医学会为主办（管）机构的所属期刊社列表。为了保证检索操作的正常进行，系统对该项进行了一定的限制，勾选数据最多不超过 5 个。
- 期刊导航：输入刊名，单击“期刊导航”按钮可链接到期刊检索结果页面，查找相关的期刊并查看期刊详细信息。

更多检索条件包括使用“更多检索条件”选项组，以进一步减小搜索范围，获得更符合需求的检索结果。如图 5-20 所示，读者可以根据需要，以时间、专业限制、期刊范围来进一步限制范围。

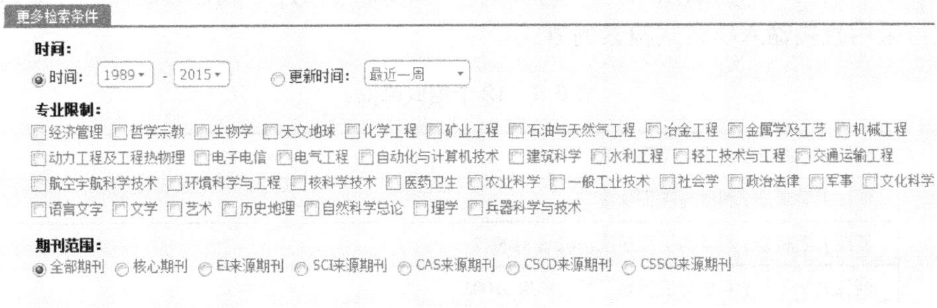

图 5-20　更多检索条件

读者在选定限制分类，并输入关键词检索后，页面自动跳转到搜索结果页面，后面的检索操作同简单搜索页面，读者可以单击查看。

（2）直接输入检索式检索。读者可在检索框中直接输入逻辑运算符、字段标识等，使用更多检索条件并对相关检索条件进行限制后单击“检索”按钮，如图 5-21 所示。

注意：检索式输入有错时，检索后会返回“查询表达式语法错误”的提示，看见此提示后请使用浏览器的“后退”按钮返回检索界面重新输入正确的检索表达式。

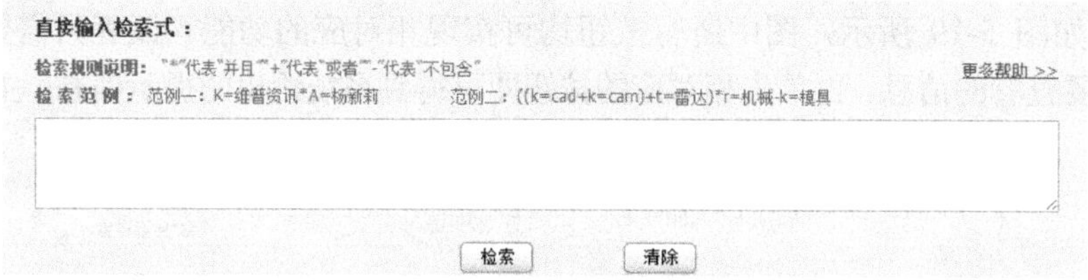

图 5-21　直接输入检索式

更多检索条件、逻辑运算符及检索代码等，都同“向导式检索”一致。其中，关于检索优先级为无括号时逻辑与“*”优先，有括号时先括号内后括号外。括号不能作为检索词进行检索。

检索范例一：K=维普资讯*A=杨新莉

此检索式表示查找文献：关键词中含有“维普资讯”并且作者为“杨新莉”的文献。

检索范例二：（K=（CAD+CAM）+T=雷达）*R=机械-K=模具

此检索式表示查找文献：文摘含有机械，并且关键词含有 CAD 或 CAM，或者题名含有“雷达”，但关键词不包含“模具”的文献。

此检索式也可以写成

((K=（CAD+CAM）*R=机械）+（T=雷达*11=机械））-K=模具

或者

（K=（CAD+CAM）*R=机械）+（T=雷达*R=机械）-K=模具

（3）高级检索的检索技巧。

第一，用同名作者进行作者字段的精确检索。

在向导式检索中，提供了同名作者的功能，由于同名作者功能中限制了选中的最大数目（5 个），而需要选择的单位超过了 5 个时，可以考虑采用模糊检索的方式来实现检全检准。

例如，查询目标为浙江大学高分子科学与工程系作者名为王立的文献，通过同名作者查看到相似的单位有 12 个（见表 5-3），这时就可以采用检索式“A=王立*8=浙江大学高分子科学”来限制作者以得到精确的检索结果。检索式的更改方法：可在向导式检索的同名作者添加以后修改，也可采用直接输入检索式检索的方式。

表 5-3　12 个相似单位

单位名称	浙江大学高分子科学与工程学系
	浙江大学高分子科学与工程学院
	浙江大学高分子科学与工程学系，杭州 310027
	浙江大学高分子科学与工程系，浙江杭州 310027
	硕士研究生，浙江大学高分子科学与工程学系，杭州 310027
	浙江大学高分子科学与工程学系，浙江杭州 310027
	浙江大学高分子科学与工程系
	浙江大学高分子科学与工程学系，杭州
	浙江大学高分子科学与工程系，杭州 310027
	浙江大学高分子科学与工程学系，浙江杭州 310027
	浙江大学高分子系，浙江杭州 310027
	浙江大学材料与化学工程学院，聚合反应工程国家重点实验室，杭州 310027

第二，利用“查看相关机构”提高检全检准率。

向导式检索中提供了“查看相关机构”功能，使读者需要查询的目标机构更精确。由于相关机构功能中限制了选中的最大数目（5 个），如果恰好用户需要检索的机构超过 5 个，在实际检索时就需要考虑采用模糊检索的方式来实现检全检准。

例如，要查找“重庆大学建筑与城规学院”这一机构，如果以“重庆大学”作为基准查找得到 2074 个相关机构。通过筛选，选择出符合检索结果的共有词还有“建筑”，此时就可调整检索式为“重庆大学*建筑”，调整后再次查看相关机构，得到 144 个机构，很明显，筛选出的机构的准确度大大提高了。这样就可以直接在机构字段输入“重庆大学*建筑”进行检索了。

4）期刊导航。期刊导航提供检索和浏览两种方式。

（1）检索方式提供期刊名检索、ISSN 检索查找某一特定刊，按期次查看该刊的收录文章，可实现刊内文献检索、题录文摘或全文的下载功能，同时可以查看期刊评价报告，如图 5-22 所示。

图 5-22　期刊导航检索方式

（2）浏览方式提供按刊名字顺序浏览、期刊学科分类导航、核心期刊导航、国内外数据库收录导航、期刊地区分布导航，其中新增核心期刊导航反映最新核心期刊收录情况，同时更新最新国内外知名数据库收录期刊情况，如图 5-23 所示。

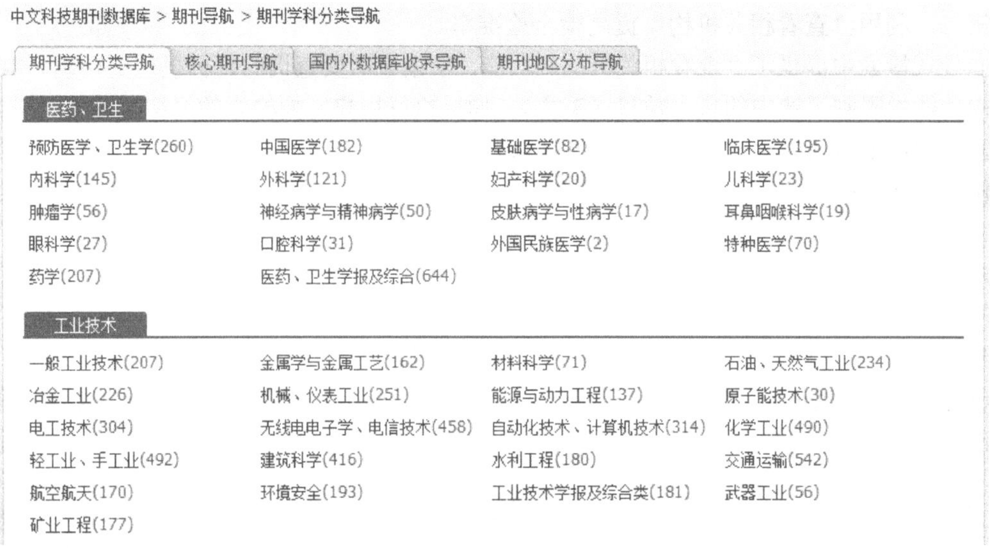

图 5-23　期刊导航浏览方式

5）检索历史。系统对用户检索历史做自动保存，可单击保存的检索式进行该检索式的重新检索或者“与、或、非”逻辑组配，如图 5-24 所示。

图 5-24　检索历史

5.3.3　期刊资源整合服务系统功能模块之二——“文献引证追踪”模块

1. 登录方式

图书馆首页—“维普期刊资源整合服务系统”—选择“文献引证追踪”模块，如图 5-25 所示。

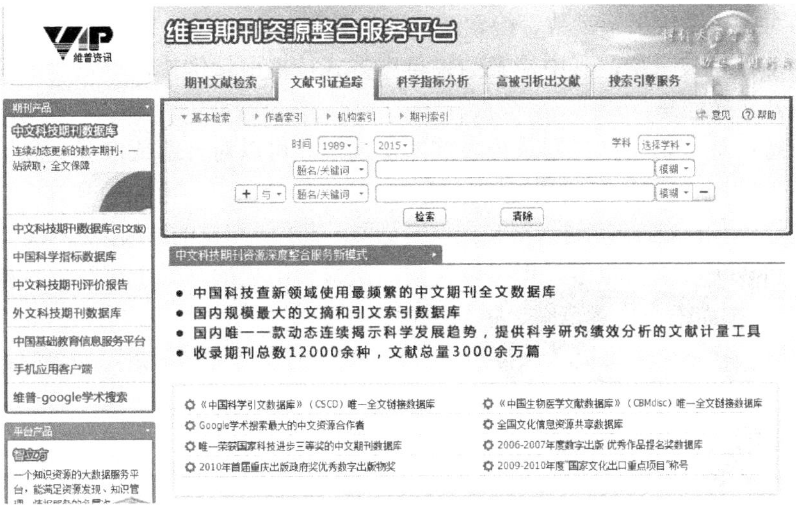

图 5-25 “文献引证追踪”模块

2. 检索方式

“文献引证追踪”模块提供的检索方式有基本检索、作者索引、机构索引和期刊索引。

1）基本检索。这是“文献引证追踪”模块默认的检索方式，针对所有文献按被引情况进行检索，快速定位相关信息。基本检索步骤如下。

（1）登录“期刊资源整合服务系统”。登录系统后，选择“文献引证追踪”模块，默认检索方式为基本检索。

（2）检索条件限定。在基本检索首页中按时间、学科范围等限定检索条件。

（3）选择检索入口，输入检索词。选择检索入口，输入题名、关键词、作者、刊名等检索内容条件，检索对象不区分源文献或参考文献。

（4）进行检索。单击“检索”按钮进入检索结果页面，查看检索结果题录列表，反复修正检索策略得到最终检索结果，如图 5-26 所示。结果内容如下。

图 5-26 检索结果页面

- 显示信息：检索结果记录数、检索式、默认显示被引期刊论文检索结果的题名、作者、年代、出处、被引量，其中检索结果排序方式按被引量倒排，单击“显示文摘”在当前页展开文摘信息。
- 引用追踪：选中检索结果题录列表前的复选框，可以对一篇或多篇文献同时查看“参考文献”“引证文献”等引用追踪功能。
- 查看细览：单击文献题名进入引文文献细览页，查看该引文的详细信息和知识节点链接。
- 检索：可以进行重新检索，也可以在第一次检索结果的基础上进行二次检索（在结果中检索），按需缩小检索范围、精简检索结果。
- 页间跳转：检索结果每页默认显示 20 条，也可选择显示 50 条，如果想在页面间进行跳转，可以单击页面间跳转一行的相应链接，如“首页”“上一页”“下一页”“尾页”，或直接输入页码单击“跳转”链接。
- 查看其他类型的有价值的文献：通过切换标签到“被引图书专著”“被引学位论文”等，可以对其他类型的有价值的文献做析出。
- 整合服务：“期刊全文”标签链接到“期刊文献检索”相应检索结果页面；题名下“高被引论文”标识可定位到“科学指标分析”模块的相应页面。

（5）检索结果操作。检索结果按文献被引量排序析出的有价值的文献，选中多篇文献同时查看“参考文献”“引证文献”等引用追踪功能。

（6）查看引文文献细览页。从一篇高质量的文献出发通过“参考文献”或者“引证文献”抑或“耦合文献”的查询来获取科学研究的发展脉络。功能如下。

- 显示信息：题名、作者、机构地区、出处、基金、摘要、关键词、分类号、参考文献、引证文献、耦合文献。
- 节点链接：通过作者、机构地区、出处、关键词、分类号、参考文献、引证文献、耦合文献提供的链接可检索相关知识点的信息。
- 索引查询：作者、机构地区、出处字段有“索引”标识的可以链接到相应作者索引、机构索引、期刊索引的细览页，查看其详细信息。
- 整合服务：单击“查看全文”按钮链接到“期刊文献检索”模块该文献细览页；单击“高影响力作者”“高影响力机构”“高影响力期刊”“高被引论文”按钮链向“科学指标分析”模块的相应页面。

2）作者索引。提供关于作者的科研产出与引用分析统计，检索并查看作者的学术研究情况。作者索引步骤如下。

（1）登录“期刊资源整合服务系统”。登录系统后，选择“文献引证追踪”模块，选择作者索引检索方式。

（2）检索或浏览。输入作者姓名进行检索或按拼音、学科浏览作者索引结果，列表按被引量倒序排列。

（3）选中特定作者，查看详细信息。在作者索引结果页面中选择感兴趣的作者，单击“详细信息”按钮进入作者细览页。

（4）引文分析。在特定作者细览页查看发文量、被引次数及引用追踪、H 指数，可以进行基于作者的引文分析。

3）机构索引。提供关于机构的科研产出与引用分析统计，全面了解机构的科研实力。机构索引步骤如下。

（1）登录“期刊资源整合服务系统”。登录系统后，选择“文献引证追踪”模块，选择机构索引检索方式。

（2）检索或浏览。输入机构名称进行检索或按拼音、学科浏览机构索引结果，列表按被引量倒序排列。

（3）选中特定机构，查看详细信息。在机构索引结果页面中选择感兴趣的机构，单击“详细信息”按钮进入机构细览页。

（4）统计分析。在特定机构细览页查看发文量、作者数统计及对发表论文做细分导读、发表论文学科分布等。

4）期刊索引。提供关于期刊的科研产出与引用分析统计，全面展示期刊的学术贡献与影响力。期刊索引步骤如下。

（1）登录“期刊资源整合服务系统”。登录系统后，选择“文献引证追踪”模块，选择期刊索引检索方式。

（2）检索或浏览。输入期刊名称进行检索或按拼音、学科浏览期刊索引结果，列表按被引量倒序排列。

（3）选中特定期刊，查看详细信息。在期刊索引结果页面中选择感兴趣的期刊，单击“详细信息”按钮进入期刊细览页。

（4）引文分析。在特定期刊细览页查看期刊每一年的发文量和被引量，按期刊出版年对文章做引用追踪。

5.3.4 期刊资源整合服务系统功能模块之三——“科学指标分析”模块

1. 登录方式

图书馆首页—“维普期刊资源整合服务系统”—选择“科学指标分析”模块，如图 5-27 所示。

图 5-27 “科学指标分析”模块

2. 使用方式

“科学指标分析”模块向用户主动列举出近 200 个细分学科的研究发展趋势内容和有关研究绩效的分析数据。该模块主要提供学者、机构、地区、期刊、学科排名、学科基线、研究前沿、高被引论文、热点论文等多个指标项的查询与浏览。

1）学者科学指标分析。对各学科核心的研究学者做近 10 年来发文和总被引次数及篇均被引量的指标统计。使用步骤如下。

（1）登录“期刊资源整合服务系统”。登录系统后，选择“科学指标分析”模块，单击“学者”按钮进入学者科学指标分析首页，如图 5-28 所示。

图 5-28 学者科学指标分析首页

（2）检索或浏览学者排名。可通过学科、地区、字顺等进行学者指标的查询，也可对某一特定学者的姓名、所在机构进行查找，如选定某一学科，查看该学科下的学者及其科学指标。

（3）选中特定学者，查看详细指标。单击感兴趣的学者名，查看该学者的详细统计数据，包括所涉及的学科及各学科的发文量、被引量、篇均被引值，以及该学者在这一学科下被高度关注的顶尖论文、发文和被引情况趋势图等。

2）机构科学指标分析。对各学科核心的研究团队做近 10 年来发文和总被引次数及篇均被引量的指标统计。使用步骤如下。

（1）登录“期刊资源整合服务系统”。登录系统后，选择“科学指标分析”模块，单击“机构”按钮进入机构科学指标分析首页，如图 5-29 所示。

（2）检索或浏览机构排名。可通过学科、地区、字顺进行机构筛选，也可对某一特定的机构进行查找，选定某一学科，查找该学科的所有机构。

（3）选中特定机构，查看详细指标。单击感兴趣的机构名，查看该机构的详细统计指标，包括该机构涉及的学科及其发文量、被引量、篇均被引值、该机构在这一学科下受到高度关注的顶尖论文、发文和被引情况趋势图等。

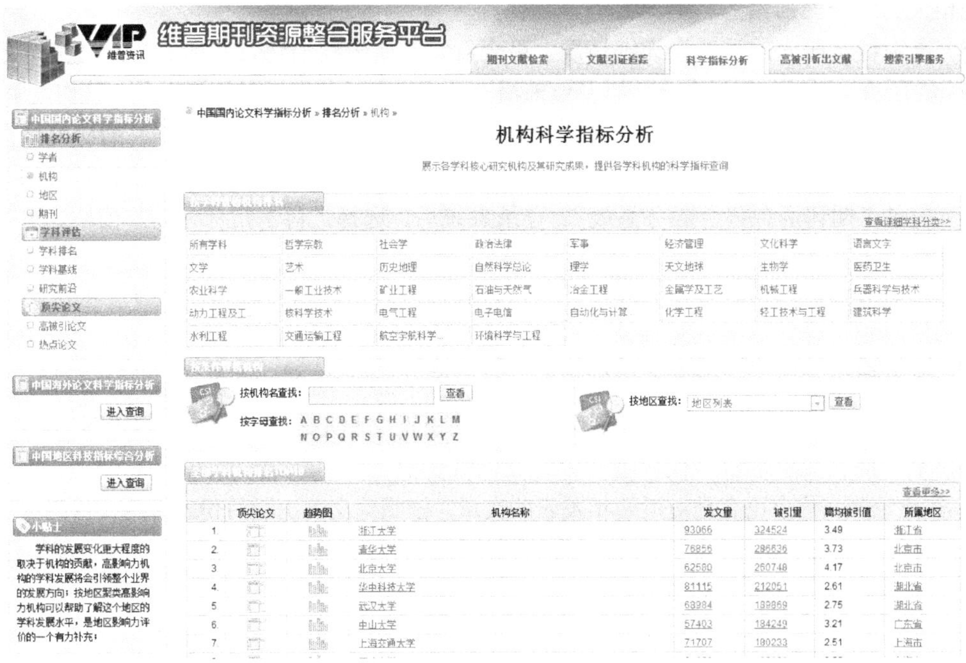

图 5-29　机构科学指标分析首页

3）地区科学指标分析。对全国 31 个省、自治区、直辖市及 321 个地级市做近 10 年来各学科发文、总被引次数及篇均被引量的指标统计。使用步骤如下。

（1）登录“期刊资源整合服务系统”。登录系统后，选择“科学指标分析”模块，单击“地区”按钮进入地区科学指标分析首页。

（2）浏览地区排名。直接通过学科查找各学科的地区科学指标，如选定某一学科，查看该学科的地区科学指标，并可进一步查看该学科某特定地区的详细科学指标。

（3）比较地区间的科学指标。地区部分可进行省（直辖市）之间的比较，也可进行地级市与地级市之间、省（直辖市）与地级市之间的比较功能。

4）期刊科学指标分析。针对 4000 多种国内科技期刊做科学指标的定量分析，用以揭示各期刊对相应的学科产生的贡献大小及各期刊对读者的学术影响力。使用步骤如下。

（1）登录“期刊资源整合服务系统”。登录系统后，选择“科学指标分析”模块，单击“期刊”按钮进入期刊科学指标分析首页。

（2）检索或浏览期刊排名。可通过学科、地区、字顺进行期刊的筛选，也可对某一特定的期刊进行查找，选定某一学科，查找该学科的所有期刊。

（3）选中特定期刊查看详细指标。单击感兴趣的期刊名，查看该期刊的详细统计指标，包括该期刊涉及的学科及其发文/被引量、篇均被引值、该期刊在这一学科下受到高度关注的顶尖论文、发文和被引情况趋势图等。

5）研究前沿。研究前沿是近 5 年发表的高被引论文通过共被引聚类检索获得，体现的是多个研究学者共同的研究方向。使用步骤如下。

（1）登录“期刊资源整合服务系统”。登录系统后，选择“科学指标分析”模块，单击“研究前沿”。

（2）检索或浏览研究前沿。可通过学科查看该学科下的所有“研究前沿”，也可输入关键词查找相关的“研究前沿”。

（3）选中特定研究前沿查看详细情况。可查看特定研究前沿包含的所有文章，也可查看该研究前沿的所有文章发表时段分布，以及该前沿涉及的学科及其发文量、被引量、篇均被引值等。

6）高被引论文。各学科高被引论文揭示的是某一学科近 10 年来最受关注的研究成果。使用步骤如下。

（1）登录“期刊资源整合服务系统”。登录系统后，选择“科学指标分析”模块，单击“高被引论文”。

（2）检索或浏览高被引论文。可通过学科查看该学科下的所有高被引论文，也可输入关键词、标题、学者等查找相关的高被引论文。

（3）选中特定高被引论文查看详细情况。可查看该高被引论文的被引年代分布趋势图，被引量可链接至“文献引证追踪”模块查看该论文的引证文献汇总情况，单击“PDF 全文下载”按钮链接至“期刊文献检索”模块查看该论文的细览页。

7）热点论文。热点论文是对近两年发表的文章，依照论文的出版月份，每两个月为一个时间段，计算这些论文在当前统计时间段内（在实施统计的这两个月里）被高度关注的文献集合。

使用步骤与“高被引论文”类似，在此不再赘述。

5.3.5 期刊资源整合服务系统功能模块之四——“搜索引擎服务”模块

1. 登录方式

图书馆首页—“维普期刊资源整合服务系统（平台）”—选择“搜索引擎服务”模块，如图 5-30 所示。

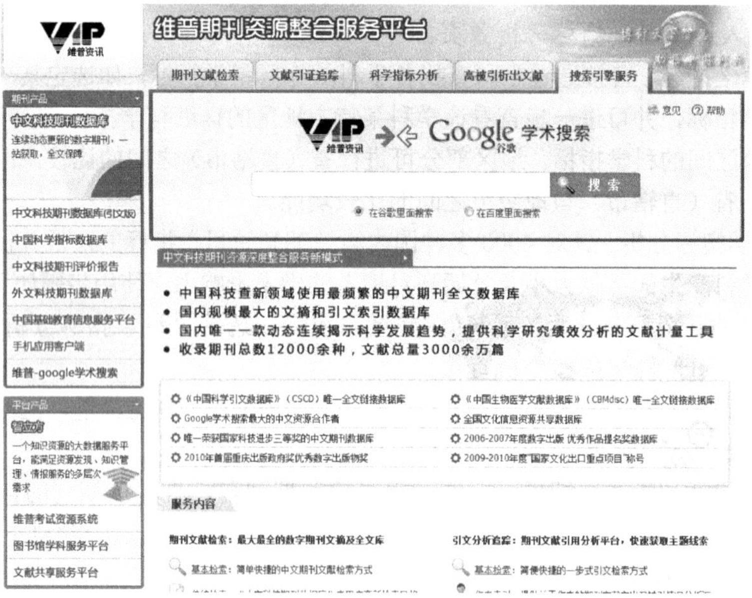

图 5-30 “搜索引擎服务”模块

2. 检索方式

采用一键式的检索方式，机构用户只需输入检索词，即可获得基于谷歌或百度搜索引擎的维普期刊资源，从而为机构服务的拓展提供有效的支持工具。

5.3.6　期刊资源整合服务系统整合服务平台功能

整合系统还提供了内容的互联互通和互相验证的平台服务。用户在一个整合平台下做一次搜索就可以看到从一次文献保障到二次文献分析、再到三次文献情报析出的全部相关内容，也可以从二次文献、三次文献直接看到一次文献，从而使知识服务功能得以有效提升。整合服务平台功能的具体说明如下。

检索应用一：对科学研究的促进作用

（1）进行课题调研，获取研究思路，激发创新思维。

（2）从一篇高质量的文献出发了解课题全貌。

（3）跟踪某研究领域的最新进展情况。

（4）提供申报科研项目、申请国家基金所需的科技信息。

检索应用二：为图书馆人员的工作提供强有力的支持

（1）为学校的教学科研开展深层次信息咨询服务。

（2）帮助科研人员尽快获得科技信息资源。

（3）帮助科研人员进行投稿期刊的选择。

（4）报道本机构每年度的论文收录情况和分析科研影响力。

（5）提供论文收录及引用检索报告，为职称申报，学位点的申报，国家、教育部重点实验室申报，基金申请、科研成果的评价提供服务。

（6）方便图书馆人员自身申请软课题。

（7）有助于图书馆开展查新工作。

检索应用三：在学习工作中充当良师益友

（1）跟踪某研究领域/某课题的最新进展情况。

（2）进行论文的开题查新，选取论文的研究方向。

（3）帮助选择投稿期刊，有助于学位论文的发表。

（4）寻找合适的导师指导学习。

（5）寻求未来的学习和工作机会。

5.3.7　PDF 阅读器常用功能介绍

维普数据库提供 PDF 格式的全文下载，用户首先要下载 PDF 阅读器，才能打开查看 PDF 格式的全文内容。维普资讯网提供的 PDF 全文下载格式采用了 jbig2 压缩技术，需要 Acrobat Reader 5.0 以上版本的支持，可以在维普资讯网或镜像站点相关链接处下载，其安装方式与 CAJViewer 全文浏览器相似。PDF 阅读器功能强大，这里以 Acrobat Reader 7.0 版为例进行介绍。

1. 翻阅文档

窗口底部状态栏中的导览控件提供了快速导览文档的方法。另外，还可以使用菜单命令（视图→跳至）、“导览”工具栏（视图→工具栏→导览）和键盘快捷方式来翻阅 PDF 文档。其中，“home”键表示“第一页”，“向左箭头”键表示“上一页”、第 1/3 页，“Shift+Ctrl+N”键表示

"当前页","向右箭头"键表示"下一页","End"键表示"最后一页"。

2. 使用页面缩略图导览

页面缩略图提供了文档页面的微型预览，单击窗口左边的"页面"标签，或选择"视图"→"导览标签"→"页面"命令来显示"页面"面板。使用窗口左侧"页面"面板中的缩略图可更改页面显示，或跳至其他页面。页面缩略图中的红色页面查看框表示正在显示的页面区域，拖曳调整本框，可更改视图的缩放率。单击页面缩略图跳至其对应的页面。

3. 调整页面位置

可使用"手形"工具移动页面来查看页面的所有区域，也可用鼠标滚动球调整。

4. 放大和缩小视图

根据用户浏览需求提供的多种方法来改变 PDF 文档的视图大小：从工具栏中的"缩放"菜单中选择"放大"工具或"缩小"工具，然后单击页面可更改文档的显示比例；选择"动态缩放"工具，通过向上拖曳鼠标来放大视图，或向下拖曳鼠标来缩小视图。单击"适合页面"按钮，自动调整页面以适合整个窗口；单击"适合宽度"按钮"+%"自动调整页面适合窗口宽度；单击"缩小"按钮"-"或"放大"按钮"+"，也可在工具栏菜单"122%"中选择或输入显示比例进行页面更改。

注意：完成缩放后，要将放大镜式样的指针变为手形或另外样式，才能进行其他操作。

5. 对文档进行简单搜索

使用"搜索 PDF"窗格可以查找当前 PDF 文档中的文字、短语或句子。单击"搜索"按钮，即可弹出相应的对话框。在对话框中输入要搜索的文字或句子，并进行其他操作。

5.4 万方数据知识服务平台

万方数据知识服务平台（Wanfang Data Knowledge Service Platform），是北京万方数据股份有限公司在原万方数据资源系统的基础上，经过不断改进开发的一种集多种知识资源、多元化增值服务为一身的平台。

5.4.1 资源概况

万方数据知识服务平台收录的资源非常丰富，涉及各行各业，包括期刊论文资源、学位论文资源、会议论文资源、专利资源、成果资源、法规资源、标准资源、机构信息、外文文献、专家信息资源和 OA 论文索引库等。

1. 期刊论文资源

万方数据知识服务平台的期刊论文属于全文资源，收录来自 1998 年以来国内出版的各类期刊 6000 余种，其中核心期刊 2500 余种，论文总数量达 1800 万余篇（截至 2011 年 11 月），每年增加约 200 万篇，每周更新两次。期刊论文分为哲学政法、社会科学、经济财政、教科文艺、基础科学、医药卫生、农业科学、工业技术。

2. 学位论文资源

万方数据知识服务平台的学位论文主要指硕士、博士论文，收录来自 1980 年以来我国自然科学领域各高等院校、研究生院及研究所的硕士、博士及博士后论文共计 200 万余篇（截至

2011 年 11 月），每年增加约 20 万篇。收录学科范围包括哲学、经济学、法学、教育学、文学、历史学、理学、工学、农学、医学、军事学和管理学。

3. 会议论文资源

万方数据知识服务平台的会议论文资源收录了由中国科技信息研究所提供的，自 1985 年以来至今世界主要学会和协会主办的会议论文，以一级以上学会和协会主办的高质量会议论文为主。每年涉及近 3000 个重要的学术会议，总计 180 万余篇（截至 2011 年 11 月），每年增加约 18 万篇，每月更新一次。

4. 专利资源

万方数据知识服务平台的专利资源即中外专利数据库，包括中国专利文献、国外与国际组织专利两部分，收录了国内外的发明、实用新型及外观设计等，内容涉及自然科学各个学科领域，是科技机构、大中型企业、科研院所、大专院校和个人在专利信息咨询、专利申请、科学研究、技术开发及科技教育培训中不可多得的信息资源。资源收录中国专利 563 万余项，外国专利 2348 万余项，共计 2911 万余项（截至 2011 年 11 月），每年增加约 25 万条，每两周更新一次。

5. 成果资源

万方数据知识服务平台的成果资源主要收录了国内的科技成果及国家级科技计划项目，总计科技成果约 60 万余项（截至 2011 年 11 月），内容涉及各行各业自然科学的各个学科领域，每月更新一次。

6. 法规资源

万方数据知识服务平台的法规资源收录了自中华人民共和国 1949 年成立以来全国人民代表大会及其常委会、国务院及其办公厅、国务院各部委、最高人民法院和最高人民检察院，以及其他机关单位所发布的国家法律、行政法规、部门规章、司法解释及其他规范性文件等约 39 万余条。除此之外，内容还包括国际条约及惯例、司法解释、案例分析等。

7. 标准资源

万方数据知识服务平台的标准资源即中外标准数据库，包括标准文摘数据库和标准全文数据库，综合了由国家质量监督检验检疫总局、建设部情报所、建材研究院等单位提供的中国国家标准、建设标准、建材标准、行业标准及国际标准、国际电工标准、欧洲标准，以及美、英、德、法国家标准和日本工业标准等各类标准题录，目前已成为广大企业及科技工作者从事生产经营、科研工作不可或缺的宝贵信息资源。资源收录了各类标准题录 28 万多条（截至 2011 年 10 月）。

8. 机构信息

机构信息主要来自国内有关企业、教育、科研、信息方面的机构单位信息，收录的机构数达 21 万余家。

9. 外文文献

外文文献包括外文期刊论文和外文会议论文。外文期刊论文是全文资源，收录了自 1995 年以来世界各国出版的 12634 种重要学术期刊，部分文献有少量回溯，每年增加论文百万余篇，每月更新一次。外文会议论文是全文资源，收录了自 1985 年以来世界各主要协会、出版机构出版的学术会议论文，部分文献有少量回溯，每年增加论文 20 万余篇，每月更新一次。

10. 专家信息资源

专家信息资源收录了 2 万余条国内自然科学技术领域的专家名人信息，介绍了各专家的基本信息、受教育情况及其在相关研究领域内的研究内容和所取得的进展，为国内外相关研究人员提供检索服务，有助于用户掌握相关研究领域的前沿信息。

11. OA 论文索引库

OA（Open Access）论文即开放存取论文，用户可通过该平台免费发布、查找、获取 OA 论文。为方便 OA 论文资源的统一检索和使用，万方数据知识服务平台将多家国外权威 OA 论文托管机构的文献与自身拥有的文献实现统一检索，对 DOAJ、arXiv、PubMed、SRP 等来源的 OA 期刊论文提供检索导航服务，内容覆盖数学、物理、计算机、通信、自动化、生物、医药和卫生等学科，论文收录总量达 250 万余篇（截至 2011 年 3 月），每周更新一次。

5.4.2 检索方法

1. 检索技术

1）系统平台一框式检索时适用布尔逻辑运算符“逻辑与”“逻辑或”及“逻辑非”，其中逻辑与可以用空格来表示。如果用 CQL 检索语言，则只能适用“逻辑与”和“逻辑或”。

“““　””“《》”：表示精确匹配。例如，“作者：“张晓””，表示作者字段中含有并且只含有“张晓”的结果。

2）关系运算符。

“：”或“=”：相当于模糊匹配，用于查找匹配一定条件的记录。例如，“标题：草坪”或“标题=草坪”，表示检索标题含有“草坪”的文献。

“exact”：能精确匹配一串字符串。例如，“作者 exact 王明”，是指查找作者是“王明”的记录，仅适用于 CQL 语言检索。

“all”：当检索词中是检索短语或包含多个检索词时，它们可以分别被扩展成布尔运算符“逻辑与”即“AND”的表达式。例如，“题名 all 草坪管理”可扩展为“题名=草坪 AND 题名=管理”，表示查找论文题名中包括“草坪”“管理”的记录。

3）系统平台提供短语检索，检索时系统自动进行分词检索。

2. 检索方法

万方数据知识服务平台的网页进入方式有两种：一是通过超链接的方式，由各购买了该数据库单位主页上的链接进入；二是输入网址“http://g.wanfangdata.com.cn”进入万方数据知识服务平台的主页，如图 5-31 所示。万方数据知识服务平台的资源使用方法一般分为学术论文检索、跨库检索、单库检索三种方式，在线检索和镜像站版检索大同小异。本节以在线万方数据知识服务平台的检索方法为例进行介绍。

图 5-31　万方数据知识服务平台主页

3. 学术论文检索

学术论文检索是万方数据知识服务平台默认的检索方式，其检索的内容只针对各个学科的期刊、学位、会议、外文期刊、外文会议等类型的学术论文进行检索，分为快速检索、高级检索、经典检索、专业检索。

1）快速检索。快速检索是万方数据知识服务平台默认的检索界面，如图 5-32 所示。

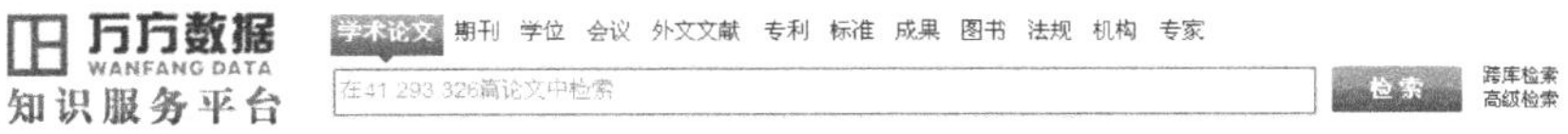

图 5-32　万方数据知识服务平台的快速检索界面

2）高级检索。在学术论文快速检索界面单击“高级检索”按钮即可进入学术论文的高级检索界面，如图 5-33 所示。学术论文高级检索提供标题、作者、来源、关键词、摘要、全文等检索字段，每个检索字段对应一个检索词输入行，用户检索时可以选择单个和多个检索字段进行检索。另外，对检索结果控制有发表或出版日期（可以输入年代范围）、文献类型（提供全部、期刊、学位、会议、外文期刊、外文会议及 OA 论文选项）、被引用次数、有无全文、排序（提供相关度优先、经典论文优先、新论文优先、仅按发表时间选项）、每页显示（提供 10、20、30 选项）。

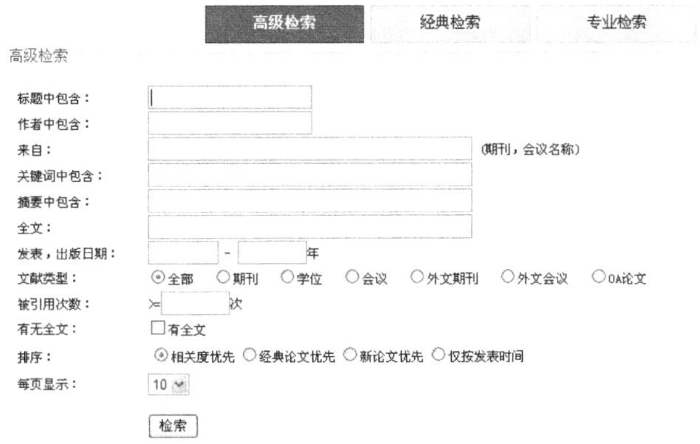

图 5-33　万方数据知识服务平台的高级检索界面

3）经典检索。单击“经典检索”按钮即可进入经典检索界面，如图 5-34 所示。经典检索为用户提供 5 个检索栏，每个检索栏都有标题、作者、作者单位、中图分类、关键词、摘要和全文共 7 个检索字段供选择。

图 5-34　万方数据知识服务平台的经典检索界面

4）专业检索。专业检索是指利用 CQL 检索语言编制的检索表达式进行检索的方式，如图 5-35 所示。该检索方式提供的检索字段有 Title、Creator、Source、KeyWords、Abstract；排序字段包括 CoreRank、CitedCount、Date、Relevance。例如，在“检索”框里输入“数字图书馆 and Creator exact 张晓林 sortby CitedCount”，是指检索作者有“张晓林”，并且文献里有“数字图书馆”字符的文献，其检索结果按被引频次由高到低排序。

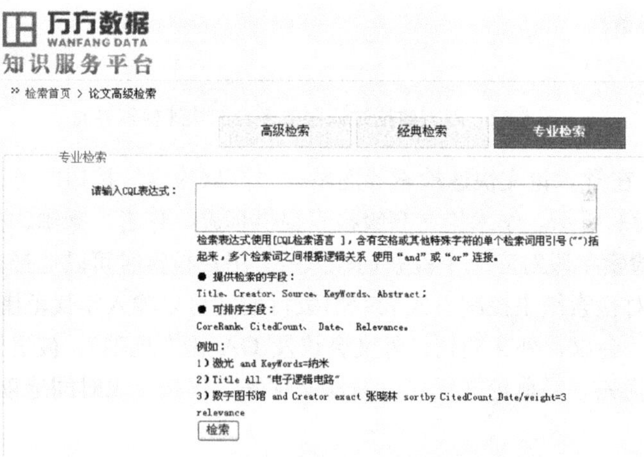

图 5-35　万方数据知识服务平台的专业检索界面

4. 跨库检索

通过在主界面单击“跨库检索”按钮即可进入跨库检索界面。跨库检索提供高级检索和专业检索两种检索方式。跨库检索可供课题查新使用，检索资源包括期刊论文、学位论文、会议论文、中外专利、科技成果、中外标准和法律法规。

1）高级检索。高级检索是跨库检索的默认检索方式（见图 5-36）。高级检索为多行式检索，系统默认为 3 行，同时可以通过⊞、⊟按钮来增加或删除检索行。高级检索可供检索字段包括全部、主题、题名或关键词、题名、作者、作者单位、关键词、摘要、日期、期刊—来源、期刊—期、学位—专业、学位—学位授予单位、学位—导师、学位—学位、会议—来源、会议—会议名称、会议—主办单位、会议—id。

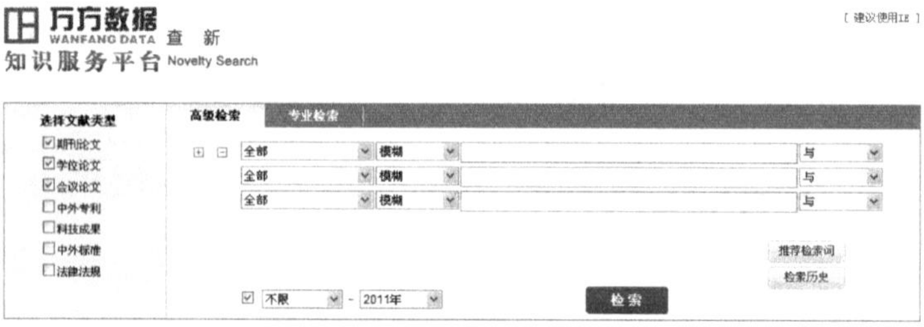

图 5-36　高级检索

2）专业检索。跨库检索的专业检索是指在“检索”框中输入检索式直接进行检索的方式。在该检索方式下，可以使用布尔逻辑运算符进行组配，同时还提供可检索字段，不同资源可供使用的检索字段不同。单击“推荐检索词”按钮可以输入检索词，系统便根据检索词为用户推荐许多相关的检索词。

5. 单库检索

万方数据知识服务平台的单库检索指对系统平台提供的某一类资源进行检索利用，其检索界面通过直接单击万方数据知识服务平台的相关资源名称即可进入。每一种资源的单库检索都分为高级检索、经典检索、专业检索，不同的资源类型其单库检索时所利用的检索字段不同。本节仅对期刊论文资源的单库检索做介绍，其他资源的单库检索方法与之类似。

1）期刊论文单库检索之高级检索。单击万方数据知识服务平台主页上的“期刊”链接，然后单击“高级检索”链接进入期刊论文资源单库检索的高级检索界面。该检索方式提供的检索字段有标题、作者、刊名、关键词、摘要、全文、DOI，用户可任选一个或多个检索字段，在其对应的检索词输入框中输入检索词进行相关文献的检索。对该检索方式的检索结果控制条件有发表日期（可以填写起止年代）、被引用次数（关系运算符为“>=”）、有无全文、排序（可选择按相关度优先、经典论文优先、最新论文优先排序）、每页显示（可选择 10、20、30 选项）。

2）期刊论文单库检索之经典检索。期刊论文的经典检索为用户提供了 5 个检索行，每个检索行为用户提供了标题、作者、作者单位、刊名、期、中图分类、关键词、摘要、全文和 DOI 这 10 个检索字段。检索时可以选择一个或多个检索行的相应检索字段，在对应的检索词输入框中输入检索词进行文献检索，同时两个检索行之间的逻辑运算组配方式为“逻辑与”。

3）期刊论文单库检索之专业检索。该库专业检索与学术论文专业检索一样，是指利用 CQL 检索语言编制的检索表达式进行检索的方式。该检索方式提供的检索字段有 Title、Creator、Source、KeyWords、Abstract；排序字段包括 CoreRank、CitedCount、Date、Relevance。

6. 二次检索

二次检索是指在前次检索结果中再利用系统平台提供的“检索”框进行检索的方式，如学术论文资源的二次检索为用户提供了标题、作者等检索字段进行检索，对检索结果还可进行起始年和结束年的范围控制，检索时单击“在结果中检索”按钮即可实现二次检索。

7. 分类导航浏览

不同资源的分类导航有所不同。本节只对期刊论文的分类导航进行介绍，其导航浏览包括学科分类、地区分类、刊名首字母浏览方式，如图 5-37 所示。

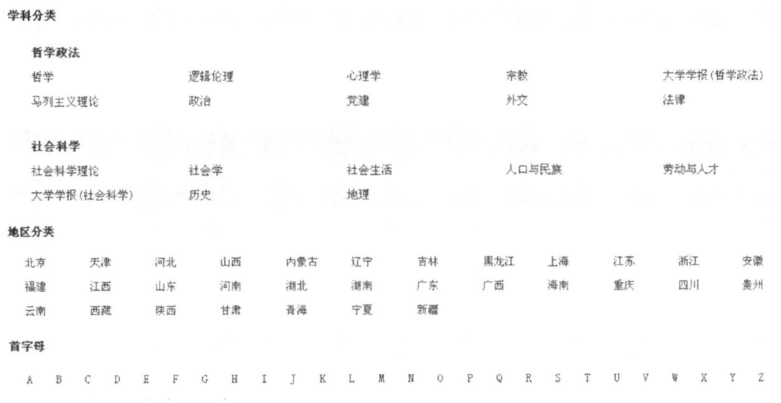

图 5-37　期刊论文的分类导航界面

学科分类按哲学政法、社会科学、经济财政、教科文艺、基础科学、医药卫生、农业科学和工业技术这 8 大类进行浏览，每一大类下面设有若干小类，逐级单击类目即可浏览相应类目的文献。

5.4.3 检索结果处理

万方数据知识服务平台的检索结果一般为用户显示题名、作者、文献来源、部分摘要及关键词等信息。这里以学术论文资源为例，介绍对检索结果处理的几种方式。

（1）仅显示全文的记录：在检索结果界面上，单击“仅全文”链接，系统即可将有全文的文献记录显示出来。

（2）排序：对检索结果可以按相关度优先、经典论文优先、新论文优先进行排序。

（3）全文浏览：全文浏览必须在操作系统里安装 PDF 格式的浏览器才能实现。学术论文的全文浏览在相应文献记录下面单击查看“全文”链接即可实现在线浏览文献的全文。

（4）下载全文：在相应文献记录下方单击“下载全文”链接并选择存放路径即可下载该篇论文的全文。

（5）导出：欲将一条或多条记录导出，分别单击文献记录下方的“导出”链接，被单击过的文献记录就会进入导出列表，用户可以选择参考文献格式、NoteExpress、RefWorks、NoteFirst、EndNote 和查新格式进行导出，另外还可以利用“自定义格式”选择相应数据库的字段进行文献记录的导出。

（6）引用通知：单击相应文献记录下方的“引用通知”链接，系统将显示该篇文献记录的被引用总次数、1～3 年被引用次数、3～5 年被引用次数、5～10 年被引用次数，同时还可以在界面下方输入用户邮箱地址，通过 RSS 订阅及时收取论文的被引用消息。

5.4.4 增值服务

万方数据知识服务平台利用其丰富的后台资源，开发了针对不同用户需求的许多增值服务。目前开发的增值服务有知识脉络分析、学术统计分析（专题服务）、论文相似性检测、检索结果聚类统计和相关文献检索等。

1. 知识脉络分析

知识脉络分析是系统基于海量信息资源的分析，以上千万条数据为基础，以主题词为核心，统计分析所发表论文的知识点和知识点的共享关系，并提供多个知识点的对比分析，如图 5-38 所示。该服务以知识脉络图形式体现知识点演变及趋势，知识点在不同时间的关注度，显示知识点随时间变化的演化关系，发现知识点之间交叉、融合的演变关系，以及新的研究方向、趋势和热点。知识脉络图即为某一知识点在不同年代画出一张知识网络图，不同年代的网络图按顺序链接起来，形成某一知识点在不同年代的知识网络形状演变脉络图，简称知识脉络。知识脉络分析还提供以输入的检索词为中心词的相关词，最多可选择 8 个相关词进行脉络图形比较分析。该服务便于研究人员关注学术动态、了解学术趋势、把握科研热点。

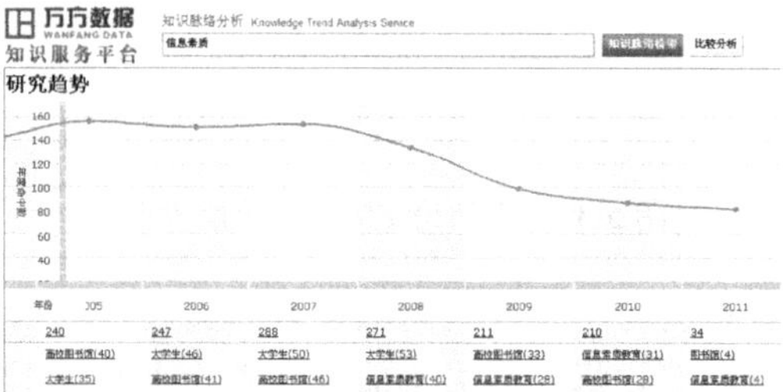

图 5-38 知识脉络分析界面

2. 学术统计分析（专题服务）

万方数据知识服务平台的学术统计分析即为专题服务。该服务集中收集了各类资源，科学地组织成热点专题，按专题特点将相关的各类文献进行科学的组织分类，力求与用户概念、知识背景达成一致；按分类内容精心筛选高质量文献，更直接地呈现文献标题和详情。其服务方式是按热点专题形成各年度“中国学术统计分析报告”，专题目录有工业技术、基础科学、教科文艺、经济财政、农业科学、社会科学、医药卫生、哲学政法、电力、冶金、自动化基础理论、自动化技术及设备、人工智能理论和机器人技术等，每个专题目录下分为高关注度、高上升趋势、高下降趋势和新兴研究子目录。用户可以单击相应子目录进入学术分析结果表界面，再利用系统平台推荐的检索词直接检索文献。

3. 论文相似性检测

论文相似性检测服务主要用于指导和规范论文写作，检测新论文和已发表论文的相似片段，如图 5-39 所示。

该服务基于中国学术期刊数据库、中国学位论文全文数据库、中国学术会议论文数据库和中国学术网页数据库等万方数据核心数据资源，通过 Web 模式，快速、灵活地进行单篇论文检测；为了满足广大科研机构对论文评估的需求，平台支持批量检测、断点续传等功能的检测客户端。检测任务启动后，系统自动依次串行执行检测，自动计算出每篇论文的相似比，生成论文相似性检测报告（见图 5-40）和检测任务总体报告。该服务属于有偿服务，按字数计费。

图 5-39　论文相似性检测服务界面

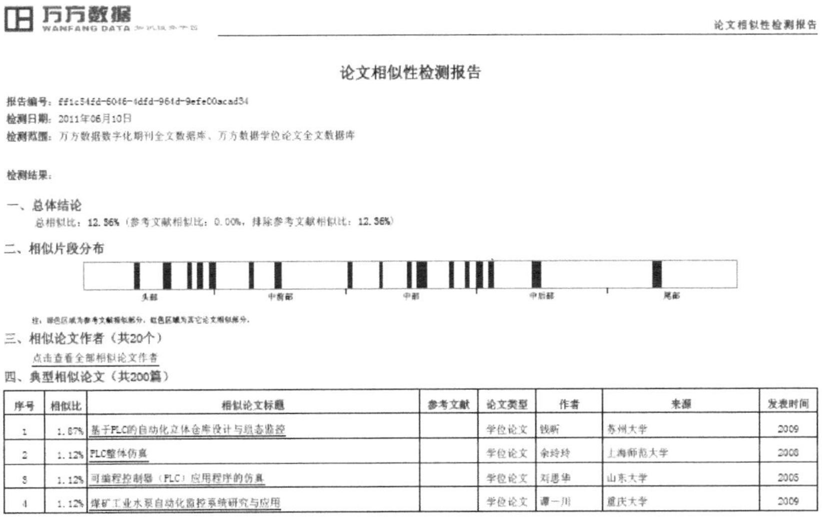

万方数据 WANFANG DATA　　论文相似性检测报告

论文相似性检测报告

报告编号：ff1c54fd-6046-4dfd-964d-9efe00acad34
检测日期：2011年06月10日
检测范围：万方数据数字化期刊全文数据库、万方数据学位论文全文数据库

检测结果：

一、总体结论
总相似比：12.36%（参考文献相似比：0.00%，排除参考文献相似比：12.36%）

二、相似片段分布
头部　中前部　中部　中后部　尾部

三、相似论文作者（共20个）
点击查看全部相似论文作者

四、典型相似论文（共200篇）

序号	相似比	相似论文标题	参考文献	论文类型	作者	来源	发表时间
1	1.87%	基于PLC的自动化立体仓库设计与组态监控		学位论文	钱昕	苏州大学	2009
2	1.12%	PLC整体仿真		学位论文	余玲玲	上海师范大学	2008
3	1.12%	可编程控制器（PLC）应用程序的仿真		学位论文	刘思华	山东大学	2005
4	1.12%	煤矿工业水泵自动化监控系统研究与应用		学位论文	谭一川	重庆大学	2009

图 5-40　论文相似性检测报告

4. 检索结果聚类统计

用户执行一次检索后，在检索结果界面的左侧，系统会自动分析统计显示以输入的检索词为主题词的各个不同分类方式下的文献记录条数。不同类型的资源分类统计项目不同。例如，通过学术论文资源检索的结果界面上，对检索结果按学科、论文类型、年份、期刊分类项目进行分别统计。

5. 相关文献检索

在一篇文献记录的检索结果界面，系统提供了与该篇文献有关的相似文献、引证文献、相关博文，同时还提供了相关检索词、相关专家、相关机构，使用户能够从不同角度、不同领域获取更多的文献检索结果。

5.5 数字图书检索

数字图书，也叫电子图书，又称 e-book 或 digital book，最早出现于 20 世纪 40 年代的科幻小说中。1971 年，Michael Hart 提出了“古腾堡计划”，专门收录没有版权的经典文学作品，将其输入计算机供人们网上阅读和下载，首次实现了印刷型图书规模化地转换为数字图书。此后，国内外 IT 公司、出版社、商业公司等纷纷涉足数字图书市场，开发数字图书产品。1998 年，美国诺瓦梅地亚（NuvoMedia）公司推出了手持式阅读器“火箭书”（RocketBook），标志着数字图书进入了高速发展阶段。

5.5.1 数字图书概述

数字图书是以数字形式制作、出版、存取和使用的图书，一般以磁性或电子为存储对象，并借助一定的阅读软件和设备读取。数字图书是数字出版物中最常见的文献类型。

1. 数字图书分类

1）按载体形式可划分为：

● 光盘版数字图书

主要存储在 CD-ROM 上的图书，只能在计算机上单机阅读。

● 网络版数字图书

指通过网络发布和访问阅读的图书，主要包括免费的网络数字图书以及数据源公司推出的数字图书系统。

● 便携式数字图书

特指一种存储了数字图书内容的电子阅读器（手持阅读器）。一个电子阅读器中可存放若干图书内容，并且图书内容可不断更新。电子阅读器携带方便，容量大，支持格式多，目前国内较有代表性的是汉王科技有限公司开发的汉王电纸书。

2）按文件存储格式可划分为：

● 图像格式

所谓图像格式的数字图书就是把已有的传统绝版图书扫描到计算机上，以图像格式存储。这种数字图书内容比较准确，但检索手段不强，显示速度比较慢，文字识别效果不太理想。国内的中文数字图书库多是以图像格式制作和存储的。

● 文本/超文本格式

基于文本的数字图书，通常是将书的内容作为文本，并有相应的应用程序。应用程序会提供华丽的页面、基于文本的数字图书，通常是将书的内容作为文本，并有相应的应用程序。应用程序会提供华丽的页面、基于内容或主题的检索方式、方便的中转、书签功能、语言信息、在线辞典等。如电子词典、网上免费数字图书等。

2. 阅读器

也叫浏览器。由于数字图书的存储格式不同，阅读不同格式的图书就需借助不同的阅读器，如阅读超星、书生和方正公司的数字图书就需使用各自的专用阅读器。数字图书也有通用的电子书格式，如 PDF 格式，可利用 Adobe Reader 阅读器阅读。阅读器能提供对数字图书的多种阅读处理功能，通常包括在书上作批注、画线、插入书签，对书籍文档管理，与阅读同一作品的读者进行在线交流等功能，能创造出类似纸本，但更交互、实时的阅读环境。

进入 21 世纪，伴随着国外数字图书市场的发展，国内图书市场也日趋活跃。目前，国内提供数字图书服务的网络站点有数百个，比较著名的有超星数字图书馆、方正 Apabi 数字资源平台和书生之家数字图书馆，它们因收藏丰富、技术成熟且功能完善而闻名。

5.5.2　超星数字图书馆

1. 超星数字图书馆概述

超星数字图书馆由北京时代超星信息技术发展有限公司研究开发，是国家“863”计划中国数字图书馆示范工程，2000 年 1 月正式开通，是目前世界上最大的中文在线数字图书馆。

超星数字图书馆资源内容丰富，范围广泛，收录了社会科学和自然科学各个门类的中文图书 200 余万种，并且拥有新书精品库、独家专业图书资源等。超星公司采用图书资料数字化技术 PDG 格式和专门设计的 SSReader 超星阅览器，对 PDG 格式数字图书实行阅览、下载、打印、版权保护和下载计费。

超星数字图书馆的全文资源服务是有偿的。其服务方式有两种：一是单位用户购买，购买单位的用户可以在其固定 IP 地址范围内免费使用本单位购买的超星数字资源（http://10.23.195.4:8024/，见图 5-41）；或者通过设置镜像站点的方式来使用资源。二是会员制读书卡，个人通过购买超星读书卡，并在数字图书馆主页完成网上注册成为会员后，也能使用全文资源。

2. 超星数字图书格式

1）图像格式（PDG 格式）

图像格式图书是利用扫描技术将纸质图书扫描制作而成的图书，它以图像的方式显示，即以页为存储单位，每一页为一张图。其优点是加工成本较低、速度快、周期相对较短；能够将图书原貌保存下来，保证了图书的原汁原味，保证了图书的研究和利用价值。缺点是显示清晰度相对较低，占用空间圈套，二次利用必须用 OCR 识别来实现，不太方便。

2）文本格式

文本格式图书是以录入方式制作（超星文本书基本都是直接从出版社拿到文本排版原稿，对数据进行二次加工，进行格式转换和加密后变为超星格式），以电子文本形式显示，即以字为存储单位。其优点是显示清晰度高，占用空间小，可以直接进行复制、粘贴操作，二次利用方便，可实现图书全文检索和目次检索。缺点是制作成本较高，速度慢，加工周期相对较长，错误率相对图像格式高。

图 5-41 超星数字图书馆首页-哈尔滨职业技术学院团体用户

超星的文本格式与图像格式数字图书在同一平台下管理，统一检索；不限制副本，不收平台费。

3. 超星数字图书的检索（以单位用户版为例）

- 初级检索。通过书名、作者、全文三种途径进行快速检索。
- 高级检索。可实现书名、作者、主题词和出版年四项条件的任意组配检索。
- 分类检索。首先单击主页中大类名称，进入分类导航页面后，层层单击展开页面左侧图书分类目录，直到所需类目；或单击到某个类目后，输入检索词，在该类范围内进行检索。

4. 检索结果

1）检索结果显示

超星数字图书馆的检索结果首先以简单记录的格式显示，记录中包括书名、作者、主题词、内容简介、出版日期、页数等信息，以及“全文检索”“阅读”“下载”等功能按钮。

2）阅读全文

- IE 阅读。为方便读者阅读数字图书，超星默认阅读模式已改为 IE 阅读模式。单击检索结果页面中的文献题名即可在线阅读全文。此模式下进行文字摘录和图片截取，其文字识别准确率比在超星中文阅览器 SSreader 模式下高。
- 阅览器阅读。在首次下载图书全文前，必须先下载和安装超星中文阅览器 SSreader。超星图书可下载的是图像格式文件，但加入了 OCR 识别功能，只要安装了完全版的超星中文阅览器 SSreader，即可对图书中的文字进行识别并转化为相应的 Word 文档，但识别准确性较差。

3）下载

读者若需下载图书，单击检索结果简单记录格式中的“下载本书”按钮即可。PDF 格式图书可下载、打印，JPG 格式图书不能下载、打印。匿名用户下载图书只能在梧桐阅读，若需复制至其他机器上阅读、加入书签等，则需注册、登录才能实现。

5.5.3 方正 Apabi 数字资源平台

北京方正 Apabi 技术有限公司是数字出版技术和数字内容供应商，为出版社、报社、期刊等新闻出版单位提供全面的数字出版和发行技术解决方案。至 2009 年 1 月，全国超过 90%的出版社在应用方正 Apabi 数字出版解决方案出版发行电子书，每年新出版电子书超过 6 万种，已出版正版电子书累计超过 40 万种。至 2009 年 5 月，方正 Apabi 公司获得各级各类报纸运营授权 600 余种，覆盖了 90%以上的报业集团报纸和省级以上各类报纸。此外，方正 Apabi 又增加了中国工具书资源全文数据库、中国年鉴资源全文数据库等全新的产品系列，构建起一个结构完整、规模庞大的精品数字资源体系。Apadi“爱读爱看”网（http://www.idoican.com.cn）是全球最大的中文读报社区，为读者提供 500 多种电子报的在线阅读服务。

方正 Apabi 公司开发的 Apabi 数字资源平台（http://dlib.apabi.com/tiyan）是一个集方正 Apabi 电子图书、数字报纸、电子工具书、年鉴和艺术博物馆为一体的综合数据库检索平台。

方正 Apabi 电子图书有分类检索、快速查询、高级检索等检索方式，提供书名、责任者、摘要、出版社、年份、全面检索和全文检索等检索途径。该系统为读者提供方便的网络借阅服务，对需要的图书，读者可以在线浏览、借阅或进行预约。在线浏览时间不超过 120 分钟；用户可同时借 4 本授权图书，借期为 7 天（可任意设定）；在授权资源的复本数被借完时，可进行预约，预约有效时间不超过 60 天。读者进入用户服务区的借阅历史，在“当前借阅图书”中选择“续借”或“归还”即可续借或归还电子图书。

方正 Apabi 采用的 Apabi Reader 阅读器，集电子书阅读、下载、收藏等功能于一身，可以阅读 CEB、PDF、HTML 和 XEB 格式的电子图书和文件。方正 Apabi 电子图书具有保留原版原式，图文清晰，契合国际标准，可控传播，限制复制、打印等优点。

5.5.4 书生之家数字图书馆

书生之家数字图书馆是由北京书生数字技术有限公司于 2000 年正式推出的中文图书、报刊网上交易平台（http//www.21dmedia.com/）。它集成了图书、期刊、报纸、论文、CD 等各种载体的资源，下设中华图书网、中华期刊网、中华报纸网、中华资讯网和中华 CD 网等子网。书生之家数字图书馆收录入网出版社 500 多家，期刊 7000 多家，报纸 1000 多家，主要提供 1999 年以来我国内地出版新书的全文电子版，内容覆盖社会科学与自然科学的各个分支学科领域，检索结果为书目记录、图书详细信息及图书全文。第三代书生之家数字图书馆系统为读者信息的提交、获取、交换及实时咨询等提供了更多的便利。

“书生读吧”（http://www.du8.com）是书生公司建设和运营的面向公众的电子书门户网站，帮助读者体验全新数字阅读，并在作者、读者、出版机构之间架起了互动交流和沟通的桥梁。

思考题

1．简述常用的中文电子图书数据库有哪些。

2．简述中国知网的特点。

3．如何使用维普期刊检索数据？

4．对比中国知网、维普期刊、万方数据三种电子图书系统的内容和性能。

5．在超星数字图书馆中，分类浏览自己专业相关的一个类目，看看该类目图书有多少种？最早和最晚的各是哪种书？写出书名、作者、出版社、出版时间。

第6章 网络信息资源检索

6.1 网络信息资源的类型和特点

网络对人类信息交流与沟通的最大贡献在于将以往各行其道的文本信息、图像信息、声音信息和多媒体信息汇集在同一媒体（网络）上，人们可以同时查询各种不同来源、不同形态、不同内容的信息。所谓网络信息资源是指通过网络存储的数字化的图、文、声、像等多媒体信息的集合，与传统信息资源相比较，其主要特征是数字化的网络存取。

网络信息资源与传统载体的信息资源有着根本的区别，它是以电子数据的形式将文本、图像、声音、动画等多种形式的信息存放在通过光磁等非印刷载体中，通过网络通信传播并在计算机上显示出来的信息资源，它将原本相互独立、分布于世界各地的数据库、信息中心、文献中心等联结在一起，形成一个内容与结构全新的信息整体。

从科学实用的角度考虑，网络信息资源的主体是能够在互联网上传播和交流的信息集合体，但并非包含所有互联网上可见的信息，而只是指其中能满足人们信息需求的那一部分，这部分信息集合是网络信息资源管理的直接对象。因此，网络信息资源可以理解为以网络为纽带联结起来的信息资源和以网络为主的存储、传播和交流的信息资源，它是通过计算机网络可以利用的各种信息资源的总和。

从信息资源建设的角度出发，网络信息资源不再是一个物理概念，也不再是相互分割的独立存在的实体，而是一个跨国家、跨地区的信息空间。其资源和服务大大超过了传统意义上的馆藏文献库或独立的数据库系统，它是与全国乃至全球相互联结的信息资源网络系统，为人们建立了快速、便捷、有效的联系，提供了崭新的信息资源网络系统。

6.1.1 网络信息资源的类型

网络信息资源包罗万象，广泛分布在整个网络之中，从不同的角度可划分为多种类型。

1. 按照所采用的网络传输协议划分

按照所采用的网络传输协议划分，网络信息资源主要有以下几种类型。

（1）WWW 网络资源。WWW 网络资源又称为 Web 信息资源，是指通过超文本传输协议在 WWW 网络上进行传输的信息资源。这类信息是原始互联网信息资源的主流，使用简单，功能强大，用户可迅速地浏览和传递分布于网络各处的文字、图像、声音和多媒体超文本信息。

（2）FTP 信息资源。FTP 信息资源是指在互联网上通过文件传输协议所能利用的信息资源。FTP 相当于在网络上两个主机之间复制文件，目前仍是发布、共享、传递软件和长文件的主要方法。通过 FTP 使用网络信息资源的形式一般在组织或机构内部比较常见。对 FTP 信息资源的利用，一般通过 FTP 搜索引擎搜索匿名 FTP 服务器上的信息资源来实现。

（3）Telnet 信息资源。Telnet 信息资源是指基于 Telnet 远程登录协议所能利用的信息资源。Telnet 信息资源包括硬件资源和软件资源。许多机构都提供远程登录的信息系统，如图书馆的公共目录系统和信息服务机构的综合信息系统等。通过 Telnet 形式使用信息资源只在特殊的情况下应用，如服务器的维护和管理。

（4）用户服务组信息资源。用户服务组是指一组对某一主题有共同兴趣的网络用户组成的新闻组、电子邮件组、电子论坛邮件列表等。用户服务组之间的信息交流产生大量的信息资源，这些以电子通信组成形式所传递和交流的信息资源是网络上最自由、最具有开放性的资源。但是这类信息资源也不常见。

（5）Gopher 信息资源。Gopher 服务器中的所有信息都以目录或文本的形式表达，并基于菜单提供服务。如同需要网络浏览器利用 WWW 信息资源一样，Gopher 信息资源也需要通过 Gopher 客户端与 Gopher 服务器交互利用，这类信息资源现在已经非常罕见。

2. 按照网络信息资源的加工程度划分

按照网络信息资源的加工程度划分，网络信息资源主要有以下几个方面。

（1）原始网络信息：指首次在网络上发布和形成的信息资源类型，包括电子图书、电子期刊、电子报纸、电子邮件、电子小说、网络会议论坛、网络新闻，以及企业网站、政府网站、教育科研机构网站上最新发布的相关通知、公告等。

（2）二次网络信息资源：指对一次网络信息资源的搜集、加工和处理，主要指搜索引擎、虚拟图书等，是网络检索工具的重要组成部分。这类网络信息资源是用户经常利用的工具，是以一次网络信息资源为基础，由经提炼加工后的信息所组成。

（3）三次网络信息资源：是指对二次网络信息资源进行分类汇编，对信息知识综合分析、重组概括，对现有信息知识再创作再创造。

3. 按照人类信息交流的方式划分

按照人类信息交流的方式划分，主要有以下几个方面。

（1）正式出版信息：指受到一定的产权保护，信息质量可靠、利用率较高的知识性、分析性信息，用户一般可通过 Web 查询到。例如，各种网络数据库、联机杂志和电子杂志、电子图书、电子报纸等，它们或者是传统出版物的数字化，或者是有明确的创建者且有版权的直接网络出版物。

（2）灰色信息：指受到一定的产权保护但没有纳入正式版权信息系统中的信息，如各种学术团体和教育机构、企业和商业部门、国际组织和政府机构、行业协会等单位介绍宣传自己或者产品的描述信息。

（3）非正式出版信息：指流动性、随意性较强的，信息量大、信息质量难以保证和控制的动态信息，如电子邮件、专题讨论小组和论坛、电子会议等。

4. 按照网络信息资源的内容和表现形式划分

按照网络信息资源的内容和表现形式划分，主要有以下几个方面。

（1）全文型信息：指直接在网上发行的电子期刊、网上报纸、印刷型期刊的电子版、网络教育的各种材料、标准全文。

（2）实时型信息：指网络中实时出现的各种实时报道信息，如天气预报、节目预告、火车车次、飞机航班、城市或景点介绍、工程实况和 IP 地址。

（3）数值型信息：指各种以数据为主的信息，如电话号码、数字公式、各类统计数据。

（4）数据库信息：指传统数据库的网络化表现形式，如 DIALOG、万方。

（5）微内容：指网络上网友及时发布的各类信息，如博客、播客、BBS、聊天软件、邮件讨论、网络新闻组。

（6）其他类型：包括投资行情和分析、图形图像、影视广告。

5. 按照网络信息资源的有偿性划分

按照网络信息资源的有偿性，网络信息资源可划分为免费网络信息资源和收费网络信息资源。

6.1.2　网络信息资源的特点

1. 数量庞大而无序

网络的高度开放与自由，使信息发布缺乏统一标准和宏观管理，使任何单位、组织和个人都可以在网上无限地发布信息。虽然网络信息资源非常丰富，但对于网络组织而言就显得杂乱无序，主要表现在以下几个方面。

（1）分布面广，信息源遍布全球、多语种且涵盖了几乎所有的知识领域。

（2）类型繁多，包括网络出版物、动态信息、各种数据库、软件资源及其他信息。格式不一，包括文本、图像、音频和视频等信息对象，这些信息对象又包括多种文件存储格式。

（3）鱼目混珠，信息污染和信息公害严重。存在着大量虚假、欺骗、有害信息，如病毒、色情淫秽内容，影响对有用信息和精品信息的组织效率。

2. 利用超文本链接技术

网上的相关信息通过网络节点被方便地连接起来，使网络信息资源形成立体网状的体系，信息的关联性大大加强，有利于信息的组织。但同时，网页、网站和网络的高速更新和淘汰，导致网络信息资源具有了动态特点，网上的无效链接比比皆是，网络信息的稳定性和可信度降低，影响到信息组织的策略和方法。

3. 版权问题复杂化

纸质文献信息的版权保护体系在世界范围内基本形成，但是在网络这个虚拟社区，相关法律滞后，很多网络行为不易界定和规范。网络的高速传播力与计算机的强大复制能力的组合，使侵犯网络信息版权变得轻而易举，难以有效遏制。版权问题是网络信息资源必须考虑和亟待解决的问题。

4. 信息技术成为信息获取能力的重要成分

信息获取能力是指信息用户从信息资源中得到所需信息的能力，主要包括选择能力、判断能力和获取技术 3 个方面。以往信息选择和判断能力主要由用户所在领域的知识存储和图书馆学知识决定。信息获取技术仅指用户利用各种文献机构借阅、复制文献的技能。而网络信息资源是数字化和网络存储的信息，使得信息技术，尤其是计算机和网络知识成为影响用户信息获取能力的重要因素。从图书馆“用户至上”的服务理念来考量，网络信息资源组织不可忽视用户信息获取能力的这一重大变化。

6.2 网络信息检索

6.2.1 网络信息检索概述

网络信息检索是指能够通过网络接受用户的查询指令，运用特定的网络搜索工具或浏览的方式，按照一定的网络检索技术与策略，从有序的网络信息资源集合中查找并获取符合用户查询要求的信息的过程。

网络信息检索系统与传统意义上的信息检索系统在总体结构上大致相同，所不同的只是信息的来源不一样。传统信息检索系统的信息来源一般是图书、事先录入的信息等，而网络信息检索系统的信息来源于互联网，大都是 Web 网页、文件、图像、声视多媒体和网络数据库中的信息资源等。

网络信息资源检索是一种集各种新型检索技术于一身的，能够对各种类型、各种多媒体的信息进行跨时间、跨地域检索的大系统。

6.2.2 网络信息检索的方法

常用的网络信息检索方法有以下几种。

1. 直接浏览

（1）网址查询。如果用户已知要访问的网络信息资源的地址，可以在浏览器地址栏中输入已知的网站或网页地址，直接进行浏览，这是一种最常见、最重要的信息资源获取方式。网络用户可以在平时的网络漫游中将一些感兴趣的优秀的网站添加到收藏夹中备用。

（2）偶然发现。这是在网络上发现、浏览信息的原始方法。即在日常的网络阅读、漫游过程中意外发现一些有用的信息。这种方式的目的性不是很强，也许有意外的惊喜，也许会一无所获。

（3）顺“链”而行。这是指用户在阅读超文本文档时，利用文档中的链接，从当前网页转向其他相关的网页，一轮一轮地扩大检索范围，获取所需信息。

2. 通过网络信息指南来查找信息

专业人员对网络信息资源运用采集、组织、评价、过滤、控制、检索等手段开发了可供浏览和检索的网络资源主题指南，如专业导航数据库等。这类网络资源指南类似于传统的文献检索工具——书目或专题书目等。这类资源通常是由专业人员在对网络信息资源进行鉴别、选择、评价、组织的基础上编制而成，对于有目的的网络信息检索具有重要的指导、导引作用。局限性是由于其管理、维护跟不上网络信息的增长速度，导致其收录范围不够全面，新颖性、及时性可能不够强，且用户还要受标引者分类方式的控制。

3. 利用搜索引擎检索信息

这是一种较为常规的、普通的网络信息检索方式。搜索引擎就是一个网络信息检索系统。

我们可以把搜索引擎理解为一个专用的 WWW 服务器，也可以理解为互联网上的一类网站，这类网站与一般网站不同，其主要工作就是搜集网络上成千上万的网站和网页信息，组成庞大的索引数据库，向用户提供信息查询服务。

除人们最常用的搜索引擎以外，目前流行的还有多媒体信息检索、跨语言信息检索、主题识别和跟踪、信息过滤、问题回答和 Web 数据库等。

6.2.3 网络数据检索的方法

大量的数据库和专业的网络信息检索平台使用的检索方法主要有基本检索、分类检索、高级检索和专业检索等。

1. 基本检索

基本检索是指在检索输入框中，输入简单的检索条件进行检索的方法。

2. 分类检索

分类检索是指依据科学知识的科学分类系统，并按一定的类目标记符号序列编排和查找文献的检索方法。

3. 高级检索

高级检索是指运用布尔逻辑运算符，同时满足多种检索条件的检索方法。

4. 专业检索

专业检索是指根据检索系统所提供的检索字段，运用布尔逻辑语法，构建检索命令表达式实施检索的方法。

6.3 网络信息资源导航

6.3.1 网址导航

目前网址导航的网站很多，以下简要介绍几种常见的提供网址导航的网站。

1. hao123 导航（http://www.hao123.com）

hao123 是百度（baidu.com）旗下的网站，创建于 1999 年 5 月，是中国最早的上网导航站点，经过十余年的发展，已成为亿万用户上网的第一站、中文上网导航的第一品牌。hao123 始终致力于为用户提供最简单、最实用、最贴心的导航服务。hao123 导航页面如图 6-1 所示。

2. 360 导航（http://hao.360.cn/tiyan.html）

360 导航的宗旨是方便网友们快速找到需要的网站，而不用去记太多复杂的网址，能让网友快速收藏喜爱的网站；同时提供多种搜索引擎入口、实用工具、快速充值、天气预报、团购导航、地方导航等特色服务。360 导航打破了传统网址导航网站十几年来一成不变的沉闷局面，首创了“网址+App 聚合”的模式，树立了新一代导航网站的行业标准。360 导航的 APP 化、个性化、工具化等特点已经成为业内其他网站的效仿对象，引领了行业的潮流。作为业内最善于创新的网站，360 导航研发推出了大量新功能。360 导航页面如图 6-2 所示。

3. 搜狗网址导航（http://123.sogou.com）

搜狗网址导航始建于 2005 年，前身是搜狐分类目录，宗旨是方便网友们快速找到需要的网站，而不用去记太多复杂的网址；同时也提供了实用查询、快速充值、天气预报等服务。搜狗导航页面如图 6-3 所示。

图 6-1　hao123 导航页面

图 6-2　360 导航页面

图 6-3　搜狗导航页面

4. 114 啦网址导航（http://www.114la.com）

从 2007 年建站以来，114 啦网址导航就把发展方向定位为国内最权威的分类网址导航站，致力于将最新、最好、最全的网站推荐给广大网民朋友。114 啦网址导航分类齐全，着重突出热点。

5. 2345 网址导航（http://www.2345.com）

2345 网址导航始建于 2005 年 9 月。其宗旨是方便网友们快速找到自己需要的网站，而不用去记太多复杂的网址；同时也提供多种搜索引擎入口、实用查询、天气预报、团购导航、影视大全、地方导航等服务。

6. CNKI 学术网站导航（http://dir.cnki.net）

CNKI 学术网站导航的宗旨是为所有进行学术研究或学习的科研工作者、技术人员、学生等提供最权威的网站推荐，力求网罗全球所有学术网站，给用户的学习和工作提供最便捷的资源查询帮助。此网站广泛收集学术相关网址，并以不同的方式进行组织，以方便广大用户的查找。不用再为记不住烦琐的网址而发愁，也不必在面对浩瀚的网络资源时而不知所措。CNKI 学术网站导航收集了上千种学术网络资源，目前范围覆盖自然科学、技术工程、人文科学、社会科学，提供科学导航、科研机构导航和行业导航。CNKI 学术网站导航除了手机学术资源网站之外，还将对所有收集到的网址进行客观分析，并进行分类整理。

7. 瑞星安全网址导航（http://hao.rising.cn）

瑞星安全网址导航始建于 2010 年。网站的宗旨是方便网友们快速找到需要的网站，而不用去记太多复杂的网址，同时也提供了各种资料及网站。

8. 6296 网址大全（http://www.6296.com.cn）

6296 网址大全是一家由在中国互联网行业从业 8 年之久的专业人才组成的互联网服务提供商。6296 网址大全与国内众多知名网站合作，如 MSN 中文网、腾讯网、搜狐网、网易科技、IT168 下载、IT 世界网、北青网、凤凰网、和讯网、大旗网、新浪汽车、网易汽车、天涯社区、21CN、CZNN 等。

6.3.2 站内导航

1. 搜索引擎的“更多”——搜索导航

单击搜索引擎上方的“更多”，就是该搜索引擎的产品大全，即搜索导航，展示出各种类型的网络信息资源搜索图标，帮助用户快速检索各类信息资源，如网页搜索、学术搜索、购物搜索、财经搜索、快讯搜索、常用搜索、房产搜索等。Google 站内导航如图 6-4 所示。Baidu 站内导航页面如图 6-5 所示。Sogou 站内导航页面如图 6-6 所示。

图 6-4 Google 站内导航页面

图 6-5　Baidu 站内导航页面

图 6-6　Sogou 站内导航页面

2. 门户网站导航

门户网站导航一般以“导航”（如新浪网）、“网站地图”（如网易、搜狐）等标签出现。导航标签一般出现在首页最上方（如新浪），或最下方（如网易、搜狐）。门户网站导航以新浪网为例做简要介绍。

新浪网导航（http://www.sina.com.cn）：新浪网的站内导航，除在首页上方分门别类地列出了主题标签外，还有位于首页右上方的专门入口：“网站导航”，如图 6-7 所示。单击进入站内导航页面，如图 6-8 所示。

图 6-7　新浪网导航入口

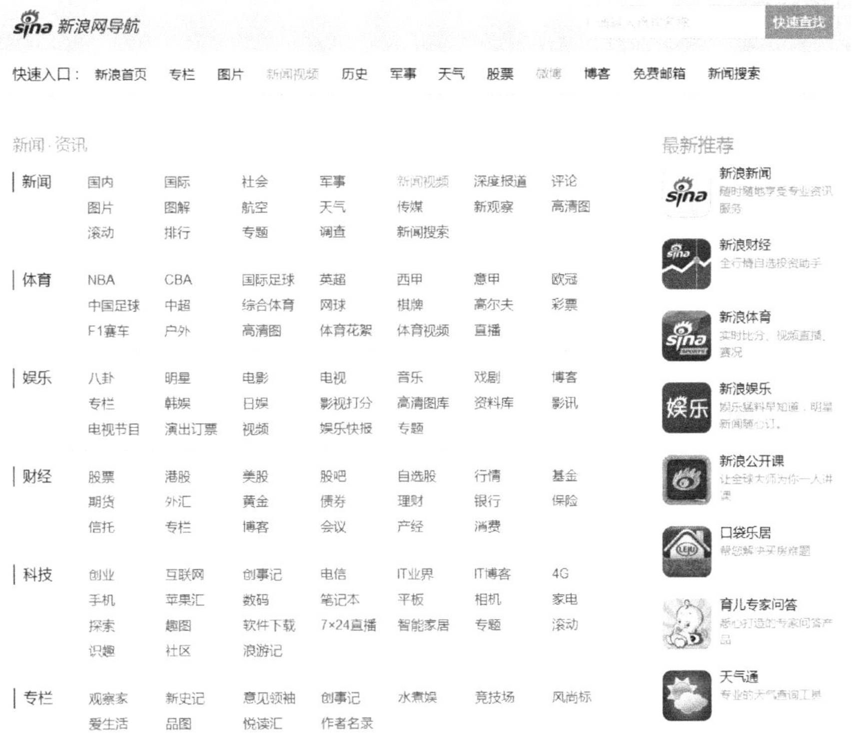

图 6-8　新浪网站内导航页面

3. 网络数据库导航

网络数据库导航以维普中文科技期刊数据库为例。在维普网首页，单击左上方的“专业版”，选择检索方式“期刊导航”进入导航检索页面，如图 6-9 所示，提供了期刊学科分类导航、核心期刊导航、国内外数据库收录导航、期刊地区分布导航 4 种检索导航，能帮助用户快速搜索到所需的刊物。

图 6-9　维普网数据检索页面

4. 软件资源导航

目前国内有很多下载软件的专门网站，主要有以下几个。

（1）华军软件园（http://www.onlinedown.net）。华军软件园作为互联网下载领先品牌，被中国互联网协会连续 2 年授予“软件下载第一”，以及“中国互联网 50 强”的荣誉称号，品牌知名度极高。网站面向全国用户，提供了多达一半以上的大中城市的本地高速镜像，提供最安全、最稳定、最全面、最高速的免费下载服务，并长期致力于反盗版、反病毒、反流氓软件的行动，在行业和用户中树立了良好的口碑和认知度。华军软件园的软件分类导航网页截图，如图 6-10 所示。

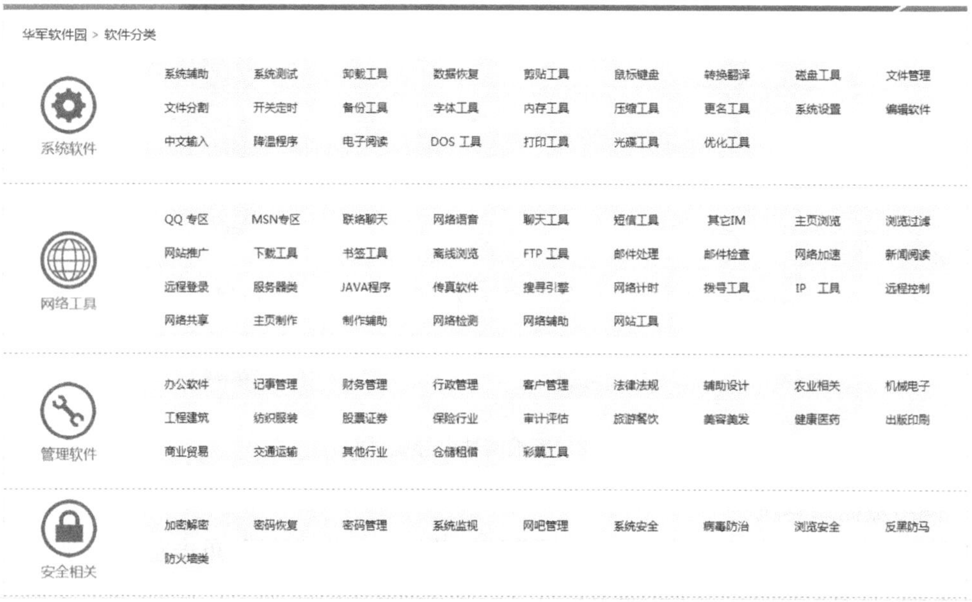

图 6-10　华军软件园的软件分类导航网页截图

（2）天空下载（http://www.skycn.com）。

（3）太平洋下载（http://dl.pconline.com.cn）。

（4）电脑之家下载中心（http://download.pchome.net）。

（5）2345 软件大全（http://www.duote.com）。

（6）西西软件园（http://www.cr173.com）。

（7）新浪软件下载（http://tech.sina.com.cn/down）。

6.3.3　搜索引擎产品资源导航

搜索引擎产品资源导航指的是将搜索引擎组织起来，分类展示。常用的导航网站主要有以下几个。

1. 搜索引擎指南（http://www.sowang.com）

搜索引擎指南网，有中文搜索引擎大全、国外搜索引擎大全。网站的搜索引擎分类导航将搜索引擎分为全文搜索引擎、目录索引、语义搜索引擎、元搜索引擎、社会化搜索、移动搜索引擎、新型搜索引擎、实时搜索等，每类之下又有细分。搜索引擎指南网站的搜索引擎导航，如图 6-11 所示。

图 6-11 搜索引擎指南网站页面

2. 搜索引擎大全（http://www.sowang.com/link.htm）

中文搜索引擎指南网的搜索引擎大全将搜索引擎分成 47 大类，每类里有若干搜索引擎链接，用户可方便地找到自己需要的搜索引擎进行检索。

3. 搜索引擎产品资源导航与集合搜索引擎的区别

集合搜索引擎本身有检索入口，是在一个界面提供多种搜索引擎，以供用户更多、更方便地选择。搜索引擎导航只是将搜索引擎分门别类地组织起来，用户可根据检索需要选择搜索引擎，链接进入一种搜索引擎后使用它。

6.4 国外网络数据库

6.4.1 Ei CompendexWeb

1. Ei CompendexWeb 概况

Ei CompendexWeb 是由美国工程信息公司（Engineering Information Inc.）出版的，是 Ei Compendex 和 Ei PageOne 合并的数据库的网络版，该数据库每年新增 50 万条工程类文献，数据来自 5100 种工程类期刊、会议论文和技术报告，其中 2600 种有文摘。化工和工艺的期刊文献最多（约占 15%），计算机和数据处理的占 12%，应用物理的占 11%，电子和通信的占 12%，另外还有土木工程的占 6%和机械工程的占 6%等。大约 22%的数据是有主题词和摘要的会议论文，90%的文献是英文文献。数据库每周更新数据。

2. Ei CompendexWeb 的检索

1）进入数据库。通过专线单击 www.ei.org 或通过镜像站点单击 Ei Village 进入 Ei CompendexWeb 数据库的主页，根据年代选择数据后即可进入基本检索界面。

2）检索方法。Ei CompendexWeb 提供了简单检索（Easy Search）、快速检索（Quick Search）和

专业检索（Expert Search）等检索方式，下面分别介绍最常用的两种检索方式。

（1）快速检索。快速检索是系统默认的检索方式，在快速检索方式下系统提供了三个检索输入框，检索输入框间的逻辑关系可以通过下拉菜单来限定。

检索单元可以是单词或词组，但系统将词组视为用位置算符“NEAR”连接的检索词。“NEAR”算符的含义为在检索记录中其链接的检索词之间的距离不超过 100 个单词。

通过“Select Fields”下拉菜单选择可检索字段，如表 6-1 所示。

表 6-1 各个检索字段的代码

可检索字段	代　码	检 索 实 例
All Fields（所有字段）	默认值	（Lossless compression）AND（image within TI）
Ei Subject Terms（Ei 主题词）	CV	（Lossless compression）AND{（pattern recognition）within CV}
Title Words（题目）	TI	（Electric power）AND{（distribution cost *）within TI}
Authors（作者）	AU	Relevance AND（Aalbersberg within AU）
Author Affiliations（作者单位）	AF	（Intel within AF）OR Pentium
Serial Titles（刊名）	ST	（Polymer* within ST）AND（Guadagno within AU）
Abstracts（文摘）	AB	{（solar cycle）within AB}OR{（diurnal variation）within AB}
Publishers（出版商）	PN	（IEEE within PN）AND{（image processing）within TI}

用 All Fields、Title Words 和 Abstracts 字段检索时，自动进行词根运算，如输入“manager”，将检索到“managers”“management”和“managerial”等。

对于 Ei 主题词（Ei Subject Terms）、作者（Authors）、作者单位（Author Affiliations）和刊名（Serial Titles）、出版商（Publishers）这 5 个字段，系统提供了相应的索引词典，供检索使用。从索引词典中选择检索词的步骤是：首先，在 Browse Indexes 栏中选定检索字段后，打开相应的索引词典。然后，在索引词典中通过浏览勾选或通过输入框中输入检索词的前几个字符，单击“Find”按钮即可将相关的检索词调入到检索框中。在选择检索词时要注意，在词典中一次可以选择多个检索词，系统将各词间的关系默认为逻辑“或”，可视需要改为逻辑“与”或逻辑“非”。

通过下拉菜单可以用出版物年代限定文献类型，默认状态为检索所有年代和所有类型的文献。用户如果只想检索 Ei Compendex 的数据，即不需要 Ei PageOne 的记录，可在 Document Type 栏中选择 Abstract only。同时，还可以选择检索结果的排列方式。

（2）专业检索。在专业检索方式下，系统支持的检索算符有以下几种。

- 逻辑运算符：AND，OR，NOT
- 位置算符（NEAR）：要求检出的文献要同时包含“NEAR”算符所连接的两个词，且两词之间的距离不超过 100 个单词，词序不限，如 Bridge NEAR Piling *。
- 通配符（*）：用在单词中间（前面至少有三个确定的字母）或尾词，可实现对一组词的检索，如 Optic*将检索出包含“Optic”“Optics”“Optical”等词的记录。
- 词根符（$）：检索出与该词根具有同样语意的词，如$ Manage 将检索出“Managers”“Managerial”和“Management”等词。

用“within”规定检索字段时，应将检索界面上的字段选择菜单设置为默认值“All Fields”。

3）检索结果的输出。命中记录以题录的形式显示。对于检索结果的排序，系统提供了 5 种选择方式：按相关度排序（系统默认方式），按 Ei 出版（收录）时间排序，按作者排序，按文献来源排序和按出版者排序，也可以在检索界面上设定。

6.4.2 Web of Science

1. Web of Science 概况

Web of Science 是 Thomson Scientific 推出的综合性检索平台，集合了《科学引文索引》(*Science Citation Index*)《社会科学引文索引》(*Social Science Index*)《人文与艺术索引》(*Arts & Humanities Index*) 三大引文数据库。其中 Science Citation Index 收录 6000 多种科技期刊中的论文，与 SCI 的其他版本相比，增加了收录范围。与其他数据库相比，Web of Science 的特点是：通过引文检索功能可查找相关研究课题早期、当时和最近的学术文献，同时获取论文摘要；可以看到所引用参考文献的记录、被引用情况及相关文献的记录；可选择检索时间范围；可对论文的语言、文献类型作限定检索；检索结果可按其相关性、作者、日期、期刊名称等项目排序；可保存、打印、E-mail 所得的记录及检索式；全新的 WWW 超文本特性，能链接到 ISI 的其他数据库；部分记录可以直接链接到电子版原文或者链接到所在机构的 OPAC 记录，迅速获得本馆馆藏信息；数据每周更新。

2. Web of Science 的检索

Web of Science 提供基本检索（Search）、引文检索（Cited Reference Search）、化学结构检索（Structure Search）、高级检索（Advanced Search）这 4 种检索方式。

1）基本检索（Search）。

第一，输入检索式。选择主题、著者、来源期刊名或著者地址等字段检索文献。系统默认多个检索途径之间为逻辑“与”关系。

- Topic（主题）：用在文献篇名（Title）、文摘（Abstract）及关键词（Keywords）字段可能出现的主题词（词组）检索，也可选择只在文献篇名（Title）中检索。
- Author（著者）：用著者姓名检索，Web of Science 标引收录文献的全部著者和编者。若在著者姓名中恰巧包含禁止使用的检索词，可以利用引号，如 KOECHLI“OR”检索 O.R.Koechlin 发表的文献。
- Source title（来源出版物）：用期刊的全称检索，或用期刊刊名的起始部分加上通配符“*”检索。Source list 列出了 Web of Science 收录的全部期刊，可以通过它复制、粘贴准确的期刊名称。
- Address（地址）：用著者地址中所包含的词（组）检索。在 ISI 的数据库中，机构名称和地名通常采用缩写的形式，具体规定可参考：Corporate & Institution Abbreviations; Address Abbreviations; State/Country Abbreviations。

第二，修改检索条件。单击“Current Limits”修改检索的时间范围和数据库范围。

2）引文检索（Cited Reference Search）。

以被引著者、被引文献和文献发表年代作为检索点进行检索。

- Cited Author：被引著者，一般应以被引文献的第一著者进行检索。
- Cited Work：被引文献，检索词为刊登被引文献的出版物名称，如期刊名称缩写形式、书名后专利号，单击“List”，查看并复制、粘贴准确的刊名缩写形式。
- Cited Year：被引文献发表年代，检索词为四位数字的年号。

上面 3 个检索字段可以单独使用，也可同时使用，系统默认多个检索途径之间为逻辑“与”的关系。当需要 AND，OR，NOT，SAME 或 SENT 作为检索词，而不是作为算符时，可以用引号（“”）将这些词括起来。

引文检索方式的检索步骤如下。

（1）在一个或多个字段中输入检索词。

（2）单击 Search，出现 CITED REFERENCE SELECTION（引文选择）界面。满足要求的被引文献排列顺序为先按照引文著者排序，再按照发表引文的出版物排序。

（3）在被引文文献前面的方框中做标记。标记一篇、多篇或当前页的全部（利用结果上方的 Select Page 按钮）被引文献，翻页至其他页。

（4）限定被引文献的文献语种、文献类型；选择结果的排序方式（方法同 General Search）。

（5）单击 Finish Search 按钮。列出所选文档中引用上面选定的被引文献，并且满足第四步中限定条件的记录。

3）化学结构检索（Structure Search）。

可以通过化学结构式来检索 Current Chemical Reactions（简称 CCR）中自 1840 年以来的化学反应，共 75 万条反应，每月增加 3000 个反应，并提供详细的化学反应过程和信息；同时检索 Index Chemicus（简称 IC）中自 1993 年以来的化合物信息，共 190 万个化合物，每周增加 3500 个化合物，提供化合物的生物活性、化学结构、分子量等信息。

4）高级检索（Advanced Search）。

由用户根据系统提供的字段标识符和逻辑运算符号构造检索式的检索方式，适用于专业用户。

3. 保存、调用检索式

单击屏幕上方的“Search History”按钮可以按使用过的检索式保存和调用。

4. 检索结果利用

1）浏览检索结果。实施 Easy Search 和 General Search 检索后，首先分页（每页 10 条）显示检索结果的简单记录，简单记录包括文献的前三位著者、文献标题、出版物名称（刊名）、卷、期、起止页码和出版时间。窗口上方标明检索字段及检索内容、选用的数据库和其他限定条件，满足检索要求的记录数显示在窗口的左下方。单击文献标题，可以看到该条结果的全记录（Full Record），包含记录的全部字段。在全记录显示窗口的左上方，Previous、Next 和 Summary 这 3 个按钮的作用分别为转到上一条全记录、下一条全记录和分页列出简单记录。利用翻页按钮迅速跳到希望查看的页码。

2）标记和去除标记（Mark & Unmark）。在将检索结果进行输出之前，需要将欲输出记录进行标记。在分页显示简单格式窗口，单击记录前面的方框，标记/去除标记这条记录，或者单击窗口左上方的 Mark Page/Unmark Page 或 Mark All/Unmark All 按钮，对当前页的 10 条记录或检索命中的全部记录做标记/去除标记。单击 Submit Marks 按钮，提交标记的记录。注意，提交标记仅提交当前页的标记记录。

在全记录显示窗口，单击窗口上方的 Mark/Unmark，对记录做标记/去除标记。

单击窗口上方的 Marked List，显示此次登录全部被标记的记录，右上方的 Clear Marked List 按钮用于清除全部标记。

3）查看引用文献（Cited References）。在全记录显示窗口，Cited References 后面的数字为这篇文献所引用文献的数目。

单击 Cited References，列出全部被引用文献，包括著者、发表被引文献的出版物、卷、页和年。若被引文献被 ISI 收录进某个文档，且图书馆已订购该文档，则可以通过单击查看被引文献全记录。

4）查看被引用次数（Times Cited）。在全记录显示窗口，Times Cited 后面的数字为这篇文献被其他文献引用的次数。单击 Times Cited，显示数据库中所有引用这篇文献的文献记录

（Citing Articles）。显示格式为简单记录。

5）查找相关记录（Find Related Records）。若数据库中某两篇文献引用的参考文献中至少有一篇是相同的，则称这两篇文献为相关记录。

在检索结果全记录显示窗口的右上方，单击 Find Related Records 按钮，列出在已订购文档中与该文献相关的全部记录。可以进一步查看相关记录的全记录。

单击相关记录显示窗口上方的 Search Results 按钮，返回原始检索结果显示窗口。

利用文献的电子版，单击 View Full Text 按钮，可以直接在线阅览原文。

6）输出检索结果（Export）。在显示标记结果的窗口（单击 Marked List 后出现），可以输出这些记录。输出的格式可以选择，默认格式为简单记录，检索者可以选择增加引用参考文献、地址、文摘等字段。输出多记录时可以按时间、第一著者、原始出版物或被引用次数排序。可选择输出方式如下。

- Format for Print：以简单记录格式在 Web 浏览器中显示检索结果，借助浏览器的打印功能打印。
- Save to File：以纯文本的格式将检索结果保存在检索终端硬盘或 U 盘上。
- Export to Reference Software：以 cgi 格式将检索结果保存在硬盘或 U 盘上，保存的文件可以输入到个人参考文献管理软件，也可以用写字板（Wordpad）等软件打开。
- E-mail：以电子邮件的形式将检索结果送出。

思考题

1. 网络信息资源有哪些类型？
2. 网络信息检索有哪些方法？
3. 知名的国外网络数据库有哪些？

第7章 多媒体信息检索

7.1 多媒体基础知识

多媒体信息检索涉及一系列的概念及相关的知识背景，这些基础知识是深入理解和准确掌握多媒体信息检索技术所必需的。

7.1.1 多媒体的基本概念及技术体系

1. 媒体与多媒体的概念

研究多媒体首先要研究媒体。所谓媒体（Medium）就是指承载信息的载体。按照 ITU-T（原 CCITT）建议的定义，媒体可包括以下五种：感觉媒体、表示媒体、显示媒体、存储媒体和传输媒体。感觉媒体指的是用户接触信息的感觉形式，如视觉、听觉、触觉等。表示媒体则指的是信息的表现形式，如图像、声音、视频、运动模式等。显示媒体（又称表现媒体）是表现和获取信息的物理设备，如显示器、打印机、扬声器、键盘、摄像机、运动平台等。存储媒体是存储数据的物理设备，如磁盘、光盘等。传输媒体是传输数据的物理设备，如光缆、电缆、电磁波、交换设备等。这些媒体形式在多媒体领域中都是密切相关的，但一般来说，如不特别强调，我们所说的媒体是指表示媒体，因为作为多媒体技术来说，研究的主要还是各种各样的媒体表示和表现技术。

“多媒体”（Multimedia），从字面上理解就是“多种媒体的综合”。多媒体技术概括起来，就是一种能够对多种媒体信息进行综合处理的技术。略为全面一点，多媒体技术可以定义为，以数字化为基础，能够对多种媒体信息进行采集、编码、存储、传输、处理和表现，综合处理多种媒体信息并使之建立起有机的逻辑联系，集成为一个系统并能具有良好交互性的技术。

多媒体系统是指由多媒体终端设备、多媒体网络设备、多媒体服务系统、多媒体软件，及有关媒体数据组成的有机整体。从广义上讲，这实际上是信息系统的一种新的形式——多媒体信息系统。在此需要特别指出的是，很多人将“多媒体”看作计算机技术的一个分支，这是不太合适的。多媒体技术以数字化为基础，注定其与计算机要密切结合，甚至可以说要以计算机为基础。但多媒体技术中还有许多东西原先并不属于计算机技术的范畴，如电视技术、广播通信技术、印刷出版技术等。一般来说，“多媒体”指的是一个很大的领域，是和信息有关的所有技术与方法进一步发展的领域。所以说，要对多媒体有更准确的理解，更多地从它的关键特性上去考虑。

2. 多媒体的关键特性

多媒体的关键特性主要包括信息载体的多样性、交互性和集成性三个方面，这是多媒体的主要特征，也是多媒体研究中心必须解决的主要问题。

1）信息载体多样性。信息载体的多样性是相对于计算机而言的，指的就是信息媒体的多样化，有人称之为信息多维化。把计算机所能处理的信息空间范围扩展和放大，而不再局限于数值、文本或被特别对待的图形或图像，这是计算机变得更加人性化所必须具备的条件。

人类对于信息的接收和生产主要在 5 个感觉空间内，即视觉、听觉、触觉、嗅觉和味觉，其中前三者占了 95%以上的信息量。但是，计算机，以及与之相类似的一系列设备，都远远没有达到人类处理信息能力的水平。在传统的信息处理过程中不得不忍受着种种不便：信息只能按照单一的形态才能被加工处理，只能按照单一的形态才能被理解。计算机在许多方面需要把人类的信息进行变形之后才可以使用。可以说，在信息交互方面计算机还处于初级水平。

多媒体就是要把机器处理的信息多样化或多维化，使之在信息交互的过程中，具有更加广阔或更加自由的空间。多媒体的信息多维化不仅仅表现在输入过程，还在输出过程。但输入和输出并不一定是一样的形式。对于应用而言，前者称为获取（Capture），后者称为表现（Presentation）。如果两者完全一样，这只能称为记录和重放，从效果上来说并不是很好。如果对其进行变换、组合和加工，即我们所说的创作或综合，就可以大大丰富信息的表现力和增强效果。这些创作与综合不仅仅局限在对信息数据方面，也包括对设备、系统、网络等多种要素的重组和综合，目的都是能够更好地组织信息、处理信息和表现信息，从而使用户更全面、更准确地接收信息。

2）交互性。多媒体的第二个关键特性是交互性。长久以来，人们在很多情况下已经习惯于被动地接收消息，如看电视、听广播。多媒体系统将向用户提供交互式使用、加工和控制信息的手段，为应用开辟更加广阔的领域，也为用户提供更加自然的信息存取手段。

交互可以增加对信息的注意力和理解力，延长信息保留的时间。但在单向的信息空间中，这种接收的效果和作用就很差，只能“使用”所给的信息，很难做到自由地控制和干预信息的获取和处理过程。多媒体信息在人机交互中有巨大潜力，主要来自它能提高人对信息表现形式的选择和控制能力，同时也能提高信息表现形式与人的逻辑和创造能力结合的程度。多媒体信息比单一信息对人具有更大的吸引力，它有利于对信息的主动探索而不是被动地接收。在动态信息与静态信号之间，人更倾向于前者。多媒体信息所提供的种类丰富的信息源恰好能够满足人在这个方面的需要。

可以想象，交互性一旦被引入用户的活动之中，将会带来多大的作用。从数据库中检索出某人的照片、声音及文字材料，这是多媒体的初级交互作用；通过交互特性使用户介入信息过程中（不仅仅是提取信息），才达到了中级交互应用水平。当我们完全进入一个与信息环境一体化的虚拟信息空间自由遨游时，这才是交互式应用的高级阶段，就是虚拟现实（Virtual Reality）。人机交互不仅仅是一个人机界面的问题，它与人类的智能活动有着密切的关系。

3）集成性。多媒体系统充分体现了集成性的巨大作用。事实上，多媒体中的许多技术在早期都可以单独使用，但作用十分有限。这是因为它们是单一的、零散的，如单一的图像处理技术、声音处理技术、交互技术、电视技术、通信技术等。但当它们在多媒体的旗帜下集合时，一方面意味着技术已经发展到了相当成熟的程度，另一方面也意味着各种技术独自发展不再能满足应用的需要。信息空间的不完整，如仅有静态图像而无动态视频、仅有语音而无图像等，将限制信息空间的信息组织，限制信息的有效使用。同样，信息交互手段的单调性、通信能力的不足、多种设备和应用的人为分离，也会制约应用的发展。因此，多媒体系统的产生与发展，既体现了应用的强烈需求，也顺应了全球网络的一体化、互通互连的要求。

多媒体的集成性主要表现在两个方面，即多媒体信息媒体的集成，处理这些媒体的设备与设施的集成。

（1）各种信息媒体应该能够同时地、统一地表示信息。尽管可能是多通道的输入或输出，但对用户来说，它们应该是一体的。这种集成包括：信息的多通道统一获取、多媒体信息的统一存储和组织，以及多媒体信息表现合成等各方面。因为多媒体信息带来了信息的冗余性，可以通过媒体的重复、使用别的媒体或并行地使用多种媒体的方法来消除来自通信双方及环境噪声对通信产生的干扰。由于多媒体中的每一种媒体都会对另一种媒体所传递信号的多种解释产生某种限制作用，所以多种媒体的同时使用可以减少信息理解上的多义性。总之，不应再像早期那样，只能使用单一的形态对媒体进行获取、加工和理解，而应注意保留媒体之间的关系及其蕴含的大量信息。

（2）多媒体系统是建立在一个大的信息环境之下的，系统和各种设备与设施应该成为一个整体。从硬件来说，应该具有能够处理各种媒体信息的高速及并行的处理系统、大容量的存储、适合多媒体多通道的输入输出设备、宽带的通信网络接口，以及适合多种媒体信息传输的多媒体通信网络。对于软件来说，应该有集成一体化的多媒体操作系统、各个系统之间的媒体交换格式、适合于多媒体信息管理的数据库系统、适合使用的软件和创作工具，以及各类应用软件等。

多媒体中的集成性应该说是系统级的一次飞跃。无论信息、数据，还是系统、网络、软硬件设施，通过多媒体的集成性构造出支持广泛信息应用的信息系统，“1+1>2”的系统性都将在多媒体信息系统中得到充分的体现。

3. 多媒体技术体系

多媒体技术的概念起源于20世纪80年代初期，但真正蓬勃发展起来是在20世纪90年代。多媒体并不是新的发明，从某种意义上说，它是信息技术与应用发展的必然结果。多媒体是在计算机技术、网络通信技术、大众传播技术等现代信息技术不断进步的条件下，由多学科不断融合、相互促进而产生出来的。不同的信息技术按照各自的发展途径已经走到了多媒体的交叉路口，全部都集合在多媒体的旗帜之下。多媒体的产生标志着信息处理发展到了一个崭新的以人为中心的时代。

可以认为多媒体是一个技术体系，需要研究的内容几乎遍及所有与信息相关的领域。多媒体的研究一般分为两个主要方面：一是多媒体技术，主要重心在基本技术层面上；二是多媒体系统，主要重心在多媒体系统的构成与实现上。这两个方面是不能截然分开的，只是侧重点不同而已。在研究多媒体信息检索时，也应该注意从技术和系统两个方面来考虑。另外，还有对多媒体创作和表现的专门研究，则更多的属于艺术而不属于技术的范畴。多媒体技术体系主要包括媒体处理基础技术、数据压缩技术、软硬件平台技术、基础环境技术、信息管理技术、网络通信技术等。媒体处理基础技术主要研究媒体的性质与相应的处理方法；数据压缩技术主要是解决如何有效地减少媒体数据存储占用的空间和媒体数据传输占用的时间，在复杂的场合增强对信息内容的处理能力，如JPEG、MPEG1、MPEG2、MPEG4、MPEG7等；软硬件平台技术是实现多媒体系统的物质基础；基础环境技术是指多媒体操作系统；信息管理技术侧重于超媒体和多媒体数据库技术；网络通信技术将为多媒体应用系统提供多媒体通信的手段。

7.1.2　多媒体的种类及特点

1. 常见的多媒体元素

多媒体元素是指多媒体应用中可显示给用户的媒体形式。目前，我们常见的多媒体元素主要有文本、图形、图像、视频、音频和动画等。

1）文本。文本是计算机文字处理程序的基础，也是多媒体应用程序的基础。通过对文本显示方式的组织，多媒体应用系统可以使显示的信息更易于理解。

文本数据可以在文本编辑软件里制作，如WordPerfect与Word所编辑的文本文件大都可以被输入到多媒体应用设计之中；也可以直接在制作图形的软件或多媒体编辑软件中一起制作。文本文件中，如果只有文本信息，没有其他任何有关格式的信息，则称为非格式化文本文件或纯文本文件；而带有各种文本排版信息等格式信息的文本文件，称为格式化文本。该文件中带有段落格式、字体格式、文章的编号、分栏、边框等格式信息。文本的多样化是由文字的变化，即字的格式（Style）、字的定位（Align）、字体（Font）、字号（Size），以及由这4种变化的各种组合形成的。

2）图形。图形一般指用计算机绘制的画面，如直线、圆、圆弧、矩形、任意曲线或图表等。图形的格式是一组描述点、线、面等几何图形的大小、形状及其位置、维数的指令集合，如Line（$x1$,$y1$,$x2$,$y2$,Color）、Circle（x,y,Color）等，就分别是画线、画圆的指令。在图形文件中只记录生成图的算法和图上的某些特征点，因此也称为矢量图。通过读取这些指令并将其转换为屏幕上所显示的形状和颜色而生成图形的软件通常称为绘图程序。在计算机还原输出时，相邻的特征点之间用特定的诸多段小直线连接就形成曲线，若曲线是一条封闭的图形，也可靠着色算法来填充颜色。图形的最大优点在于可以分别控制、处理图中的各个部分，如在屏幕上移动、旋转、放大、缩小、扭曲而不失真，不同的物体还可以在屏幕上重叠并保持各自的特性，必要时仍可分开。因此，图形主要用于表示线框型的图画、工程制图、美术字等。绝大多数CAD和3D造型软件使用矢量图形来作为基本图形存储格式。

3）图像。图像是指由输入设备捕捉的实际场景画面，或以数字化形式存储的任意画面。静止的图像是一个矩阵，由一些排成行列的点组成，这些点称为像素点（Pixel），这种图形称为位图（Bitmap）。位图中的位用来定义图中每个像素点的颜色和亮度。对于黑白线条图常用1位值表示，对灰度图常用4位（16种灰度等级）或8位（256种灰度等级）表示该点的亮度，而彩色图像则有多种描述方法。位图图像适合表现层次和色彩比较丰富、包含大量细节的图像。彩色图像需由硬件（显卡）合成显示。

图像文件在计算机中存储格式有多种，如BMP、PCX、TIF、TGA、GIF、JPG等，一般数据量都较大。它除了可以表达真实的照片，也可以表现复杂绘画的某些细节，并具有灵活和富于创造力等特点。

4）视频。若干有联系的图像数据连续播放便形成了视频。计算机视频是数字的，视频图像可来自录像带、摄像机等视频信号源的影像，这些视频图像使多媒体应用系统功能更强、更精彩。但由于上述视频信号的输出大多是标准的彩色全电视信号，要将其输入到计算机中，不仅要捕捉视频信号，将其实现由模拟信号向数字信号的转换，还要有压缩和快速解压及播放的相应硬件处理设备配合，同时在处理过程中免不了受到电视技术的各种影响。

电视主要有三大制式，即 NTSC（525/60）、PAL（625/50）、SECAM（625/50），括号中的数字为电视扫描线数和频率。如 PAL 制的扫描数为 625 线，工作频率在 50Hz 以下。当计算机对其进行数字化时，就必须要在规定时间内（如 1/30 秒内）完成量化、压缩和存储等多项工作。视频文件的存储格式有 AVI、MPG、MOV 等。

5）音频。数字音频可分为波形声音、语音和音乐。波形声音实际上已经包含了所有的声音形式，它可以把任何声音都进行采样量化，并恰当地恢复出来，相对应的文件格式是 WAV 文件或 VOC 文件。人的说话声虽是一种特殊的媒体，但也是一种波形，所以和波形声音的文件格式相同。音乐是符号化了的声音，乐谱可转变为符号媒体形式，对应的文件格式是 MID 或 CMF 文件。将音频信号集成到多媒体中，可提供其他任何媒体不能取代的效果，不仅烘托气氛，而且增加活力。音频信息增强了对其他类型媒体所表达的信息的理解。

6）动画。动画是运动的图画，实质是一幅幅静态的图像连续播放。动画的连续播放既指时间上的连续，也指图像内容上的连续，即播放的相邻两幅图像之间内容相差不大。动画压缩和快速播放也是动画技术要解决的重要问题，其处理方法有很多种。计算机设计动画方法有两种，即造型动画和帧动画。造型动画是对每一个运动的物体分别进行设计，赋予每个对象一些特征，如大小、形状、颜色等，然后用这些对象构成完整的帧动画。造型动画的每帧由图形、声音、文字、调色板等造型元素组成。帧动画则是由一幅幅位图组成的连续的画面，就像电影胶片或视频画面一样，要分别设计每个屏幕显示的画面。

2. 媒体的种类

人们通过感觉，即视觉、听觉、触觉、嗅觉和味觉，打开了通向世界的窗口。这些感觉器官把有关环境的数据传递给大脑，由大脑来解释这些数据，同时把当前发生的情况与先前发生的情况加以对比，最终获得信息，认识自然。而媒体，正是承载这些信息的载体，是这些信息的表现形式。人类利用视觉、听觉、触觉、嗅觉和味觉来感受各种信息，因此，媒体可以分为视觉类媒体、听觉类媒体、触觉类媒体、嗅觉和味觉类媒体，其中嗅觉和味觉类媒体目前在计算机中尚不能实现，将在未来的虚拟现实系统中特殊研究。

1）视觉类媒体。视觉类媒体包括位图图像、矢量图形、动画、视频、文本等，它们是通过视觉来传递信息的。位图图像是一种对视觉信号进行直接量化的媒体形式，反映了信号的原始形式，是所有视觉表示方法的基础。根据量化的颜色深度的不同，又分为二值和灰度（彩色）图像两大类。矢量图形是对图像进行抽象化的结果，反映了图像中实体最重要的特征，如点、线、面等。动态图像，又称视频，是若干连续的静态图像或图形在时间轴上不断变化的结果，视频的表示与图像序列、时间关系有关。如果单帧图像是真实图像，则为动态影像视频；若单帧图像是由计算机生成的真实感图像，则为三维真实感动画；如果是在连续过程中变化的图形，则是二维或三维动画。

2）听觉类媒体。听觉类媒体包括波形声音、语音和音乐等，它们是通过听觉来传递信息的。其实波形声音已包含了所有的声音形式，因为可以把各种声音都进行采样量化，并恰当地恢复出来。它是自然界中所有声音的复制，是声音数字化的基础。但人的说话声不仅是一种波形，还具有内在的语言、语音学内涵，可以经由特殊的方法提取，即进行一次抽象。所以常把语音作为一种特殊的媒体。

音乐与语音相比形式就更为规范一些。事实上，音乐就是符号化了的声音，这种符号就是乐曲，但音乐不能对所有的声音进行符号化。乐谱则是转变为符号媒体形式的声音，表示比单个符号更复杂的声音信息内容。就计算机媒体而言，MIDI 是十分规范的一种形式。

3）触觉类媒体。触觉类媒体是环境媒体，我们的皮肤可以感觉环境的温度、湿度，也可感觉压力；我们的身体可以感觉振动、运动、旋转等。这都是触觉在起作用，都可以作为传递信息的媒体。触觉在人类的信息交流中同样起着十分重要的作用。现在在多媒体系统中已经把触觉媒体作为一种重要的媒体引入到了实际系统中，特别是模拟类应用，这种对实际环境的模拟，实际上就是在信息交互的通道上更进了一步，使人与环境的信息交流更充分。发展到虚拟现实系统中后，这种媒体的应用形式会更加复杂。

3. 媒体的性质和特点

1）各种媒体具有不同的性质和特点。没有任何一种媒体在所有场合都是最优的。每一种媒体都有各自擅长的特定范围，在使用时必须根据具体的信息内容、上下文和使用目的，来选择相应的媒体。人在问题求解过程中的不同阶段对信息媒体有不同的需要。相对来说，能提供具体信息的媒体适用于最初的探索阶段，能描述抽象概念的文本媒体适用于最后的分析阶段，而直观信息介于两者之间，比较适合于综合。一般来说，文本信息擅长表现概念和刻画细节，图形信息擅长表达思想的轮廓，以及那些蕴含于大量数值数据内的趋向性信息，视频媒体则适合于表现真实的场景。声音与视觉信息可以共同出现，往往适用于做说明和示意，进行效果的渲染和烘托。同样，触觉媒体则反映了用户直接的交互意图和系统所做出的反应。

2）媒体的空间性质。多媒体信息的空间意义有两种解释。

（1）表示空间，尤其是指显示空间的安排。目前，在大多数研究中指的都是这一类。其中包括每种可视媒体在显示器上的显示位置、显示形式、先后顺序等。对于声音媒体则安排它在听觉空间中的表现，并确定与哪些可视媒体同步。对触觉媒体目前则很少考虑。显示空间的这种安排主要考虑的是离散的表现，对于早期零散的信息类型比较适合，它更接近于幻灯片的形式，但不适合于更复杂的表现和信息存取。

（2）把环境中各种表达信息的媒体按相互的空间关系进行组织，全面整体地反映信息的空间结构，而不仅仅是零散的信息片段。这种空间实际上是由系统通过显示器和其他设备给出一个观察世界的窗口，并将环境的媒体信息进行空间的组织，反映出媒体信息的空间结构，如一幅博物馆中雕塑的照片可能会使人联想起这座雕塑的侧面、后面、上面、下面等，也就要有相应的图像链接在这幅照片的周围。随着用户的移动，可以观察到它的所有信息。这种根据媒体内容的空间关系其实就是将信息在空间上进行了有序的组织，这就是空间“上下文”关系。这种空间关系在虚拟现实系统的虚拟空间中将体现得更加明显。

3）媒体的时间性质。媒体的时间也有两种含义。

（1）表现所需的时间，这是所有媒体都需要的。对于图像、文字等静态媒体来说，它至少需要一定的表现时间，接收者也需要一定的接收时间去接收、理解它。对声音来说，没有时间也就没有了声音，声音总是完全依赖于时间的变化，不同的时间坐标还会使得声音产生信息的异议。视频信息虽然也要依赖于时间的变化，但它的每一帧都可以单独存在（也就是图像），并且可以表现。触觉媒体也同样与时间密切相关，任何动作与反馈都要反映时间的相对关系。

（2）媒体的时间同媒体的空间一样，也可以包含媒体在时间坐标轴上的相互关系，如同一个地点的相片，由于时间的不同，表现出来的空间效果也不同。这种时间关系可以是周期性的（如春夏秋冬），也可以是非周期性的。时间关系还存在于同步、实时等许多方面，详细内容在后续章节中还要讨论。空间和时间形成了一个四维的时空坐标系统。

7.2 多媒体数据的组织与管理

多媒体信息检索是以多媒体数据库管理系统为基础的，而多媒体信息的组织与管理又是多媒体数据库系统的核心问题之一。

7.2.1 信息组织与管理概述

从计算机技术的角度来看，信息组织及数据管理的方法已经经历了多个不同阶段。最早，数据是用文件直接存储的，并且曾持续了很长一段时间，这与当时计算机应用水平有关。随着计算机技术的发展，计算机越来越多地用于信息处理，如财务管理、办公自动化、工业流程控制等。这些系统所使用的数据量大、内容复杂，而且面临数据共享、数据保密等方面的需求，于是便产生了数据库系统。数据库系统的一个重要概念是数据独立性。用户对数据的任何操纵（如查询、修改）不再是通过应用程序直接进行，而必须通过向数据库管理系统（DBMS）发出请求实现。DBMS 统一实施对数据的管理，包括存储、查询、处理和故障恢复等，同时也保证在不同用户之间进行数据共享。

依据独立性原则，DBMS 一般按层次被划分为三种模式，即物理模式、概念模式和外部模式（又称视图）。物理模式的主要职能是定义数据的存储组织方法，如数据库文件的格式、索引文件组织方法、数据库在网络上的分布方法等。概念模式是定义抽象现实世界的方法。外部模式又称子模式，是概念模式对用户有用的那一部分。概念模式通过数据模型来描述，数据库系统的性能与数据模型直接相关。数据模型的不断完善和变革，也就是数据库系统发展的历史。数据库数据模型先后经历了网状模型、层次模型、关系模型等阶段。其中，关系模型因为有比较完整的理论基础，"表格"一类的概念也易于被用户理解，因而逐渐取代网状、层次模型，在数据库中居主导地位。关系模型把现实世界事物的特性抽象成数字或字符串表示的属性，每一种属性都有固定的取值范围。于是，每一个事物都有一个属性集及对应其属性的值集合。

7.2.2 多媒体数据组织与管理要解决的主要问题

1. 传统的数据管理

传统的数据库有关系型、层次型和网络型三种类型。 E.F.Codd 关于关系数据库的开创工作，建立了关系数据库的坚实理论基础，给出了清晰的规范说明，加上"表格"的形式直观易懂，使得关系数据库在理论和产品开发上都获得了巨大的成功，在数据库市场上占有明显的主导地位，特别是中小型数据库系统。

关系数据库就是采用关系框架来描述数据之间的关系，通过把数据抽象成不同的属性和相互的关系，建立起数据的管理机制。

2. 多媒体数据组织与管理要解决的难题

在传统的数据库中引入多媒体的数据和操作，是一个极大的挑战。这不是一个只要把多媒体数据加入数据库中就可以完成的问题。传统的字符数值型数据库虽然可以对很多的信息进行管理，但由于这一类数据的抽象特性，应用范围毕竟十分有限。为了构造出符合应用需要的多媒体数据库，必须解决多媒体数据组织与管理中从体系结构到用户接口的一系列问题。这些问题主要表现在以下八个方面。

1）数据量巨大且媒体之间量的差异也极大，从而影响数据库的结构和存储方法。如动态视频压缩后每秒仍达上千字节的数据量，而字符数值等数据可能仅有几个字节。只有组织好多媒体数据库中的数据，选择、设计好合适的物理结构和逻辑结构，才能保证磁盘的充分利用和应用的快速存取。数据量的巨大还反映在支持信息系统的范围的扩大。应用范围的扩大，显然不能指望在一个站点上存储海量的数据，而必须通过网络库的分布，这对数据库在这种环境下进行存取也是一种挑战。

2）媒体种类的增多增加了数据处理的困难。每一种多媒体数据类型都要有自己的一组最基本的概念（操作和功能）、适当的数据结构和存取方法及高性能的实现。除此之外，还要有一些标准的操作，包括各种多媒体数据通用的操作及多种新类型数据的集成。虽然前面列出了几类主要的媒体类型，不同媒体类型对应不同数据处理方法，这便要求多媒体数据库管理系统能不断扩充新的媒体类型及其相应的操作方法。新增加的媒体类型对用户应该是透明的。

3）数据库的多解查询。传统的数据库查询只处理精确的概念和查询，但在多媒体数据库中非精确匹配和相似性查询将占相当大的比重。因为即使是同一个对象，若用不同的媒体表示，对计算机来说也肯定是不同的；若用同一种媒体表示，如果有误差，在计算机看来也是不同的。与之相类似的还有诸如纹理、颜色和形状等本身就不易于精确描述的概念，如果在对图像、视频进行查询时用到它们，很显然是一种模糊的、非精确的匹配方式。对其他媒体来说也是一样。媒体的复合、分散、时序性质及其形象化的特点，注定要使数据库不再是只通过字符进行查询，而应是通过媒体的语义进行查询。然而，我们却很难了解并且正确处理许多媒体的语义信息。这些基于内容的语义在有些媒体中是易于确定的（如字符、数值等），但对另一些媒体却不易确定，甚至会因为应用的不同和观察者的不同而不同。

4）用户接口的支持。对于媒体的公共性质和每一种媒体的特殊性质，都要在用户的接口上、在查询的过程中加以体现，如对媒体内容的描述、对空间的描述，以及对时间的描述等。多媒体要求开发浏览、查找和表现多媒体数据库内容的新方法，使得用户可以很方便地描述其查询需求，并得到相应的数据。在很多情况下，面对多媒体的数据，用户有时甚至不知道自己要查找的是什么，不知道如何描述自己的查询。所以，多媒体数据库对用户的接口要求不仅仅是接收用户的描述，而是要协助用户描述出其想法，找到其所要的内容，并在用户接口上表现出来。多媒体数据库的查询结果将不仅仅是传统的表格，而将是丰富的多媒体信息的表现，甚至是由计算机组合出来的结果“故事”。

5）多媒体信息的分布对多媒体数据库体系带来了巨大的影响。这里所说的分布，主要是指以 WWW 全球网络为基础的分布。Internet 网迅速发展，网络上的资源日益丰富，传统的那种固定模式的数据库形式已显得力不从心。多媒体数据库系统将来肯定要考虑如何从 WWW 网络信息空间中寻找信息，查询所要的数据。

6）传统的事物一般都是短小精悍，在多媒体数据库管理系统中也应尽可能采用短事物。但有些场合，短事物不能满足需要，如从动态视频库中提取并播放一部数字化影片，往往需要长达几个小时的时间，良好的 DBMS 应保证播放过程不中断，因此，不得不增加处理长事物的能力。

7）服务质量的要求。许多应用对多媒体数据的传输、表现和存储的质量要求是不一样的，系统所能提供的资源也要根据系统运行的情况进行控制。对每一类多媒体数据都必须考虑这些问题，如何按所要求的形式及时地、逼真地表现数据？当系统不能满足全部的服务要求时，如何合理地降低服务质量？能否插入和预测一些数据？能否拒绝新的服务请求或撤销旧的请求？

8）版本控制的问题。在具体的应用中，往往涉及对某个处理对象（如一个 CAD 设计或一份多媒体文献）的不同版本的记录和处理。版本包括两种概念：一是历史版本，同一个处理对象在不同的时间有不同的内容，如 CAD 设计图纸，有草图和正式图之分；二是选择版本，同一处理对象有不同的表述和处理，一份合同文献可以包含英文和中文两种版本。需解决多版本的标识和存储、更新和查询，尽可能减少各版本所占存储空间，而且控制版本访问权限。现有通用型 DBMS 大都没有提供这种功能，需要编制版本控制程序，这显然是不合适的。

由此可见，多媒体对数据组织与管理的影响涉及数据库的用户接口、数据模型、体系结构、数据操纵及应用等许多方面。

7.3 多媒体数据库

7.3.1 多媒体数据与数据库管理

前面已经详细地叙述了各种媒体信息与数据的类型和表示。在多媒体数据库中，一般常用的多媒体数据有字符、数值、文本、图形、图像一类的静态数据，也有像声音、视频、动画等基于时间的动态媒体类型。

1. 字符数值型数据

字符数值型数据记录的是事物非常简单的属性（如性别）、数值属性（如人数），或高度抽象的属性（如事物所属类别）。这种数据具有简单、规范的特点，因而易于管理。传统数据库主要是针对这种数据的，在多媒体数据库中仍然需要管理大量的此类数据。

2. 文本数据

文本是最常见的媒体形式，各种书籍、文献、档案等无不是由文本媒体数据为主构成。在计算机内，文本数据由一个具有特定意义的字符串表示。字符串长短不一，给数据的存储和再现带来不便。自然语言理解技术的不成熟也使查询文本数据的难度加大。因此，许多通用型数据库系统根本就没有管理和使用文本媒体的有效手段。检索文本数据主要采用关键字检索和全文检索两种方法。关键字检索是在存储文本的同时，自动或手工生成能反映该文本数据主题的关键字的组合，并将其存储在数据库中。检索时通过某些关键字的匹配找到所需的文本数据。全文检索方法可以根据文本数据中的任何单词或词组检索，检索时进行全文扫描。

3. 图形数据

图形数据的数据库管理已有一些成功的应用范例，如地理信息系统、工业图纸管理系统、建筑 CAD 数据库等。图形数据可以分解为点、线、弧等基本图形元素。描述图形数据的关键是要有可以描述层次结构的数据模型。对图形数据来说最大的问题就是如何对数据进行表示，这又与应用密切相关。对图形数据的建设也是如此。一般说来，由于图形是用符号或特定的数据结构表示的，更接近计算机的形式，还是易于管理的。但管理方法和检索需要有明确的应用背景。

4. 图像数据

图像数据是指位图图像。图像数据在应用中出现的频率很高，也很有实用价值。图像数据库较早就有研究，已提出许多方法，包括属性描述、特征提取、分类、纹理识别、颜色检索等。特定于某一类应用的图像检索系统已取得成功的经验，如指纹数据库、头像数据库等，但在多媒体数据库中将更强调对通用图像数据的管理和查询。

5. 声音数据

声音数据在计算机里是由符号表示的，因而数据量很少，对它的存储、查询可以当作文本处理。但计算机目前还无法模拟不同人的口音，以及人们讲话时的抑扬顿挫的语气。因而语音数据还是以数字化的波形数据为主，这样存储空间就比较大。语音识别技术还未达到可以广泛应用的程度，这对声音数据的直接检索带来不利。目前，对声音数据的检索主要有两种方法：第一种方法是给语音数据人工附加属性描述或文本描述，如可以给录音数据附加上讲话人姓名、讲话日期、讲话题目甚至主要内容，之后，便可借用字符数字和文本数据的检索方法检索声音数据；第二种方法是浏览，把语音逐一播放出来，边听边判断所需查找的声音数据，这种方法最大的缺点是速度太慢。在具体应用中，一般与第一种方法配合使用，由第一种方法缩小范围之后再进行浏览。

6. 视频数据

动态视频要复杂得多，在管理上也存在新的问题。特别是由于引入了时间属性，对视频的管理要在时间、空间上进行。检索和查询的内容可以包括镜头、场景、内容等许多方面，这在传统数据库中是从来没有出现过的。对于基于时间的媒体来说，为了真实地再现就必须做到实时，而且需要考虑视频和动画与其他媒体的合成和同步，如给一段视频加上一段字幕，字幕必须在适当的时候叠加到视频的适当位置上；再如给一段视频配音，声音与图像必须配合得恰到好处。合成或同步不仅是多媒体数据管理的问题，它还涉及通信、媒体表现、数据压缩等诸多方面。

7.3.2 多媒体数据的体系结构

目前，尚没有标准的多媒体数据库体系结构。现在大多数多媒体数据库系统还局限在专门的应用（如图像数据库、文本数据库等）上，只对那些专门的应用结构进行了设计。在这里将介绍一般的多媒体数据库结构形式，在后面的章节中结合具体的应用再介绍特殊的多媒体数据库的体系结构。

1. 联邦型结构

针对各种媒体单独建立数据库，每一种媒体的数据库都有自己独立的数据库管理系统。虽然它们是相互独立的，但可以通过相互通信来进行协调和执行相应的操作。用户既可以对单一的媒体数据库进行访问，也可以对多个媒体数据库进行访问以达到对多媒体数据进行存取的目的。在这种数据库体系结构中，对多媒体数据的管理是分开进行的，可以利用现有的研究成果直接进行组装，每一种媒体数据库的设计也不必考虑与其他媒体的匹配和协调。但是，由于这种多媒体数据库对多媒体的联合操作实际上是交给用户去完成的，给用户带来了灵活性的同时，也给用户增加了负担。该体系结构对多种媒体的联合操作、完成处理和概念查询等都较难以实现。如果各种媒体数据库设计时没有按照标准化的原则进行，它们之间的通信和使用都会产生问题。

2. 集中统一型结构

只存在一个单一的多媒体数据库和单一的多媒体数据库管理系统。各种媒体被统一地建模，对各种媒体的管理与操作被集中到一个数据库管理系统之中，各种用户的需求被统一到一个多媒体用户接口上，多媒体的查询检索结果可以统一地表现。由于这种多媒体管理系统是统一设计和研制的，所以在理论上能够充分地做到对多媒体数据进行有效的管理和使用。但实际上这种多媒体数据库系统是很难实现的，目前还没有一个比较恰当而且效率很高的方法来管理所有的多媒体数据。虽然面向对象的方法为建立这样的系统带来了一线曙光，但要真正做到还有相当长的距离。如果把问题再放大到计算机网络上，这个问题就会更加复杂。

3. 客户/服务器型结构

减少集中统一型多媒体数据库系统复杂性的一个很有效的办法是采用客户/服务器型结构。各种单媒体数据仍然相对独立，系统将每一个服务器与用户的接口采用客户进程实现。客户与服务器之间通过特定的组件系统连接。使用这种类型的体系结构，设计者可以针对不同的需求采用不同的服务器、客户进行组合，所以很容易满足应用的需要，对每一种媒体也可以采用与这种媒体匹配的处理方法。同时，这种体系结构也很容易扩展到网络环境下工作。但采用这种体系结构必须要对服务器和客户进行仔细的规划和统一的考虑，采用标准化的和开放的接口界面，否则也会遇到与联邦型类似的问题。

4. 超媒体型结构

这种多媒体数据库体系结构强调对数据时空索引的组织，在它看来，世界上所有计算机中的信息和其他系统中的信息都应该连接在一起，而且信息也要能够随意扩展和访问。因此，也就没有必要建立一个统一的多媒体数据库系统，而是把数据库分散到网络上，把它看成一个信息空间，只要设计好访问工具就能够访问和使用这些信息。在多媒体的数据模型上，要通过超链接建立起各种数据的时空关系，使得访问的不仅仅是抽象的数据形式，还可以是形象化的、真实的或虚拟的空间和时间。

7.4 检索多媒体信息

7.4.1 基于内容的音频检索

1. 音频检索的基本思路

音频是多媒体中的一种重要媒体。我们能够听见的音频频率范围是 20～20000Hz，其中语音分布在 300～4000Hz，而音乐和其他自然声响是全范围分布的。声音经过模拟设备记录或者再生，成为模拟音频，再经数字化成为数字音频。数字化时的采集率必须高于信号带宽的 2 倍，才能正确恢复信号。样本可用 8 位或 16 位比特表示。

常规的信息检索研究主要是基于文本的，经典的检索是利用一组关键字组成的查询来定位需要的文本文档，即定位文档中的查询关键字来发现匹配的文档。如果一个文档中包含较多的查询项，那么，它就被认为比其他包含较少查询项的文档更“相关”。于是，文档可以按照“相关”度来排序，并显示给用户，以便进一步检索。虽然这种一般的检索过程是为文本设计的，但显然也适用于音频或其他媒体信息的检索。但是如果我们把数字音频当成一种不透明的位流来管理，虽然可以赋予其名字、格式、采样率等属性，但其中没有可以确认的词或可比较的实体，因此，不能像文本那样搜索或检索其内部的内容。

传统音频检索一般用题名、作者或者主题分布来进行，而基于内容的音频检索除了这些途径，还可以利用旋律片段检索乐曲，以获得命中记录的文本、乐谱和音频数据。旋律是这类系统所提取的重要特征。与常规的文本检索相同的是，基于内容的音频检索是将输入的字符序列和音频数据库中的字符序列相匹配。另外，精确的匹配会在旋律的比较上产生问题。因为音乐的演奏形式会经常变化，而且检索者对旋律的记忆很不准确。因此，模糊检索功能就很重要。解决模糊检索速度慢的有效方法之一就是建立旋律的特征索引数据库，用特征索引数据库对主要数据库进行快速检索。

以前的许多研究工作涉及信号的处理，如语音识别。机器容易自动识别孤立的字词，如用在专用的听写和电话应用方面，而对连续的语音识别则较困难、错误较多，但目前在这方面已经取得了突破性的进展，同时还研究了辨别说话人的技术。这些研究成果将为音频信息的检索提供很大帮助。

基于人工输入的属性和描述来进行音频检索的主要缺点反映在以下几个方面：当数据量越来越多时，人工的注释强度加大；人对音频的感知，如音乐的旋律、音调、音质等，难以用文字表达清楚。这些正是基于内容的音频检索需要研究和解决的问题。由于语音是一种特殊类型的音频，它与文本可以互相转换。因此，可以利用文本检索技术进行对语音的概念检索。

下面从信息存取的角度介绍基于内容的音频检索概念和方法。

2. 音频内容分析及查询方式

1）音频内容分析。音频是声音信号的形式。作为一种信息载体，音频可以分为以下三种类型。

（1）波形声音：对模拟声音数字化处理而得到的数字音频信号。它可以代表语音、音乐、自然界和合成的声响。

（2）语音：具有字词、语法等语素，是一种高度抽象的概念交流媒体。语音经过识别可以转化为文本。文本是语音的一种脚本形式。

（3）音乐：具有节奏、旋律或和声等要素，是人声或/和乐器音响等配合所构成的一种声音。音乐可以用乐谱来表示。

音频不同的类型将具有不同的内在内容。但从整体上看，音频内容分为三个级别，即底层的物理样本级、中间层的声学特征级和最高层的语义级，如图 7-1 所示。从低级到高级，其内容的表示逐级抽象和概括。

在底层物理样本级，音频内容呈现的是流媒体形式，用户可以通过时间刻度，检索或调用音频的样本数据，如现在常见的音频录放程序接口。

中间层是声学特征级。声学特征是从音频数据中自动抽取的。一些听觉特征表达用户对音频的感知，可以直接用于检索；一些特征用于语音的识别或检测，支持更高的内容表示。另外还有音频的时空结构。

最高层是语义级，是音频内容、音频对象的概念级描述。具体来说，在这个级别上，音频的内容是语音识别、检测、辨别的结果，音乐旋律和叙事的说明，以及音频对象的概念和描述。

后两层是基于内容的音频检索技术最关心的。在这两个层级上，用户可以提交高级查询或按照听觉感知来查询。

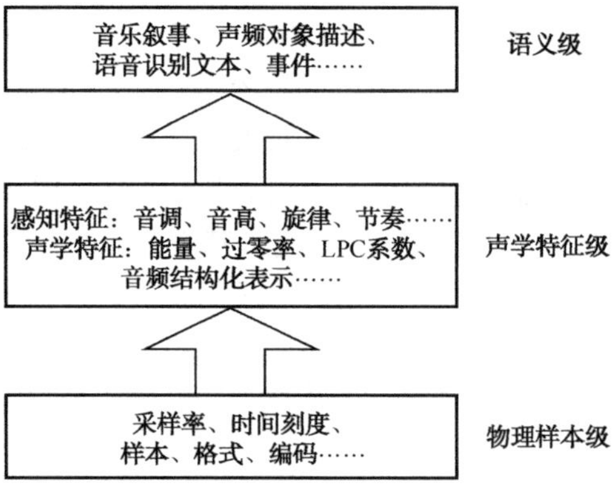

图 7-1　音频内容分层描述模型

2）查询方式。音频的听觉特性决定其查询方式不同于常规的信息检索系统。基于内容的查询是一种相似查询，它实际上是检索与用户指定的要求非常相似的所有声音。查询中可以指定返回的声音数或相似度的大小。另外，可以强调关闭（忽略）某些特征成分，甚至可以施加逻辑“非”（或模糊的 Less 匹配关系）来制定检索条件，检索那些不具有或少有的某种特征成分（如制定没有“尖锐”或稍有“尖锐”）的声音。另外，还可以对给定的一组声音，按照声学特征进行排序，如按声音的嘈杂程度排序。

在查询接口上，用户可以采用以下形式提交查询。

（1）示例。用户选择一个声音例子表达其查询要求，查找出与该声音在某些特征方面相似的所有声音，如查询与飞机的轰鸣声相似的所有声音。

（2）直喻。通过选择一些声学或感知的物理特性来描述查询要求，如亮度、音调和音量等，这种方式与可视查询中的描绘查询相似。

（3）拟声。发出与要查找的声音性质相似的声音来表达查询要求，如用户可以发出嗡嗡声来查找蜜蜂或电器的嘈杂声。

（4）主观特征。用个人的描述语言来描述声音，这需要训练系统理解这些描述语的含义，如用户可能要寻找“欢快”的声音。

（5）浏览。这是信息发现的一种重要手段，尤其是对于音频这种时基媒体。除了在分割的基础上浏览目录外，更重要的是基于音频的结果进行浏览。

3. 基于内容的音频信息检索方法

根据对音频媒体的划分可以知道，语音、音乐和其他音响具有显著不同的特性，因而目前的处理方法可以分为处理包含语音的音频和不包含语音的音频，后者又把音乐单独划分出来。换句话说，第一种利用自动语音识别技术，后两种利用更一般性的音频分析，以适合更广泛的音频媒体，如音乐和声音效果，当然也包含数字化语音信号。音频信息检索方法分为以下几类。

1）基于语音技术的检索。语音检索是以语音为中心的检索，采用语音识别等处理技术，如电台节目、电话交谈、会议录音等。

基于语音技术的检索是利用语音处理技术检索音频信息。过去人们对语音信号处理开展了大量的研究，许多成果可以用于语音检索。

（1）利用大词汇语音识别技术进行检索。这种方法是利用自动语音识别（ASR）技术把语音转换为文本，从而采用文本检索方法进行检索。虽然好的连续语音识别系统在小心地操作时可以达到90%以上的词语正确度，但在实际应用中，如电话和新闻广播等，识别率并不高。即使这样，ASR识别出来的脚本仍然对信息检索有用，这是因为检索任务只是匹配包含在音频数据中的查询词句，而不是要求一篇可读性好的文章，如采用这种方法把视频的语音对话轨迹转换为文本脚本，然后组织成适合全文检索的形式支持检索。

（2）基于子词单元进行检索。当语音识别系统处理各方面无限制主题的大范围语音资料时，识别性能会变差，尤其当一些专业词汇（如人名、地名）不在系统词库中时。一种变通的方法是利用子词（sub-word）索引单元，当执行查询时，用户的查询首先被分解为子词单元，然后将这些单元的特征与库中预先计算好的特征进行匹配。

（3）基于识别关键词进行检索。在无约束的语音中自动检测词或短语通常称为关键词的测点定位（spotting）。利用该技术识别或标记出长段录音或音轨中反映用户感兴趣的事件，这些标记就可以用于检索，如通过捕捉体育比赛解说词中“进球”的词语可以标记进球的内容。

（4）基于说话人的辨认进行分割。这种技术是简单地辨别出说话人话音的差别，而不是识别出说的是什么，在合适的环境中可以做到非常准确。利用这种技术，可以根据说话人的变化分割录音，并建立录音索引，如用这种技术检测视频或多媒体资源的声音轨迹中的说话人的变化，建立索引和确定某种类型的结构（如对话）。如分割和分析会议录音，分割的区段对应不同的说话人，可以方便地直接浏览长篇的会议资料。

2）音频检索。音频检索是以波形声音为对象的检索，这里的音频可以是汽车发动机声、雨声、鸟叫声，也可以是语音和音乐等，这些音频都统一用声学特征来检索。

虽然ASR可以对语音内容给出有价值的线索，但是，还有大量其他的音频数据需要处理，如从声音效果到动物叫声，以及合成声音等。因此，对于一般的音频，仅仅有语音技术是不够的，使用户能从大型音频数据库中或一段长录音中找到感兴趣的音频内容是音频检索要做的事。音频数据的训练、分类和分割方便了音频数据库的浏览和查找，基于听觉特征的检索为用户提供高级的音频查询接口。这里指的音频检索就是针对广泛的声音数据的检索，分析和检索的音频可以包含语音和音乐，但是采用的是更一般性的声学特征分析方法。

（1）声音训练和分类。通过训练来形成一个声音类。用户选择一些表达某类特性的声音例子（样本），如“脚步声”。对于每个进入数据库中的声音，先计算其N维声学特征矢量，然后计算这些训练样本的平均矢量和协方差矩阵，这个均值和协方差就是用户训练得出的表达某类声音的类模型。

声音分类是把声音按照预定的类组合的。首先计算被分类声音与以上类模型的距离，可以利用Euclidean或Manhattan距离度量，然后距离值与门限（阈值）比较，以确定该声音是否纳入或不属于比较的声音类。也有某个声音不属于任何比较的类的情况发生，这时可以建立新的类，或纳入一个“其他”类，或归并到距离最近的类中。

（2）听觉检索。听觉感知特性，如基音和音高等，可以自动提取并用于听觉感知的检索，也可以提取其他能够区分不同声音的声学特征，形成特征矢量用于查询。如按时间段计算一组听觉感知特征：基音、响度、音调等。考虑到声音波形随时间的变化，最终的特征矢量将是这些特征的统计值，如用平均值、方差和自相关值表示。这种方法适合检索和对声音效果数据进行分类，如动物声、机器声、乐器声、语音和其他自然声等。

（3）音频分割。以上方法适合单体声音的情况，如一小段电话铃声、汽车鸣笛声等。但是，一般的情况是一段录音包含许多类型的声音，由多个部分组成。更为复杂的情况是，以上各种声音可能会混在一起，如一个有背景音乐的朗诵、同声翻译等。这需要在处理单体声音之前先分割长段的音频录音。另外，还涉及区分语音、音乐或其他声音。如对电台新闻节目进行分割，分割出语音、静音、音乐、广告声和音乐背景上的语音等。通过信号的声学分析并查找声音的转变点就可以实现音频的分割。转变点是度量特征突然改变的地方。转变点定义信号的区段，然后这些区段就可以作为单个的声音处理。如对一段音乐会的录音，可通过自动扫描找到鼓掌声音，以确定音乐片段的边界。这些技术包括暂停段检测、说话人改变检测、男女声辨别，以及其他的声学特征。

音频是时基线性媒体。现在我们看到的典型音频播放接口是与磁带录音机相似的界面，具有停止、暂停、播放、快进、倒带等按钮。为了不丢失其中的重要东西，必须从头到尾听一遍声音文件，这样要花费很多时间，即使使用“快进”，也容易丢失重要的片段，不能满足信息技术的要求。因此，在分割的基础上，就可以结构化表示音频的内容，建立超越常规的顺序浏览界面和基于内容的音频浏览接口。

3）音乐检索。音乐检索是以音乐为中心的检索，利用音乐的音符和旋律等音乐特性来检索，如检索乐器、声乐作品等。

音乐是我们经常接触的媒体，像MIDI、MP3和各种压缩音乐制品、实时的音乐广播等。音乐检索虽然可以利用文本注释，但音乐的旋律和感受并不都是可以用语言讲得清楚的。通过在查询中出示例子，基于内容的检索技术在某种程度上可以解决这种问题。

音乐检索利用的是节奏、音符、乐器特征等。节奏是可度量的节拍，是音乐中一种周期特性和表示。音乐的乐谱典型的是以事件形式描述，如以起始时间、持续时间和一组声学参数（基音、音高、颤音等）来描述一个音乐事件。注意到许多特征是随时间变化的，所以，我们应该用统计方法来度量音乐的特性。

人的音乐认知可以基于时间和频率模式，就像其他声音分析一样。时间结构的分析基于振幅统计，得到现代音乐中的拍子。频谱分析获得音乐和声的基本频率，可以用这些基本频率进行音乐检索。有的方法是使用直接获得的节奏特征，即假设低音乐器更适合提取节拍特征，通过归一化低音时间序列得到节奏特征矢量。

除了用示例进行音乐查询之外，用户甚至可以唱出或哼出要查找的曲调。基音抽取算法把这些录音转换成音符的表示形式，然后用于对音乐数据库的查询。但是，抽取乐谱这样的属性，哪怕是极其简单的一段也是非常困难的。研究人员现在改用 MIDI 音乐数据格式解决这个问题。用户可以给出一个查询旋律，然后搜索 MIDI 文件，就可以找出相似的旋律。

4. 应用实例：上海交大建设的“音乐数据库检索系统”

网址：http://www.lib.sjtu.edu.cn/music.htm

它是一个基于内容的音乐旋律检索系统，由上海交通大学图书馆建立，1999 年在 Internet 上投入使用，普通用户和专业人士都可以检索。

它由乐谱库、特征库和音频库构成，分为数据库系统和检索界面两部分。前者负责建立数据库并进行乐谱（简谱到五线谱）转换；分析切分、特征自动抽取；格式压缩（MP3），然后存入音频数据库。后者提供旋律输入并通过检索引擎，找到匹配的结果，显示命中记录。检索结果是显示相应的五线谱，或者下载试听。该系统在国内属于首创，该系统的建构体系——对在线音乐数据库基于内容的检索，将是未来数字音乐图书馆的必要组成部分。

此系统收集了一些著名的音乐家卫仲乐、华彦均（阿柄）等演奏的乐曲，通过该数据库可得到这些音乐家的生平介绍、演奏的乐曲简介，并通过 MP3 播放器播放他们所演奏的乐曲；可通过传统的检索途径，如音乐家名、曲名、作曲家、生平介绍等进行全文检索得到这些曲子，也可通过本系统的特色，即乐句来进行检索。乐句是在对每个曲子进行分析后划分出的表示全曲主题内容的一段乐曲，在检索时为方便检索者，仅需输入简谱、五线谱的音高进行检索，而忽略其时值。如\ 3331\ 2227 \，在乐句辞典中只需输入“33312227”即可，而不需输音节符、节拍符、高音和低音。

在检索菜单中，可输入任意的检索词。如在检索词中，输入“阿”检索阿炳的作品，或者“贝”检索贝多芬的作品。也可什么都不输入，直接按确认键，以得到所有的作品。在进行记录显示时，如果工具栏上的“Play”图标处于激活状态，则可播放此 MP3 音乐全曲。单击“Play”图标后，在随后出现的对话框中，选择 Picc App…，并将指针指向 WinPlay.exe 程序。如果工具栏上的“Score”图标处于激活状态，则可显示该乐曲的乐谱。单击“Score”图标后，系统会随着乐曲的播放一页一页地显示其相应的五线谱。

Internet 上的其他音乐检索引擎数量众多，单检索 MP3 格式的引擎就不下百种。如百度搜索引擎中的音乐搜索页面，如图 7-2 所示。

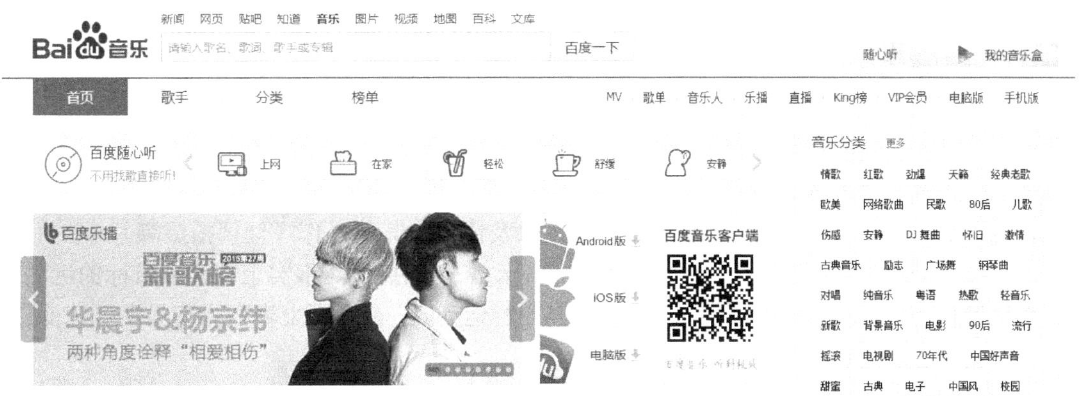

图 7-2　百度音乐搜索引擎主界面

5. 目前关注的研究问题

1）集成的检索方法。把音频特征与视频检索技术，以及其他媒体特征相结合，以提高检索效率和检索能力。

2）Web 上基于内容的音频检索。需要研究快速的大规模音频库的浏览、检索和连续音频媒体的提交。

3）长音频的浏览和检索。结构化表示音频流，并设计出新形式的音频内容浏览界面。研究通用的基于片段级的内容检索，在时间轨迹上匹配一组特征，这需要研究模糊的匹配方法。

4）其他音频特征。继续研究有效的可区分性的听觉解析特征，以支持通用的和专用的音频检索问题。

5）用户的音频查询接口。需要一种友善的和易用的用户接口来提交音频查询，包括音频轨迹的可视表示、查询表达、交互和求精、结构化浏览等。

6）音频索引。建立多维特征索引结构，以满足大容量数据库和 Web 检索的要求。

7.4.2 基于内容的视频检索

1. 视频数据的结构化特征

现有的多媒体信息系统，包括能够存储多媒体数据的关系数据库系统和 VOD 系统，对视频媒体仅仅局限于存储和关键字的检索。这样的系统所管理的数据资源是非结构化的，即没有对视频资源做任何分析，因此不能索引，不能进行基于结构特征的存取。要对视频进行真正意义上的查询和检索，就要抽取并描述视频的结构化特征。

任何视频都是由一个个镜头连接起来的，因此镜头是视频检索的基本单元。对视频中的镜头分割是视频分析中最基本的内容。视频分割是将视频数据分割为一个个镜头的过程，其核心处理是识别镜头的切换。

镜头切换主要有突变和渐变两种：突变是指一个镜头与另一个镜头之间没有过渡，由一个镜头的瞬间直接转换到另一个镜头；渐变是指一个镜头到另一个镜头渐渐过渡的过程，没有明显的镜头跳跃。渐变包括淡入和淡出、渐隐渐现、划入划出等。

视频分割成镜头后，要从每个镜头中抽取代表帧（简称 R 帧，又称关键帧）。代表帧是用于描述一个镜头的关键图像，它反映了镜头的主要内容。代表帧的特征的关键图像反映镜头的主要内容。对代表帧的特征提取和一般静态图像的特征提取是一样的，包括颜色、纹理和形状等特征。代表帧除具有静态特征外，还具有动态特征。视频的运动特征如下。

1）摄像机操作。如摇镜头、推拉、跟踪，以及镜头的其他操作（仰视拍摄等）。

2）目标运动。目标运动可以用运动方向和运动幅度来描述，事实上，许多目标的运动也与摄影机操作有关。通过对视频的研究发现，当目标运动时，在视频上表现为背景在迅速变化，运动目标实际上相对镜头没有太大的运动。

2. 视频检索和浏览

一旦建立了视频内容，就可以在这些内容上进行基于内容的视频检索和浏览。查询过程仍然可以迭代，以系统可以接受的反馈重新形成搜索。

1）基于关键帧的检索。一旦视频被抽象为关键帧，搜索就变成按相似度来检索那些在数据库中与查询描述相似的关键帧。提供的常用查询方法是通过目标特征说明的（直接）查询和通过可视实例的（示例）查询。检索时，用户也可以指定使用特定的特征集。一旦检索到关键帧，用户就可以用播放来观看它所代表的视频片段。浏览可以跟随检索，检验检索到的关键帧的上下文边界联系。另外，浏览也可以初始化查询，即当浏览时，用户可以选择一个图像作为查询，找到所有与该图像相似的关键帧。

2）基于运动的检索。基于镜头和目标的时间特征来检索镜头是视频查询的进一步要求，如查询“找到摄影机平扫 10 度的所有镜头”，就可以利用摄影机操作的表示来查询。另外，用运动方向和运动幅度特征可以检索到运动的主体目标。在一个查询中可以结合时间和关键帧特征，这样可以检索出虽然具有相似的运动特征但静态的颜色特征不同的镜头。

3）浏览。除了查询和检索，对于视频来说，浏览也同样重要。视频浏览一般采用分层结构和集束分类技术。分层的浏览器提供对视频任何点的随机存取。视频序列在空间上散布并用代表帧图标表示，然后显示在分层浏览器的高层上。结果，用户就可以粗略知道每个镜头的内容，而不需要进入下个层次。

7.4.3 基于内容的图像检索

传统图像检索技术主要是对图像进行人工分析、对图像物理特征和内容特征进行文字著录或标引，建立类似于文本文献的标引著录数据库，并通过检索获取这些数据库中的图像编号，进而利用这些编号索取实际图像。

基于内容的图像检索（Content Based Image Retrieval，CBIR）是一种新的检索技术，它是指除了利用传统的数据库对图像的文字信息进行存储管理外，还要利用图像的颜色特征、形状特征、纹理特征对图像进行查询。这种查询过程融合了传统的模式识别技术与良好的多媒体人机交互技术，是多种高技术的合成技术。

1. CBIR 的基本原理

基于内容的图像检索技术是通过分析图像的内容，如颜色、纹理等，建立特征索引，并存储在特征库中。用户在检索查询时，只需把自己对图像的模糊印象描述出来，就可以在大容量图像库中找到所需图像。采用该方法，用户不需要对检索的媒体对象进行精确描述，比较适合实际应用；具有很强的交互性，用户可以参与检索过程；引入了特征库和知识辅助的概念，既便于保存描述图像内容的特征，又有利于查询优化和快速匹配。

CBIR 搜索引擎一般由两部分构成：数据库生成系统和查询子系统。具体而言就是图像标引系统和图像检索系统。每个子系统包含相应的功能模块和部件。

1）图像标引系统。图像标引系统负责特征抽取，并以特征信息索引库形式存储图像特征信息的表达式。主要内容如下。

（1）图像的预先处理。例如，转换格式、统一规格和图像的修饰等，为图像特征的提取奠定基础。

（2）提取特征。图像特征包括画面内容特征（颜色分布、纹理结构、轮廓等）、图像的主题对象特征（图像描述的是人物或其他）、图像的移动组合特征（动画和影像）、图像的著录特征（时间、地点、作者及其他物理特征）。特征的提取就是从包含大量信息的图像中分解出不同种类的特征信息，包括视觉特征和统计特征。前者指具有直观意义的图像的形状与颜色特征；后者指图像像素、纹理等特征的统计。可以从整幅图像、局部或者内容对象提取特征。

（3）数据库系统。它由图像库、特征库和知识库组成。图像库存储数字化的图像信息；特征库存储图像内容特征和客观特征；知识库存储专门和综合性知识，有利于查询优化和快速匹配。

2）图像检索系统。图像检索系统负责对用户输入的图像内容进行特征抽取，然后检索特征库，将用户要求最相似的图像检索出来并以相似度降序排列。该子系统由以下几部分构成。

（1）查询和浏览界面。提供示例查询和模糊描述等方式，与标引系统对应，用户可用整幅图像、特定对象或各种组合方式查询。浏览界面以确定查询要求和浏览检索结果。

（2）匹配引擎。图像检索就是利用图像特征之间的距离函数来进行相似性匹配。既可以从特征库中寻找匹配的特征，也可以临时计算对象的特征。

（3）索引过滤器。大型的 CBIR 数据库经常利用过滤和索引的方法以加快检索速度。

2. CBIR 的主要检索内容和方法

CBIR 的主要检索内容有颜色、纹理、形状和对象。颜色特征包括图像颜色分布、相互关系和组成等；纹理指图像纹理结构、方向、组合及对称关系等；形状指图像轮廓组成、形状、大小等；对象包括图像子对象等的关系、数量、属性和旋转等。

在图像检索过程中，用户一般对颜色、纹理、形状，以及目标的空间关系等特征比较敏感，下面就根据这些特征简单介绍几种基于内容的图像检索方法。

1）基于颜色特征的检索。颜色特征是图像检索中所使用的最可靠的视觉特征，而颜色直方图则是最通常的颜色特征表达方法。直方图的横轴表示颜色等级，纵轴表示在某一个颜色等级上具有该颜色的像素在整幅图像中所占的比例。采用直方图特征计算比较简单，但它不能反映图像中对象的空间特征。

除了颜色直方图外，其他的一些颜色特征表示方法有颜色矩（Color Moments）、颜色集（Color Sets）。

2）基于纹理特征的检索。纹理是所有的表面所具有的内在特征，包括云彩、树木、砖头、头发等，它包含了关于表面的结构安排，以及周围环境的关系。在20世纪70年代早期，Haralick等人提出了关于纹理特征的共生矩阵表示方法，该方法探索的是灰度级的纹理的空间依赖关系，首先根据图像像素之间的方向和距离构筑一个共生矩阵，然后从该矩阵中提出有意义的统计作为纹理表述。进入20世纪90年代初，继小波变换的引入及其理论框架的建立，许多研究者开始将小波变换用于纹理表达之中。

考虑到用户的实际检索情况，一般对纹理的检索都采用示例查询（Query by Example）方式。用户给出一个要检索的图像的例子，然后系统按照这个例子查找与它相似的图像，并将相似结果返回给用户，用户在这些相似的图像中确定或选择接近用户查询的图像，最终达到检索的目的。

3）基于形状特征的检索。形状特征是图像的一个显著特征，采用该特征进行检索，用户可通过勾勒图像的形状或轮廓，从图像库中检索出形状相似的图像。基于形状特征的检索方法有两种：分割图像经过边缘提取后，得到目标的轮廓线，针对这种轮廓线进行的形状特征检索；直接针对图像寻找适当的矢量特征用于检索算法。

3. CBIR的主要特点和功能

1）直接从图像中提取语义线索和特征，并根据这些线索从大量存储在数据库的图像中查找、检索出具有相似特征的图像数据。它突破了传统的基于字符表达式检索的局限。CBIR直接对图像内容进行分析，抽取特征和语义，检索过程与语义提取直接相连，使得检索过程更加有效、适应性更强。

2）以相似匹配（Similarity）代替精确匹配（Match）方式。在字符检索中，因为一字一码，所以采用比对方式，以精确匹配为主。在CBIR中，相同内容的图像可能有着不同的表现方式，如某个人像的正面、侧影，某所建筑的远景与近景，所以，采用相似比对获得类似结构，直至符合要求的结果，与常规数据库检索的精确匹配有所不同。

3）提问方式直观，检索交互性强。用户可通过浏览选择示例或自己绘制图形来查询，并可不断改进检索方式，细化检索过程，逐步求精，反复查询，直到找到满意的结果为止。

4）它是多层次的高效检索、基于内容的检索、对象关联检索及概念检索。因为CBIR关注的是基于内容，而不是理解和识别图像的对象，因而能从大量分布式数据库中快速检索到有关图像。

综上所述，一个完整的CBIR系统应具有下列强大的功能。

（1）使用基于内容的检索技术。

（2）提供基于内容的检索，能够利用基于内容的关联来修正查询。

（3）自动搜集视觉信息。

（4）图像和视频的查询结果显示简洁。

（5）能够提供图像和视频的主题检索和导航。

（6）检索结果能够进行逻辑“与”“或”“非”的处理。

4. 基于内容的图像信息检索系统实例

Web 的视频有多种形式，如图像、图形、动画或影像等，主要的检索系统及检索工具有以下几种。

1）VisualSEEK——WebSEEK。

URL: http://www.ctr.columbia.edu/webseek 或 http://persia.ee.columbia.edu:8008

（1）编制者。VisualSEEK 系统由哥伦比亚大学研制，它提供一系列查询 Web 视频信息的搜索工具，WebSEEK 是其中功能强大的特色工具。

VisualSEEK 的检索机制与其他 CBIR 系统相似。它的特点是高效率的 Web 图像信息检索。它采用了先进的特征抽取技术；用户界面强大、操作简单、查询途径丰富；结果输出画面生动，支持用户直接下载信息。

（2）收录范围。WebSEEK 本身就是一个独立的 Web 可视化信息编目工具。截至 2001 年，已经对上百万幅图像和上万个影像片段进行了编目。

（3）检索特点。WebSEEK 是基于内容的图像、影像目录和搜索引擎，典型的 Web 图像搜索引擎，提供主题分类、文本和图像检索。WebSEEK 提供两种方式检索，即目录浏览和视觉特征检索。

- 目录浏览：WebSEEK 是 Web 视频信息进行编目的突破。

其主题目录按照字顺（A～Z）分为下列 20 余大类：Animals，Architecture，Art，Aatrinomy，Cats，Celebrities，Dogs，Food，Horror，Humour，Movies，Music，Nature，Sports，Transportation，Travel 等。

- 视觉特征（Visual Features）检索：可以检索视频（Videos）、彩图（Colorphotos）、灰度图（Grayimages）、图形（Graphics）或者选择所有途径（ALL）进行组合检索。此外，还可以递交 URL（URLS）。

WebSEEK 是面向 WWW 的文本/图像检索工具，其姊妹系统 VisualSEEK 是一种视觉特性搜索工具，两者都是由哥伦比亚大学开发的。其主要的研究是图像区域的空间关系查询和从压缩域中抽取视觉特性。VisualSEEK 支持基于视觉特征和它们之间空间关系的查询。用户可以把顶部为红橙黄色区域、底部为蓝绿色区域的图像作为查询“日出”的草图。

（4）评价。WebSEEK 的分类游览和特征检索的检索方式使其成为一个优秀的视频检索工具。

2）QBIC（Query by Image Comtent）。

URL: http://www.qbic.almaden.ibm.com

（1）编制者。由 IBM 公司于 20 世纪 90 年代开发，它是一个图像和动态影像检索系统。

（2）QBIC 的组成。该系统由 Data Population 和 Database Query 两部分构成。Data Population 负责对系统存储的图像进行多种特征抽取和维护特征索引库。Database Query 负责对用户查询输入的图像进行同样的特征抽取，并将特征信息输入匹配引擎，检索出具有相似特征的图像。两部分中间使用一个过滤索引生成器相连，所有的查询、反馈过程都必须经过过滤索引生成器，才能进入匹配引擎，这样提高了系统的总体速度。

（3）检索方式。QBIC 提供的检索方式有利用系统的标准范图检索；用户输入自绘简图或扫描输入图像检索，同时可选择色彩或结构查询方式；可输入动态影像片段和前景中运动的对象检索。在用户输入图像、简图或影像片段时，QBIC 即分析和抽取所输入对象的色彩、纹理、运动变化等特征，根据用户选择的查询方式分别处理。查询方式不同则得到的结果各异，因为不同的特征分析抽取的结果不同。

QBIC 也提供各种标准范图，代表不同的色彩、纹理、轮廓结构。用户可选择与要检索对象最相似的范图作为检索条件去查询。这些标准范图的特征信息存储在特征索引库中。

（4）评价。QBIC 是标准的基于内容的图像检索系统，并支持基于 Web 的图像检索服务，是较早使用 Content-Based 技术并且功能全面的典范。

3）其他 CBIR 检索工具。

（1）Virage（URL: http://www.virage.com）。由 Virage 公司（Virage Inc.）开发的基于内容的图像搜索引擎。与 QBIC 相似，Virage 支持基于颜色、颜色布局、纹理和结构（对象边界信息）的可视化查询。除了检索静态图像外，Virage 还提供对动态影像的检索服务，提供视频索引、视频检索软件、视频检索服务。

（2）RetrievallWare。由 Excalibur 技术公司开发的基于内容的检索工具。它早期的重点是将神经网络用于图像检索中。近期的搜索引擎用颜色、形状、纹理、亮度、颜色分割等作为查询特征。它也支持这些特征的组合，允许用户调整每种特征的权重。它的演示主要在 http://www.excalib.com/cgi-bin/sdk/cst/ cst2bat 中。

（3）Cypress（URL:http://www.cypress.com/map）。由加州伯克利大学研制，属 Cypress Semiconductor Coporation，是功能强大的地图站点。

（4）IMAGE SURF（URL:http://isurf.interpix.com）。由 Exculibur Technologics Corporation 编制，可检索文化艺术、实体模型、电影电视、体育运动、交通运输和观光旅游方面的图像。某些大型搜索引擎也具备图像检索功能，如 Alta Vista Photo Finder，Lycos Image Gallery 等。

Internet 上另有大量的专门检索图像、声音、视频和动画的网站。只要不用于商业盈利行为，多数网站免费提供这些资源。一些网站允许用户使用这些资源，但要求链接它们的主页。有些资源受版权保护，要想使用，必须得到许可。

- AltaVista：Digital 公司出品，具有分类浏览、全文检索功能，能用多种语言在全球范围内搜索网站、网页、讨论组、图形、音频、视频、企业和人物等。
- Ditto：非常不错的多媒体搜索引擎，除了常见的搜索功能外，还可以直接将该搜索引擎用到自己的网站上，你所需做的，只是先选择引擎样式，然后将其网页上自动生成的代码复制到你的网页相关位置就行了。
- FreeFoto：大量图库可供下载，其分类搜索图库很有特色，图像质量一流，分类极为详细；另外，也提供了关键字查询的功能。
- Photobook：MT 媒体实验室开发的用于浏览和搜索图像的一套交互式工具。Photobook 包括 3 个子部分，分别用于提取形状、纹理和面部特征。用户可以在每个子部分中按照对应的特征进行查询。
- Netra：UCSB Alexandria Digital Library（ADL）发展的图像检索系统原型。Netra 在其分块图像区域中使用颜色、纹理、形状和空间位置信息来从数据库中搜索和检索相似的区域。其演示在 http://vivaldi.ece.ucsb.edu/netra 中。
- MARS（Multimedia Analysis and Retrieval System）：由美国伊利诺伊大学 Urbana - Champaign 分校开发。它与其他系统在研究范围和技术上都有不同，它是计算机视觉、数据库管理系统和信息检索多个领域交叉的结果。

- Iranian：同样是分类极为详细的专业多媒体搜索引擎，除了图片可以搜索，还可以搜索其他类型的多媒体文件。
- Metacrawler：能对多个检索工具进行并行检索，并能分门别类地显示结果，此外还可查询视频、MP3、图像和新闻组等资源。
- Hotbot：具备目录浏览、网站检索和全文检索功能，能够标引多种格式的网页，可查找图像、视频、MP3、程序、地图等各种文件。
- Msn：具备目录浏览、网站检索和网页检索功能，还可以搜索音乐等资源。
- Scour：专门搜集多媒体资料，包括图像、音乐、电影、录像及动画等，可通过分类目录浏览或关键词搜索。
- 音乐之风：由个人建立的搜寻引擎，并提供音乐乐谱下载。
- 图标超市：提供网页设计素材分类搜集，内容包括三维动画、按钮、图表等，并可进行关键字查询。
- Eefind（数码图像搜索引擎）：提供大规模、多主题的中文图片搜索引擎。
- JavaScript 搜集区：提供 JavaScript、JavaApplet 范例，动画图库的搜集。
- Want2（网图多媒体搜索引擎）：网络图片搜索引擎，提供个人电子相簿、相片马克杯及 T 恤制作、线上影像编辑 DIY、游戏等服务。
- DL SunSITE（图片探测者）：可搜索 8 个图片数据库，包括太阳站数字图书馆、国会图书馆和 Smithsonian 绘画和相片办公室等。

思考题

1. 多媒体有哪些种类？它们的特点是什么？
2. 多媒体数据组织与管理要解决的主要问题有哪些？
3. 多媒体数据的体系结构有哪些？
4. 检索多媒体信息有哪些途径？